La Celestina

Fernando de Rojas

PAGES PLANET PUBLISHING

Publicado por

PUBLICACIONES DE PAGES PLANET

Correo electrónico: pagesplanetpublishing@gmail.com

Para obtener más información o realizar consultas, póngase en contacto con el editor en el correo electrónico anterior.

Publicado por primera vez por Pages Planet Publishing en 2024

LA CELESTINA

"TRAGI" COMEDIA DE CALISTO Y MELIBEA

"nueuamente reuista y emendada con addicion de los argumentos de cada vn auto en principio." la qual contiene demas de su agradable e dulce estilo muchas sentencias filosofales: e auisos muy necessarios para mancebos: mostrandoles los enganos que estan encerrados en siruientes e alcahuetas.

"EL AUCTOR

A VN SU AMIGO.

Suelen los que de sus tierras absentes se hallan considerar: de que cosa aquel lugar donde parten mayor inopia, o falta padezca: para con la tal seruir a los conterraneos de quien en algun tiempo beneficio recebido tienen: e viendo que legitima obligacion a inuestigar lo semejante me compelia: para pagar las muchas mercedes de vuestra libre liberalidad recebidas: assaz vezes retraydo en mi camara acostado sobre mi propia mano: echando mis sentidos por ventores: e mi juyzio a bolar: me venia a la memoria: no solo la necessidad que nuestra comun patria tiene de la presente obra por la muchedumbre de galanes: e enamorados mancebos que posee: pero avn en particular vuestra misma persona: cuya juuentud de amor ser presa: se me representa auer visto: e del cruelmente lastimada: a causa de le faltar defensiuas armas para resistir sus fuegos: Las quales halle esculpidas en estos papeles: no fabricadas en las grandes herrerias de Milan: mas en los claros ingenios de doctos varones castellanos formadas: e como mirasse su primor: sotil artificio: su fuerte e claro metal: su modo e manera de lauor: su estilo elegante: jamas en nuestra castellana lengua visto ni oydo. Leylo tres o quatro vezes: e tantas quantas mas lo leya: tanta mas necessidad me ponia de releerlo: e tanto mas me agradaua: y en su processo nueuas sentencias sentia: vi no solo ser dulce en su principal hystoria: o ficion toda junta. pero avn de algunas sus particularidades salian deleytables fontezicas de filosofia: de otros agradables donayres: de otros auisos e consejos contra lisonjeros e malos siruientes: e falsas mugeres hechizeras. vi que no tenia su firma **del autor**: el qual segun algunos dizen fue Juan de Mena: e segun otros Rodrigo Cota. pero quien quier que fuesse: es digno de recordable memoria por la sotil inuencion: por la gran copia de sentencias entrexeridas: que so color de donayres tiene: gran filosofo era. e pues el con temor de detractores e nocibles lenguas mas aparejadas a reprehender que a saber inuentar: quiso celar e encubrir su nombre: no me culpeys si en el fin baxo que lo pongo no espressare el mio: mayormente que siendo jurista yo: avnque obra discreta: es agena de mi facultad. e quien lo supiesse diria: que no por recreacion de mi principal estudio: del qual yo mas me precio como es la verdad lo hiziesse: antes distraydo de los derechos en esta nueua labor me entremetiesse: pero avnque no acierten seria pago de mi osadia. assimesmo pensarian que no quinze dias de vnas vacaciones: mientra mis socios en sus tierras en acabarlo me detuuiesse como es lo cierto pero avn mas tiempo: e menos acepto: para desculpa de lo qual todo no solo a vos: pero a quantos lo leyeren: offrezco los siguientes metros. E porque conozcays donde comienzan mis maldoladas razones [e acaban las del antiguo autor, en la margen hallareys una cruz; y es el fin de la primera cena.] acorde que todo lo del antiguo autor: fuesse sin diuision en vn aucto: o cena incluso hasta el segundo auto donde dize. Hermanos mios &c. Uale."

EL AUTOR

ESCUSANDOSE DE SU YERRO EN ESTA OBRA QUE ESCRIUIO, CONTRA SI ARGUYE E COMPARA.

El silencio escuda y suele encobrir las faltas de ingenio & las torpes lenguas: blason, que es contrario: publica sus menguas al que mucho habla sin mucho sentir. como la hormiga que dexa de yr: holgando por tierra, con la prouision: jactose con alas de su perdicion: lleuaronla en alto, no sabe dondyr.

Prosigue

El ayre gozando ageno y estrano: rapina es ya hecha de aues que buelan: fuertes mas que ella, por ceuo la lleuan: en las nueuas alas estaua su dano: razon es que aplique mi pluma este engano, no dissimulando con los que arguyen assi, que a mi mesmo mis alas destruyen: nublosas & flacas, nascidas de ogano.

Prosigue

Donde esta gozar pensaua volando oyo aqui escriuiendo cobrar mas honor, de lo vno & lo otro nascio disfauor, ella es comida y a mi estan cortando. reproches, reuistas y tachas callando obstara: y a los danos de inuidia & murmuros y assi nauegando los puertos seguros atras quedan todos ya quanto mas ando.

Prosigue.

Si bien discerneys mi limpio motiuo, a qual se adereza de aquestos estremos, con qual participa, quien rige sus remos amor aplazible o desamor esquiuo: buscad bien el fin de aquesto que escriuo, o del principio leed su argumento; leeldo y vereys que avnque dulce cuento, amantes que os muestra salir de catiuo.

Comparacion.

Como al doliente que pildora amarga o huye, o recela. o no puede tragar, metenla dentro de dulce manjar, enganase el gusto, la salud se alarga: desta manera la pluma se embarga, imponiendo dichos lasciuos, rientes, atrae los oydos de penadas gentes, de grado escarmientan y arrojan su carga.

Buelue a su proposito.

Este mi desseo cargado de antojos compuso tal fin quel principio desata, acordo de dorar con oro de lata lo mas fino oro, que vio con sus ojos: y encima de rosas sembrar mill abrojos, suplico pues suplan discretos mi falta, teman grosseros; y en obra tan alta, o vean y callen, o no den enojos.

Prosigue dando razon porque se mouio a acabar esta obra.

Yo vi en Salamanca la obra presente; mouime a acabarla por estas razones, es la primera, que esto en vacaciones; la otra que oy su inuentor ser sciente: y es la final, ver ya la mas gente buelta y mezclada en vicios de amor; estos amantes les pornan temor a fiar de alcahueta, ni de mal siruiente.

Y assi que esta obra a mi flaco entender fue tanto breue, quanto muy sutil, vi que portaua sentencias dos mill en forro de gracias, labor de plazer: no hizo Dedalo en su officio e saber alguna mas prima entretalladura, si fin diera en esta su propia escriptura corta: vn gran hombre y de mucho valer.

Jamas yo no vi terenciana, despues que me acuerdo, ni nadie la vido, obra de estilo tan alto y subido en lengua comun vulgar castellana. no tiene sentencia de donde no mana loable a su autor y eterna memoria. al qual Jesu Christo reciba en su gloria por su passion sancta que a todos nos sana.

Amonesta a los que aman que siruan a dios y dexen las malas cogitaciones y vicios de amor.

Uosotros que amays, tomad este enxemplo, este fino arnes con que os defendays; bolued ya las riendas, porque nos perdays; load siempre a dios visitando su templo; andad sobre auiso, no seays en dexemplo de muertos y biuos y propios culpados; estando en el mundo yazeys sepultados; muy gran dolor siento quando esto contemplo.

Fin

Oluidemos los vicios que assi nos prendieron; no confiemos en vana esperanza, temamos aquel que espinas y lanza, azotes y clauos su sangre vertieron; la su santa faz herida escupieron; vinagre con hiel fue su potacion; a cada costado consintio vn ladron; nos lleue le ruego con los quel creyeron. [Toledo 1500, Sevilla 1501]

"EL AUTOR

ESCUSANDOSE DE SU YERRO EN ESTA OBRA QUE ESCRIUIO CONTRA SI ARGUYE E COMPARA.

El silencio escuda y suele encubrir la falta de ingenio e torpeza de lenguas blason que es contrario: publica sus menguas a quien mucho habla sin mucho sentir: como hormiga que dexa de yr holgando por tierra con la prouision jactose con alas de su perdicion lleuaronla en alto no sabe donde yr.

Prosigue.

El ayre gozando ageno y estrano rapina es ya hecha de aues que buelan fuertes mas que ella por ceuo la lleuan en las nueuas alas estaua su dano: razon es que aplique a mi pluma este engano no despreciando a los que me arguyen assi que a mi mismo mis alas destruyen nublosas e flacas nascidas de ogano.

Prosigue.

Donde esta gozar pensaua bolando o yo de screuir cobrar mas honor del vno del otro nascio disfauor ella es comida e a mi estan cortando: reproches reuistas e tachas callando obstara: e los danos de inuidia e murmuros insisto remando e los puertos seguros atras quedan todos ya quanto mas ando.

Prosigue.

Si bien quereys ver mi limpio motiuo a qual se endereza de aquestos estremos con qual participa quien rige sus remos Apollo: Diana / o Cupido altiuo: buscad bien el fin de aquesto que escriuo o del principio leed su argumento leeldo vereys: que avnque dulce cuento amantes que os muestra salir de catiuo.

Comparacion.

Como el doliente que pildora amarga o la recela: o no puede tragar metela dentro de dulce manjar enganase el gusto la salud se alarga: desta manera mi pluma se embarga imponiendo dichos lasciuos rientes atrae los oydos de penadas gentes. de grado escarmientan e arrojan su carga.

Buelue a su proposito.

Estando cercado de dubdas e antojos compuse tal fin quel principio desata acorde dorar con oro de lata lo mas fino tibar que vi con mis ojos: y encima de rosas sembrar mill abrojos suplico pues suplan discretos mi falta teman grosseros y en obra tan alta o vean e callen: o no den enojos.

Prosigue dando razones porque se mouio a acabar esta obra.

yo vi en Salamanca la obra presente mouime acabarla por estas razones es la primera que esto en vacaciones la otra inuentar [imitar] la persona prudente: y es la final ver ya la mas gente buelta e mezclada en vicios de amor estos amantes les pornan temor a fiar de alcahueta ni falso siruiente.

y assi que esta obra en el proceder fue tanto breue quanto muy sotil vi que portaua sentencias dos mill en forro de gracias lauor de plazer: no hizo Dedalo cierto a mi ver alguna mas prima entretalladura si fin diera en esta su propia escriptura Cota o Mena con su gran saber.

Jamas yo no vide en lengua romana despues que me acuerdo: ni nadie la vido obra de estilo tan alto e sobido en tusca: ni griega: ni en castellana: no trae sentencia de donde no mana loable a su autor y eterna memoria al qual Jesucristo reciba en su gloria por su passion santa que a todos nos sana.

Amonesta a los que aman que siruan a dios y dexen las malas cogitacions e vicios de amor.

Uos los que amays tomad este enxemplo este fino arnes con que os defendays bolued ya las riendas porque no os perdays load siempre a dios visitando su templo andad sobre auiso no seays dexemplo de muertos e biuos e propios culpados estando en el mundo yazeys sepultados muy gran dolor siento quando esto contemplo.

Fin.

O damas: matronas: mancebos: casados: notad bien la vida que aquestos hizieron tened por espejo su fin qual huuieron a otro que amores dad vuestros cuydados limpiad ya los ojos los ciegos errados virtudes sembrando con casto biuir a todo correr deueys de huyr no os lance Cupido sus tiros dorados. [Valencia, 1514]

Todas las cosas ser criadas a manera de contienda o batalla dize aquel gran sabio Eraclito en este modo. Omnia secundum litem fiunt. Sentencia a mi ver digna de perpetua y recordable memoria: e como sea cierto que toda palabra del hombre sciente este prenada: desta se puede dezir: que de muy hinchada y llena quiere rebentar: echando de si tan crescidos ramos y hojas: que del menor pimpollo se sacaria harto fruto entre personas discretas. Pero como mi pobre saber no baste a mas de roer sus secas cortezas de los dichos de aquellos que por claror de sus ingenios merescieron ser aprouados: con lo poco que de alli alcanzare satisfare al proposito deste perbreue prologo. Halle esta sentencia corroborada por aquel gran orador e poeta laureado Francisco Petrarcha diziendo. Sine lite atque offensione nihil genuit natura parens. Sin lid e offension ninguna cosa engendro la natura madre de todo. Dize mas adelante. Sic est enim et sic propemodum vniversa testantur: rapido stellae obviant firmamento: contraria inuicem elementa confligunt. terrae tremunt. maria fluctuant aer quatitur. crepant flammae. bellum immortale venti gerunt. tempora temporibus concertant. secum singula: nobiscum omnia. Que quiere dezir: en verdad assi es e assi todas las cosas desto dan testimonio: las estrellas se encuentran en el arrebatado firmamento del cielo: los aduersos elementos vnos con otros rompen pelea. tremen las tierras: ondean las mares: el ayre se sacude: suenan las llamas: los vientos entre si traen perpetua guerra: los tiempos con tiempos contienden e litigan entre si: vno a vno: e todos contra nosotros. El verano vemos que nos aquexa con calor demasiado. El inuierno con frio y aspereza. assi que esto nos paresce reuolucion temporal: esto con que nos sostenemos: esto con que nos criamos e biuimos: si comienza a ensoberuecerse mas de lo acostumbrado: no es sino guerra. E quanto se ha de temer manifiestase por los grandes terremotos: e toruellinos: por los naufragios: y encendios: assi celestiales como terrenales por la fuerza de los aguaduchos: por aquel bramar de truenos: por aquel temeroso impetu de rayos: aquellos cursos e recursos de las nuues: de cuyos abiertos mouimientos: para saber la secreta causa de que proceden: no es menor la dissension de los filosofos en las escuelas: que de las ondas en la mar. Pues entre los animales ningun genero carece de guerra: pesces: fieras: aues: serpientes: de lo qual todo: vna especie a otra persigue. El leon al lobo. El lobo la cabra: el perro la liebre: e si no paresciesse conseja de tras el fuego yo llegaria mas al cabo esta cuenta. El elefante animal tan poderoso e fuerte se espanta e huye de la vista de vn suziuelo raton e avn de solo oyrle toma gran temor. entre las serpientes el basilisco crio la natura tan ponzonoso e conquistador de todas las otras: que con su siluo las asombra: e con su venida las ahuyenta e disparze: con su vista las mata. La biuora reptilia: o serpiente enconada al tiempo del concebir: por la boca de la hembra metida la cabeza del macho: y ella con el gran dulzor aprietale tanto que le mata e quedando prenada: el primer hijo rompe las yjares de la madre: por do todos salen y ella muerta queda: el quasi como vengador de la paterna muerte. que mayor lid: que mayor conquista: ni guerra que engendrar en su cuerpo quien coma sus entranas? Pues no menos dissensiones naturales creemos hauer en los pescados: pues es cosa cierta gozar la mar de tantas formas de pesces: quantas la tierra: y el ayre cria de aues: e animalias: e muchas mas. Aristotiles e Plinio cuentan marauillas de vn pequeno pece llamado echeneis: quanto sea apta su propriedad para diuersos generos de lides: especialmente tiene vna: que si allega a vna nao: o carraca la detiene que no se puede menear avnque vaya muy rezio por las aguas. de lo qual haze Lucano mencion diziendo. Non puppim retinens Euro tendente rudentes. In mediis echeneis aquis. No falta alli el pece dicho echeneis que detiene las fustas quando el viento Euro estiende las cuerdas en medio de la mar. O natural contienda digna de admiracion poder mas vn pequeno pece que vn gran nauio con toda la fuerza de los vientos. Pues si discurrimos por las aues: e por sus menudas enemistades bien affirmaremos ser todas las cosas criadas a manera de contienda las mas biuen de rapina: como halcones / e aguilas / e gauilanes hasta los grosseros milanos insultan dentro en nuestras moradas los domesticos pollos: e debaxo las alas de sus madres los vienen a cazar. De vna ave llamada Rocho que nace en el Indico mar de Oriente se dize ser de grandeza jamas oyda e que lleva sobre su pico fasta las nuues no solo vn hombre: o diez: pero vn nauio cargado de todas sus xarcias e gente. E como los miseros navegantes esten assi suspensos en el ayre con el meneo de su buelo caen: e reciben crueles muertes. pues que diremos entre los hombres e a quien todo lo sobredicho es subjeto: quien explanara sus guerras / sus enemistades / sus embidias / sus aceleramientos e mouimientos e descontentamientos: aquel mudar de trajes: aquel derribar e renouar edificios: e otros muchos affectos diuersos e variedades que desta nuestra flaca humanidad nos prouienen: e pues es antigua querella e visitada de largos tiempos no quiero marauillarme si esta presente obra ha seydo instrumento de lid: o contienda a sus lectores: para ponerlos en differencias: dando cada vno sentencia sobre ella a sabor de su voluntad. Unos dezian que era prolixa / otros breue / otros agradable / otros escura. de manera que cortarla a medida de tantas y tan differentes condiciones a solo dios pertenesce. Mayormente pues ella con todas las otras cosas que al mundo son van debaxo de la vandera desta notable sentencia que avn la mesma vida de los hombres si bien lo miramos desde la primera hedad hasta que blanquean las canas es batalla: los ninos con los juegos: los mozos con las letras: los mancebos con los deleytes: los viejos con mill especies de enfermedades pelean: y estos papeles con todas las edades. La primera los borra e rompe. La segunda no los sabe bien leer. La tercera que es la alegre juuentud e mancebia discorda: vnos les roen los huessos que no tienen virtud: que es la hystoria toda junta no aprouechandose de las particularidades haziendola cuenta de camino. otros pican los donayres y refranes comunes: loandolos con toda atencion: dexando passar por alto lo que haze mas al caso e vtilidad suya. Pero aquellos para cuyo verdadero plazer es todo: desechan el cuento de la hystoria para contar: coligen la suma para su prouecho: rien lo donoso: las sentencias e dichos de philosophos guardan en su memoria para trasponer en lugares conuenibles a sus autos e propositos: assi que quando diez personas se juntaren a oyr esta Comedia en quien quepa esta differencia de condiciones como suele acaescer: quien negara que aya contienda en cosa que de tantas maneras se entienda: que avn los impressores han dado sus punturas poniendo rubricas: o sumarios al principio de cada auto narrando en breue lo que dentro contenia: vna cosa bien escusada segun lo que los antiguos scriptores vsaron. Otros han litigado sobre el nombre: diziendo que no se auia de llamar Comedia: pues acabaua en tristeza: sino que se llamasse Tragedia. El primer autor quiso darle denominacion del principio que fue plazer e llamola Comedia. yo viendo estas discordias entre estos estremos parti agora por medio la porfia: e llamela Tragicomedia. Assi que viendo estas conquistas: estos dissonos e varios juyzios: mire a donde la mayor parte acostaua e halle que querian que se alargasse en el processo de su deleyte destos amantes. sobre lo qual fuy muy importunado de manera que acorde avnque contra mi voluntad meter segunda vez la pluma en tan estrana lauor e tan agena de mi facultad: hurtando algunos ratos a mi principal estudio con otras horas destinadas para recreacion: puesto que no han de faltar nueuos detractores a la nueua adicion."

SIGUESE LA COMEDIA "O TRAGICOMEDIA" DE CALISTO Y MELIBEA: COMPUESTA EN REPREHENSION DE LOS LOCOS ENAMORADOS QUE VENCIDOS EN SU DESORDENADO APETITO A SUS AMIGAS LLAMAN E DIZEN SER SU DIOS. ASSI MISMO FECHA EN AUISO DE LOS ENGANOS DE LAS ALCAHUETAS E MALOS Y LISONJEROS SIRUIENTES.

ARGUMENTO.

Calisto fue de noble linaje: de claro ingenio: de gentil disposicion: de linda crianza: dotado de muchas gracias, de estado mediano: fue preso en el amor de Melibea, muger moza, muy generosa, de alta y serenissima sangre: sublimada en prospero estado, vna sola heredera a su padre Pleberio: y de su madre Alisa muy amada: por solicitud del pungido Calisto vencido el casto proposito della: entreueniendo Celestina mala y astuta muger con dos seruientes del vencido Calisto enganados, e por esta tornados desleales: presa su fidelidad con anzuelo de cobdicia y de deleyte, vinieron los amantes e los que les ministraron en amargo e desastrado fin. Para comienzo de lo qual dispuso el aduersa fortuna lugar oportuno donde a la presencia de Calisto se presento la deseada Melibea.

ARGUMENTO DEL PRIMER AUTO DESTA COMEDIA.

Entrando Calisto vna huerta empos de un falcon suyo hallo y a Melibea de cuyo amor preso comenzole de hablar: de la qual rigorosamente despedido: fue para su casa muy sangustiado. hablo con vn criado suyo llamado Sempronio. el qual despues de muchas razones le enderezo a vna vieja llamada Celestina: en cuya casa tenia el mesmo criado vna enamorada llamada Elicia: la qual viniendo Sempronio a casa de Celestina con el negocio de su amo tenia a otro consigo llamado Crito: al qual escondieron. Entretanto que Sempronio esta negociando con Celestina: Calisto esta razonando con otro criado suyo por nombre Parmeno: el qual razonamiento dura fasta que llega Sempronio e Celestina a casa de Calisto. Parmeno fue conoscido de Celestina: la qual mucho le dize de los fechos e conoscimiento de su madre induziendole a amor e concordia de Sempronio.

CALISTO. MELIBEA. SEMPRONIO. CELESTINA. ELICIA. CRITO. PARMENO.

CALISTO.—En esto veo, Melibea, la grandeza de dios. MELIBEA.—en que, Calisto? CAL.—en dar poder a natura que de tan perfeta hermosura te dotasse: e fazer a mi inmerito tanta merced que verte alcanzasse: e en tan conueniente lugar que mi secreto dolor manifestarte pudiesse. sin dubda encomparablemente es mayor tal galardon que el seruicio: sacrificio: deuocion e obras pias que por este lugar alcanzar tengo yo a dios ofrescido. Ni otro poder mi voluntad humana puede conplir. quien vido en esta vida cuerpo glorificado de ningun hombre como agora el mio? Por cierto los gloriosos sanctos que se deleytan en la vision diuina no gozan mas que yo agora en el acatamiento tuyo. Mas, o triste, que en esto deferimos: que ellos puramente se glorifican sin temor de caer de tal bienauenturanza: e yo misto me alegro con recelo del esquiuo tormento que tu absencia me ha de causar. MELIB.—por grand premio tienes esto, Calisto? CAL.—tengolo por tanto en verdad, que si dios me diesse en el cielo la silla sobre sus sanctos, no lo ternia por tanta felicidad. MELIB.—pues avn mas ygual galardon te dare yo, si perseueras. CAL.—o bienauenturadas orejas mias, que indignamente tan gran palabra haueys oydo. MELIB.—mas desauenturadas de que me acabes de oyr: porque la paga sera tan fiera qual la merece tu loco atreuimiento; e el intento de tus palabras, Calisto, ha seydo: de ingenio de tal hombre como tu, hauer de salir para se perder en la virtud de tal muger como yo. Vete, vete de ay, torpe: que no puede mi paciencia tollerar que aya subido en corazon humano comigo el ylicito amor comunicar su deleyte. CAL.—yre como aquel contra quien solamente la aduersa fortuna pone su estudio con odio cruel. Sempronio: Sempronio: Sempronio: donde esta este maldito? SEMPRONIO.—aqui estoy, senor, curando destos cauallos. CAL.—pues como sales de la sala? SEMP.—abatiose el girifalte, e vinele enderezar en el alcandara. CAL.—assi los diablos te ganen: assi por infortunio arrebatado perezcas / o perpetuo intollerable tormento consigas: el qual en grado incomparable a la penosa e desastrada muerte que espero traspassa. Anda, anda, maluado, abre la camara e endereza la cama. SEMP.—senor, luego. hecho es. CAL.—cierra la ventana e dexa la tiniebla acompanar al triste, e al desdichado la ceguedad: mis pensamientos tristes no son dignos de luz. O bienauenturada muerte aquella que deseada a los afligidos viene. O si viniessedes agora, Eras e Crato, medicos, sentiriades mi mal. O piedad de silencio, inspira en el Pleberico corazon: porque sin esperanza de salud no embie el espiritu perdido con el desastrado Piramo e de la desdichada Tisbe. SEMP.—que cosa es? CAL.—vete de ay, no me fables: sino quiza ante del tiempo de mi rabiosa muerte mis manos causaran tu arrebatado fin. SEMP.—yre, pues solo quieres padecer tu mal. CAL.—ve con el diablo. SEMP.—no creo, segun pienso, yr comigo el que contigo queda. O desauentura. O subito mal: qual fue tan contrario acontescimiento que assi tan presto robo el alegria deste hombre: e lo que peor es, junto con ella el seso? dexarle he solo? o entrare alla? Si le dexo, matarse ha. si entro alla, matarme ha. Quedese, no me curo: mas vale que muera aquel a quien es enojosa la vida: que no yo, que huelgo con ella. Avnque por al no deseasse viuir: sino por ver a mi Elicia me deuria guardar de peligros. pero si se mata sin otro testigo: yo quedo obligado a dar cuenta de su vida. Quiero entrar. Mas puesto que entre, no quiere consolacion ni consejo. asaz es senal mortal no querer sanar. Con todo, quierole dexar vn poco: desbraue. madure. que oydo he dezir que es peligro abrir o apremiar las postemas duras: porque mas se enconan. este vn poco. dexemos llorar al que dolor tiene: que las lagrimas e sospiros mucho desenconan el corazon dolorido. E avn si delante me tiene, mas comigo se encendera. que el sol mas arde donde puede reuerberar. la vista a quien objecto no se antepone, cansa: e quando aquel es cerca, aguzase: por esso quierome sofrir vn poco: si entretanto se matare: muera. quiza con algo me quedare que otro no lo sabe: con que mude el pelo malo. Avnque malo es esperar salud en muerte agena. Y quiza me engana el diablo: e si muere matarme han: e yran alla la soga e el calderon. Por otra parte dizen los sabios que es grande descanso a los afligidos tener con quien puedan sus cuytas llorar. Y que la llaga interior mas empece. Pues en estos estremos en que estoy perplexo: lo mas sano es entrar e sofrirle e consolarle: porque si possible es sanar sin arte ni aparejo: mas ligero es guarescer por arte: e por cura. CAL.—Sempronio. SEMP.—senor. CAL.—dame aca el laud. SEMP.—senor, vesle aqui. CAL.—qual dolor puede ser tal: que se yguale con mi mal? SEMP.—destemplado esta esse laud. CAL.—como templara el destemplado? como sentira el armonia aquel que consigo esta tan discorde? aquel a quien la voluntad a la razon no obedece? quien tiene dentro del pecho aguijones, paz: guerra: tregua: amor: enemistad: injurias, pecados: sospechas, todo a vna causa? Pero tane e canta la mas triste cancion que sepas. SEMP.—mira Nero de Tarpeya a Roma como se ardia: gritos dan ninos e viejos: e el de nada se dolia. CAL.—mayor es mi fuego:

e menor la piedad de quien yo agora digo. SEMP.—no me engano yo, que loco esta este mi amo. CAL.—que estas murmurando, Sempronio? SEMP.—no digo nada. CAL.—di lo que dizes, no temas. SEMP.—digo que como puede ser mayor el fuego que atormenta vn viuo, que el que quemo tal cibdad e tanta multitud de gente? CAL.—como? yo te lo dire: mayor es la llama que dura ochenta anos que la que en vn dia passa: e mayor la que mata vna anima que la que quema cient mill cuerpos. Como de la aparencia a la existencia: como de lo viuo a lo pintado: como de la sombra a lo real: tanta diferencia ay del fuego que dizes al que me quema. Por cierto si el del purgatorio es tal: mas querria que mi spiritu fuesse con los de los brutos animales: que por medio de aquel yr a la gloria de los sanctos. SEMP.—algo es lo que digo. a mas ha de yr este hecho: no basta loco, sino ereje. CAL.—no te digo que fables alto quando fablares? Que dizes? SEMP.—digo que nunca dios quiera tal: que es especie de heregia lo que agora dixiste. CAL.—porque? SEMP.—porque lo que dizes contradize la cristiana religion. CAL.—que a mi? SEMP.—tu no eres cristiano? CAL.—yo? Melibeo soy. e a Melibea adoro e en Melibea creo: e a Melibea amo. SEMP.—tu te lo diras. como Melibea es grande: no cabe en el corazon de mi amo: que por la boca le sale a borbollones. No es mas menester: bien se de que pie coxqueas: yo te sanare. CAL.—increyble cosa prometes. SEMP.—antes facil. Que el comienzo de la salud es conoscer hombre la dolencia del enfermo. CAL.—qual consejo puede regir lo que en si no tiene orden ni consejo? SEMP.—ha ha ha. esto es el fuego de Calisto? Estas son sus congoxas? Como si solamente el amor contra el asestara sus tiros. O soberano dios, quan altos son tus misterios. Quanta premia pusiste en el amor: que es necessaria turbacion en el amante. Su limite posiste por marauilla: paresce al amante que atras queda. todos passan, todos rompen: pungidos e esgarrochados como ligeros toros: sin freno saltan por las barreras. Mandaste al hombre por la muger dexar el padre e la madre: agora no solo aquello, mas a ti e a tu ley desamparan, como agora Calisto, del qual no me marauillo: pues los sabios, los santos, los profetas por el te oluidaron. CAL.—Sempronio. SEMP.—senor. CAL.—no me dexes. SEMP.—de otro temple esta esta gayta. CAL.—que te paresce de mi mal? SEMP.—que amas a Melibea. CAL.—e no otra cosa? SEMP.—harto mal es tener la voluntad en vn solo lugar catiua. CAL.—poco sabes de firmeza. SEMP.—la perseuerancia en el mal no es constancia mas dureza / o pertinacia la llaman en mi tierra. Vosotros los filosofos de Cupido llamalda como quisierdes. CAL.—torpe cosa es mentir "el" que ensena a otro; pues que tu te precias de loar a tu amiga Elicia. SEMP.—haz tu lo que bien digo: y no lo que mal hago.

CAL.—que me reprobas? SEMP.—que sometes la dignidad del hombre a la imperfecion de la flaca muger. CAL.—muger? o grossero: dios, dios! SEMP.—e assi lo crees, o burlas? CAL.—que burlo? por dios la creo: por dios la confiesso: e no creo que ay otro soberano en el cielo, avnque entre nosotros mora. SEMP.—ha ha ha. oystes que blasfemia? vistes que ceguedad? CAL.—de que te ries? SEMP.—riome: que no pensaua que hauia peor inuencion de pecado que en Sodoma. CAL.—como? SEMP.—porque aquellos procuraron abominable vso con los angeles no conocidos: e tu con el que confiessas ser dios. CAL.—maldito seas, que fecho me has reyr, lo que no pense ogano. SEMP.—pues que: toda tu vida auias de llorar? CAL.—si. SEMP.—porque? CAL.—porque amo a aquella, ante quien tan indigno me hallo: que no la espero alcanzar. SEMP.—o pusilanimo: o fideputa! que Nembrot: que magno Alexandre: los quales no solo del senorio del mundo: mas del cielo se juzgaron ser dignos. CAL.—no te oy bien esso que dixiste; torna, dilo, no procedas. SEMP.—dixe que tu, que tienes mas corazon que Nembrot ni Alexandre, desesperas de alcanzar vna muger. muchas de las quales en grandes estados constituydas se sometieron a los pechos e resollos de viles azemileros: e otras a brutos animales: no has leydo de Pasife con el toro? de Minerua con el can? CAL.—no lo creo, hablillas son. SEMP.—lo de tu abuela con el ximio, hablilla fue? testigo es el cuchillo de tu abuelo. CAL.—maldito sea este necio, e que porradas dize. SEMP.—escoziote? lee los ystoriales: estudia los filosofos: mira los poetas: llenos estan los libros de sus viles e malos exemplos: e de las caydas que leuaron los que en algo, como tu, las reputaron. Oye a Salomon: do dize que las mugeres e el vino hazen a los hombres renegar. consejate con Seneca e veras en que las tiene. escucha al Aristoteles: mira a Bernardo: gentiles: judios: cristianos: e moros: todos en esta concordia estan. Pero lo dicho e lo que dellas dixere: no te contezca error de tomarlo en comun, que muchas houo: y ay sanctas e virtuosas e notables cuya resplandesciente corona quita el general vituperio. Pero destas otras, quien te contaria sus mentiras: sus trafagos: sus cambios: su liuiandad: sus lagrimillas: sus alteraciones: sus osadias? que todo lo que piensan, osan sin deliberar: sus dissimulaciones: su lengua: su engano: su oluido: su desamor: su ingratitud: su inconstancia: su testimoniar: su negar: su reboluer: su presuncion: su vanagloria: su abatimiento: su locura: su desden: su soberuia: su subjecion: su parleria: su golosina: su luxuria e suziedad. su miedo: su atreuimiento: sus hechizerias: sus embaymientos: sus escarnios: su deslenguamiento: su desuerguenza: su alcahueteria. Considera que sesito esta debaxo de aquellas grandes e delgadas tocas:

que pensamientos so aquellas gorgueras: so aquel fausto: so aquellas largas e autorizantes ropas. Que imperficion: que aluanares debaxo de templos pintados. Por ellas es dicho: arma del diablo: cabeza de pecado: destruycion de parayso. No has rezado en la festiuidad de Sant Juan baptista, do dize: las mugeres e el vino hazen los hombres renegar: do dize esta es la muger, antigua malicia que a Adam echo de los deleytes de parayso? Esta el linaje humano metio en el infierno. A esta menosprecio Helias propheta &c.? CAL.—di pues, esse Adam. esse Salomon. esse Dauid. esse Aristoteles. esse Vergilio. essos que dizes, como se sometieron a ellas: soy mas que ellos? SEMP.—a los que las vencieron querria que remedasses: que no a los que dellas fueron vencidos. Huye de sus enganos. Sabes que fazen? cosa que es dificil entenderlas. No tienen modo. no razon. no intencion. Por rigor comienzan el ofrescimiento que de si quieren hazer. A los que meten por los agujeros: denuestan en la calle. Combidan. despiden. llaman. niegan. senalan amor. pronuncian enemiga. Ensananse presto. apaciguanse luego. Quieren que adeuinen lo que quieren. O que plaga. o que enojo. o que fastio es conferir con ellas: mas de aquel breue tiempo que son aparejadas "a" deleyte. CAL.—ve; mientra mas me dizes e mas inconuenientes me pones: mas la quiero: no se que se es. SEMP.—no es este juyzio para mozos segun veo: que no se saben a razon someter: no se saben administrar: miserable cosa es pensar ser maestro el que nunca fue discipulo. CAL.—y tu que sabes? quien te mostro esto? SEMP.—quien? ellas; que desque se descubren, assi pierden la verguenza: que todo esto e avn mas a los hombres manifiestan. Ponte pues en la medida de honrra: piensa ser mas digno de lo que te reputas. Que cierto peor estremo es dexarse hombre caer de su merescimiento: que ponerse en mas alto lugar que deue. CAL.—pues quien yo para esso? SEMP.—quien? lo primero eres hombre: e de claro ingenio: e mas, a quien la natura doto de los mejores bienes que tuuo. Conuiene a saber: fermosura. gracia. grandeza de miembros. fuerza. ligereza. e allende desto, fortuna medianamente partio contigo lo suyo: en tal quantidad: que los bienes que tienes de dentro con los de fuera resplandescen: porque sin los bienes de fuera, de los quales la fortuna es senora: a ninguno acaece en esta vida ser bienauenturado: e mas, a constelacion de todos eres amado. CAL.—pero no de Melibea. E en todo lo que me as gloriado, Sempronio: sin proporcion ni comparacion se auentaja Melibea. Miras la nobleza e antiguedad de su linaje? El grandissimo patrimonio? el excelentissimo ingenio? las resplandescientes virtudes? la altitud e enefable gracia? la soberana hermosura? de la qual te ruego me dexes hablar vn poco: porque aya algun refrigerio. Y lo que te dixere sera de lo descubierto: que si de lo oculto yo hablarte supiera: no nos fuera necessario altercar tan miserablemente estas razones. SEMP.—que mentiras e que locuras dira agora este cautiuo de mi amo? CAL.—como es esso? SEMP.—dixe que digas, que muy gran plazer haure de lo oyr. Assi te medre dios: como me sera agradable esse sermon. CAL.—que? SEMP.—que assi me medre dios como me sera gracioso de oyr. CAL.—pues porque ayas plazer: yo lo figurare por partes mucho por estenso. SEMP.—duelos tenemos: esto es tras lo que yo andaua. De passarse haura ya esta importunidad. CAL.—comienzo por los cabellos. Vees tu las madexas del oro delgado que hilan en Arabia? mas lindos son e no resplandescen menos: su longura hasta el postrero assiento de sus pies: despues crinados e atados con la delgada cuerda como ella se los pone: no ha mas menester para conuertir los hombres en piedras. SEMP.—mas en asnos. CAL.—que dizes? SEMP.—dixe que essos tales no serian cerdas de asno. CAL.—veed que torpe e que comparacion? SEMP.—tu cuerdo? CAL.—los ojos verdes rasgados: las pestanas luengas: las cejas delgadas e alzadas: la nariz mediana: la boca pequena: los dientes menudos e blancos: los labrios colorados e grosezuelos: el torno del rostro poco mas luengo que redondo: el pecho alto: la redondeza e forma de las pequenas tetas: quien te la podra figurar? que se despereza el hombre quando las mira. la tez lisa lustrosa. el cuero suyo escurece la nieue: la color mezclada qual ella la escogio para si. SEMP.—en sus treze esta este necio. CAL.—las manos pequenas en mediana manera: de dulce carne acompanadas: los dedos luengos, las vnas en ellos largas e coloradas que parescen rubies entre perlas. Aquella proporcion que veer yo no pude: no sin duda por el bulto de fuera juzgo incomparablemente ser mejor que la que Paris juzgo entre las tres deesas. SEMP.—has dicho? CAL.—quan breuemente pude. SEMP.—puesto que sea todo esso verdad: por ser tu hombre eres mas digno. CAL.—en que? SEMP.—en que ella es imperfeta: por el qual defeto desea e apetece a ti e a otro menor que tu. No as leydo el filosofo do dize: assi como la materia apetece a la forma: asi la muger al varon? CAL.—o triste, e quando vere yo esso entre mi e Melibea. SEMP.—possible es: y avnque la aborrezcas quanto agora la amas: podra ser alcanzandola: e viendola con otros ojos libres del engano en que agora estas. CAL.—con que ojos? SEMP.—con ojos claros. CAL.—e agora, con que la veo? SEMP.—con ojos de alinde: con que lo poco parece mucho, e lo pequeno grande. E porque no te desesperes: yo quiero tomar esta empresa de complir tu desseo. CAL.—o dios te de lo que desseas: que glorioso me es oyrte: avnque no espero que lo has de hazer. SEMP.—antes lo hare cierto. CAL.—dios te consuele. El jubon de brocado que ayer vesti, Sempronio, vistetele tu. SEMP.—prosperete dios por este e por muchos mas que me daras. De la burla yo me lleuo lo mejor: con todo, si destos aguijones me da, traergela he hasta la cama. Bueno ando! hazelo esto que me dio mi amo: que sin merced, impossible es obrarse bien ninguna cosa. CAL.—no seas agora negligente. SEMP.—no lo seas tu: que impossible es fazer sieruo diligente el amo perezoso. CAL.—como has pensado de fazer esta piedad? SEMP.—yo te lo dire. Dias ha grandes que conozco en fin desta vezindad vna vieja barbuda que se dize Celestina, hechizera, astuta, sagaz en quantas maldades ay. Entiendo que passan de cinco mill virgos: los que se han hecho e deshecho por su auctoridad en esta cibdad. A las duras penas promouera e prouocara a luxuria si quiere. CAL.—podriala yo fablar? SEMP.—yo te la traere hasta aca. por esso aparejate. seyle gracioso: seyle franco. estudia, mientra vo yo, de le dezir tu pena: tan bien como ella te dara el remedio. CAL.—y tardas? SEMP.—ya voy: quede dios contigo. CAL.—y contigo vaya. O todopoderoso, perdurable dios! tu que guias los perdidos: e los reyes orientales por el estrella precedente a Belen truxiste: e en su patria los reduxiste: humilmente te ruego que guies a mi Sempronio: en manera que conuierta mi pena e tristeza en gozo: e yo indigno merezca venir en el deseado fin. CELESTINA.—albricias, albricias, Elicia. Sempronio, Sempronio. ELICIA.—ce. ce. ce. CEL.—porque? ELIC.—porque esta aqui Crito. CEL.—metelo en la camarilla de las escobas: presto: dile que viene tu primo e mi familiar. ELIC.—Crito, retraete ay: mi primo viene: perdida soy. CRITO.—plazeme, no te congoxes. SEMP.—madre bendita! que desseo traygo! gracias a dios que te me dexo ver. CEL.—fijo mio: rey mio, turbado me has: no te puedo fablar; torna e dame otro abrazo: y tres dias podiste estar sin vernos? Elicia, Elicia, catale aqui. ELIC.—a quien, madre? CEL.—Sempronio. ELIC.—ay triste! que saltos me da el corazon: y que es del? CEL.—vesle aqui: vesle. yo me lo abrazare, que no tu. ELIC.—ay! maldito seas, traydor: postema e landre te mate: e a manos de tus enemigos mueras: e por crimines dignos de cruel muerte: en poder de rigurosa justicia te veas! ay, ay! SEMP.—hy. hy. hy. que has, mi Elicia: de que te congoxas? ELIC.—tres dias ha no me ves. nunca dios te vea. nunca dios te consuele ni visite: guay de la triste que en ti tiene su esperanza e el fin de todo su bien. SEMP.—calla, senora mia: tu piensas que la distancia del lugar es poderosa de apartar el entranable amor: el fuego que esta en mi corazon? do yo vo, comigo vas: comigo estas: no te aflijas ni me atormentes mas de lo que yo he padecido: mas di, que passos suenan arriba? ELIC.—quien? vn mi enamorado. SEMP.- pues creolo. ELIC.—alahe, verdad es: sube alla e verle has. SEMP.- voy. CEL.—anda aca; dexa essa loca: que ella es liuiana: e turbada de tu absencia: sacasla agora de seso: dira mill locuras: ven e fablemos; no dexemos passar el tiempo en balde. SEMP.—pues quien esta arriba? CEL.—quiereslo saber? SEMP.-quiero. CEL.—vna moza que me encomendo vn frayle. SEMP.- que frayle? CEL.- no lo procures. SEMP.—por mi vida, madre, que frayle? CEL.—porfias? el ministro, el gordo. SEMP.—o desauenturada, e que carga espera. CEL.—todo lo leuamos: pocas mataduras as tu visto en la barriga. SEMP.—mataduras no: mas petreras si. CEL.—ay burlador. SEMP.—dexa si soy burlador: e muestramela. ELIC.—ha! don maluado, verla quieres? los ojos se te salten; que no basta a ti vna ni otra. anda! veela, e dexa a mi para siempre. SEMP.—calla, dios mio: e enojaste? que ni la quiero ver a ella ni a muger nascida. A mi madre quiero fablar: e quedate adios. ELIC.—anda, anda: vete, desconoscido: e esta otros tres anos que no me bueluas a ver. SEMP.—madre mia, bien ternas confianza, e creeras que no te burlo. Toma el manto, e vamos: que por el camino sabras lo que si aqui me tardasse en dezirte: empediria tu prouecho e el mio. CEL.—vamos: Elicia, quedate a dios: cierra la puerta: adios paredes. SEMP.—o madre mia: todas cosas dexadas aparte: solamente se atenta: e ymagina en lo que te dixere: e no derrames tu pensamiento en muchas partes: que quien junto en diuersos lugares le pone, en ninguno le tiene: sino por caso determina lo cierto. e quiero que sepas de mi lo que no has oydo. E es: que jamas pude despues que mi fe contigo puse: desear bien de que no te cupiesse parte. CEL.—parta dios, hijo, de lo suyo contigo. que no sin causa lo hara: siquiera porque has piedad desta pecadora de vieja. Pero di, no te detengas: que la amistad que entre ti e mi se afirma no ha menester preambulos: ni correlarios: ni aparejos para ganar voluntad. Abreuia e ven al fecho: que vanamente se dize por muchas palabras: lo que por pocas se puede entender. SEMP.—assi es; Calisto arde en amores de Melibea: de ti e de mi tiene necessidad: pues juntos nos ha menester: juntos nos aprouechemos. que conoscer el tiempo e vsar el hombre de la oportunidad haze los hombres prosperos. CEL.—bien has dicho: al cabo estoy: basta para mi mescer el ojo. Digo que me alegro destas nueuas: como los cirujanos de los descalabrados. E como aquellos danan en los principios las llagas: e encarecen el prometimiento de la salud: assi entiendo yo fazer a Calisto: alargarle he la certenidad del remedio. Porque, como dizen. El esperanza luenga aflige el corazon. y quanto el la perdiere, tanto gela promete. bien me entiendes. SEMP.—callemos: que a la puerta estamos: e como dizen: las paredes han oydos. CEL.—llama. SEMP.—tha. tha. tha. CAL.—Parmeno. PARMENO.—senor. CAL.—no oyes: maldito sordo? PARM.—que es, senor? CAL.—a la puerta llaman; corre. PARM.—quien es? SEMP.—abre a mi e a esta duena. PARM.—senor, Sempronio e vna puta vieja alcoholada dauan aquellas porradas. CAL.—calla, calla, maluado: que es mi tia. corre, corre, abre. siempre lo vi, que por huyr hombre de vn peligro: cae en otro mayor. Por encubrir yo este fecho de Parmeno: a quien amor / o fidelidad / o temor pusieran freno, cay en indignacion desta que no tiene menor poderio en mi vida que dios. PARM.—porque, senor, te matas? porque, senor, te congoxas? y tu piensas que es vituperio en las orejas desta el nombre que la llame? no lo creas: que assi se glorifica en le oyr como tu quando dizen: diestro cauallero es Calisto. E demas desto es nombrada e por tal titulo conocida. Si entre cient mugeres va, e alguno dize, puta vieja: sin ningun empacho luego buelue la cabeza: e responde con alegre cara. En los conbites: en las fiestas: en las bodas: en las confradias, en los mortuorios, en todos los ayuntamientos de gentes: con ella passan tiempo: si passa por los perros: aquello suena su ladrido. si esta cerca las aues, otra cosa no cantan. si cerca los ganados, balando lo pregonan; si cerca las bestias, rebuznando dizen puta vieja. las ranas de los charcos otra cosa no suelen mentar. si va entre los herreros: aquello dizen sus martillos. carpinteros e armeros. herradores: caldereros; arcadores. Todo oficio de instrumento forma en el ayre su nombre. Cantanla los carpinteros. peynanla los peynadores. texedores. labradores. en las huertas. en las aradas. en las vinas. en las segadas: con ella passan el afan cotidiano. al perder en los tableros. luego suenan sus loores todas cosas que son hazen. a do quiera que ella esta el tal nombre representa. O que comedor de hueuos asados era su marido. Que quieres mas: sino que si vna piedra toca con otra: luego suena puta vieja. CAL.—y tu como lo sabes y la conosces? PARM.—saberlo has. Dias grandes son passados que mi madre, muger pobre, moraua en su vezindad: la qual, rogada por esta Celestina, me dio a ella por siruiente: avnque ella no me conoce por lo poco que la serui: e por la mudanza que la edad ha hecho. CAL.—de que la seruias? PARM.—senor, yua a la plaza e trayale de comer: e acompanauala: suplia en aquellos menesteres que mi tierna fuerza bastaua. pero de aquel poco tiempo que la serui: recogia la nueua memoria lo que la vejez no ha podido quitar. Tiene esta buena duena al cabo de la ciudad, alla cerca de las tenerias: en la cuesta del rio: vna casa apartada, medio cayda, poco compuesta e menos abastada. Ella tenia seys oficios. conuiene a saber: labrandera, perfumera, maestra de fazer afeytes e de fazer virgos, alcahueta e vn poquito hechizera. Era el primer oficio cobertura de los otros: so color del qual muchas mozas destas siruientes entrauan en su casa: a labrarse e a labrar camisas e gorgueras: e otras muchas cosas.

ninguna venia sin torrezno: trigo: harina: o jarro de vino: e de las otras prouisiones que podian a sus amas furtar: e avn otros furtillos de mas qualidad alli se encubrian. Asaz era amiga de estudiantes: e despenseros: e mozos de abades. E a estos vendia ella aquella sangre innocente de las cuytadillas: la qual ligeramente auenturauan en esfuerzo de la restitucion que ella les prometia. Subio su fecho a mas: que por medio de aquellas: comunicaua con las mas encerradas: hasta traer a execucion su proposito: e aquestas en tiempo onesto: como estaciones, processiones de noche, missas del gallo: missas del alua: e otras secretas deuociones, muchas encubiertas vi entrar en su casa: tras ellas hombres descalzos, contritos, e rebozados, desatacados: que entrauan alli a llorar sus pecados. que trafagos, si piensas, traya. faziase fisica de ninos. tomaua estambre de vnas casas: daualo a filar en otras por achaque de entrar en todas. las vnas, madre aca: las otras, madre aculla. cata la vieja, ya viene el ama; de todos muy conocida. Con todos estos afanes, nunca pasaua sin missa ni bisperas: ni dexaua monesterios de frayles: ni de monjas. esto porque alli fazia ella sus aleluyas e conciertos. y en su casa fazia perfumes, falsaua estoraques, menjuy, animes, ambar, algalia, poluillos, almizcles, mosquetes. Tenia vna camara llena de alambiques, de redomillas, de barrilejos de barro: de vidrio: de arambre: de estano: hechos de mill faziones. hazia soliman, afeyte cozido, argentadas, bujelladas, cerillas, llanillas, vnturillas, lustres, luzentores, clarimientes, alualinos. E otras aguas de rostro, de rasuras de gamones, de cortezas de spantalobos, de taraguntia, de hieles, de agraz, de mosto, destiladas e azucaradas. Adelgazaua los cueros con zumos de limones, con turuino, con tuetano de corzo: e de garza: e otras confaciones. Sacaua aguas para oler de rosas, de azahar: de jasmin, de trebol, de madreselua, e clauellinas, mosquetas e almizcladas, poluorizadas con vino. Hazia lexias para enrubiar, de sarmientos, de carrasca, de centeno, de marrubios, con salitre, con alumbre, e millifolia, e otras diuersas cosas. E los vntos e mantecas que tenia es hastio de dezir: de vaca, de osso, de cauallos, e de camellos, de culebra, e de conejo, de vallena, de garza: e de alcarauan, e de gamo, e de gato montes, e de texon, de harda, de herizo, de nutria. Aparejos para banos, esto es vna marauilla: de las yeruas e rayzes que tenia en el techo de su casa colgadas: manzanilla e romero, maluauiscos, culantrillo, coronillas, flor de sauco e de mostaza, espliego. e laurel blanco, tortarosa e gramonilla, flor saluaje, e higueruela, pico de oro e hoja tinta. Los azeytes que sacaua para el rostro no es cosa de creer. de estoraque e de jazmin, de limon, de pepitas, de violetas, de menjuy, de alfocigos, de pinones, de granillo, de azofeyfas, de neguilla, de altramuzes, de aruejas, e de carillas, e de yerua paxarera. E vn poquillo de balsamo tenia ella en vna redomilla que guardaua para aquel rascuno que tiene por las narizes. Esto de los virgos, vnos fazia de bexiga: e otros curaua de punto. Tenia en vn tabladillo: en vna caxuela pintada, agujas delgadas de pelligeros: e hilos de seda encerados, e colgadas alli rayzes de hojaplasma e fuste sanguino, cebolla albarrana, e cepacauallo. Hazia con esto marauillas: que quando vino por aqui el embaxador frances: tres vezes vendio por virgen vna criada que tenia. CAL.—asi pudiera ciento. PARM.—si, santo dios. e remediaua por caridad muchas huerfanas e erradas que se encomendauan a ella. E en otro apartado tenia para remediar amores, e para se querer bien. Tenia huessos de corazon de cieruo: lengua de biuora, cabezas de codornizes: sesos de asno, tela de cauallo, mantillo de nino, haua morisca, guija marina, soga de ahorcado, flor de yedra, espina de erizo, pie de texo, granos de helecho, la piedra del nido del aguila, e otras mill cosas. Venian a ella muchos hombres e mugeres. e a vnos demandaua el pan do mordian. a otros de su ropa. a otros de sus cabellos. a otros pintaua en la palma letras con azafran. a otros con bermellon. a otros daua vnos corazones de cera llenos de agujas quebradas. e otras cosas en barro e en plomo hechas, muy espantables al ver. Pintaua figuras. dezia palabras en tierra. quien te podra dezir lo que esta vieja fazia? y todo era burla e mentira. CAL.—bien esta, Parmeno: dexalo para mas oportunidad. asaz soy de ti auisado: tengotelo en gracia; no nos detengamos: que la necessidad desecha la tardanza. Oye, aquella viene rogada: espera mas que deue: vamos, no se indigne. Yo temo: e el temor reduze la memoria: e a la prouidencia despierta. Sus; vamos, proueamos. Pero ruegote, Parmeno: la embidia de Sempronio, que en esto me sirue e complaze: no ponga impedimiento en el remedio de mi vida. que si para el houo jubon, para ti no faltara sayo. ni pienses que tengo en menos tu consejo e auiso: que su trabajo e obra. como lo espiritual sepa yo que precede a lo corporal: e que puesto que las bestias corporalmente trabajen mas que los hombres: por esso son pensadas e curadas: pero no amigas dellos: en la tal diferencia seras comigo en respeto de Sempronio: e so secreto sello, pospuesto el dominio: por tal amigo a ti me concedo. PARM.—quexome, Calisto, de la dubda de mi fidelidad e seruicio: por los prometimientos e amonestaciones tuyas. Quando me viste, senor, embidiar? o por ningun interesse ni resabio tu prouecho estorcer? CAL.—no te escandalizes: que sin dubda tus costumbres e gentil crianza en mis ojos: ante todos los que me siruen estan: mas como en caso tan arduo, do todo mi bien e vida pende: es necessario proueer. proueo a los contescimientos: como quiera que creo que tus buenas costumbres sobre buen natural florescen: como el buen natural sea principio del artificio. E no mas: sino vamos a ver la salud. CEL.—pasos oyo: aca descienden: haz, Sempronio, que no lo oyes. Escucha, e dexame hablar lo que a ti e a mi conuiene. SEMP.—habla. CEL.—no me congoxes, ni me importunes: que sobrecargar el cuydado es aguijar al animal congoxoso. Assi sientes la pena de tu amo Calisto que parece que tu eres el: e el tu: e que los tormentos son en vn mismo subjeto. Pues cree que yo no vine aca por dexar este pleyto indeciso: o morir en la demanda. CAL.—Parmeno? detente: ce, escucha, que hablan estos: veamos en que viuimos. O notable muger. o bienes mundanos, indignos de ser poseydos de tan alto corazon. O fiel e verdadero Sempronio. Has visto, mi Parmeno? oyste? tengo razon? que me dizes? rincon de mi secreto, e consejo e alma mia? PARM.—protestando mi innocencia en la primera sospecha: e cumpliendo con la fidelidad: porque te me concediste, hablare. oyeme: e el afecto no te ensorde: ni la esperanza del deleyte te ciegue. Tiemplate, e no te apresures: que muchos con cobdicia de dar en el fiel, yerran el blanco. Avnque soy mozo, cosas he visto asaz: e el seso e la vista de las muchas cosas demuestran la experiencia: de verte o de oyrte descender por la escalera, parlan lo que estos fingidamente han dicho: en cuyas falsas palabras pones el fin de tu deseo. SEMP.—Celestina, ruynmente suena lo que Parmeno dize. CEL.—calla, que para la mi santiguada: do vino el asno verna el albarda. Dexame tu a Parmeno: que yo te le hare vno de nos: e de lo que houieremos, demosle parte. que los bienes, si no son comunicados, no son bienes. Ganemos todos: partamos todos: holguemos todos: yo te le traere manso e benigno a picar el pan en el puno. e seremos dos a dos. e como dizen, tres al mohino. CAL.—Sempronio. SEMP.—senor. CAL.—que hazes, llaue de mi vida? abre. O Parmeno, ya la veo. Sano soy: viuo so. Miras que reuerenda persona: que acatamiento. Por la mayor parte, por la philosomia es conocida la virtud interior. O vejez virtuosa! o virtud enuejecida! O gloriosa esperanza de mi desseado fin. O fin de mi deleytosa esperanza. O salud de mi passion. Reparo de mi tormento. Regeneracion mia. Viuificacion de mi vida. Resurrecion de mi muerte. Deseo llegar a ti. Cobdicio besar essas manos llenas de remedio. la indignidad de mi persona lo embarga. Dende aqui adoro la tierra que huellas: e en reuerencia tuya beso. CEL.—Sempronio: de aquellas viuo yo? los huessos que yo roy piensa este necio de tu amo de darme a comer: pues al le sueno, al freyr lo vera: dile que cierre la boca e comience abrir la bolsa: que de las obras dudo: quanto mas de las palabras: xo, que te estriego: asna coxa, mas hauias de madrugar. PARM.—guay de orejas que tal oyen. Perdido es, quien tras perdido anda. O Calisto desauenturado, abatido, ciego: e en tierra esta adorando a la mas antigua e puta tierra: que fregaron sus espaldas en todos los burdeles. deshecho es. vencido es. caydo es. no es capaz de ninguna redencion, ni consejo, ni esfuerzo. CAL.—que dezia la madre? paresceme que pensaua que le ofrescia palabras por escusar galardon. SEMP.—assi lo senti. CAL.—pues ven comigo: trae las llaues, que yo sanare su duda. SEMP.—bien faras: e luego vamos: que no se deue dexar crescer la yerua entre los panes: ni la sospecha en los corazones de los amigos. Sino alimpiarla luego con el escardilla de las buenas obras. CAL.—astuto hablas: vamos, e no tardemos. CEL.—plazeme, Parmeno: que hauemos auido oportunidad para que conozcas el amor mio contigo: e la parte que en mi immerito tienes: e digo immerito por lo que te he oydo dezir: de que no hago caso; porque virtud nos amonesta sufrir las tentaciones: e no dar mal por mal. e especial quando somos tentados por mozos: e no bien instrutos en lo mundano, en que con necia lealtad pierdan a si e a sus amos: como agora tu a Calisto. bien te oy: e no pienses que el oyr con los otros exteriores sesos mi vejez aya perdido: que no solo lo que veo, oyo e conozco: mas avn lo intrinseco con los intellectuales ojos penetro. Has de saber, Parmeno, que Calisto anda de amor quexoso: e no lo juzgues por eso por flaco: que el amor imperuio todas las cosas vence. e sabe, si no sabes, que dos conclusiones son verdaderas. La primera, que es forzoso el hombre amar a la muger: e la muger al hombre. La segunda, que el que verdaderamente ama, es necessario que se turbe: con la dulzura del soberano deleyte: que por el hazedor de las cosas fue puesto: porque el linaje de los hombres perpetuase: sin lo qual peresceria. E no solo en la humana especie: mas en los pesces / en las bestias / en las aues / en las reptilias. E en lo vegetatiuo algunas plantas han este respeto: si sin interposicion de otra cosa en poca distancia de tierra estan puestas: en que ay determinacion de heruolarios e agricultores ser machos e hembras. Que diras a esto, Parmeno? neciuelo, loquito, angelico / perlica, simplezico, lobitos en tal gestico: llegate aca, putico, que no sabes nada del mundo / ni de sus deleytes. Mas rauia mala me mate si te llego a mi, avnque vieja: que la voz tienes ronca, las barbas te apuntan: mal sosegadilla deues tener la punta de la barriga. PAR.—como cola de alacran. CEL.—y avn peor: que la otra muerde sin hinchar: e la tuya hincha por nueue meses. PARM.—hy. hy. hy. CEL.—rieste: landrezilla, fijo? PARM.—calla, madre: no me culpes ni me tengas, avnque mozo, por insipiente. Amo a Calisto porque le deuo fidelidad por crianza: por beneficios: por ser del honrrado e bien tratado: que es la mayor cadena que el amor del seruidor al seruicio del senor prende: quanto lo contrario aparta. veole perdido, e no ay cosa peor que yr tras desseo sin esperanza de buen fin: e especial, pensando remediar su hecho tan arduo e dificil con vanos consejos e necias razones de aquel bruto Sempronio: que es pensar sacar aradores a pala e azadon: no lo puedo sufrir: digolo, e lloro. CEL.—Parmeno: tu no vees que es necedad o simpleza llorar por lo que con llorar no se puede remediar? PARM.—por esso lloro: que si con llorar fuesse possible traer a mi amo el remedio: tan grande seria el plazer de la tal esperanza: que de gozo no podria llorar. pero assi perdida ya la esperanza: pierdo el alegria e lloro. CEL.—lloraras sin prouecho: por lo que llorando estoruar no podras: ni sanarlo presumas. A otros no ha contecido esto, Parmeno? PARM.—si; pero a mi amo no le querria doliente. CEL.—no lo es: mas avnque fuesse doliente, podria sanar. PARM.—no curo de lo que dizes. porque en los bienes mejor es el acto que la potencia: e en los males mejor la potencia que el acto. assi que mejor es ser sano, que poderlo ser. e mejor es poder ser doliente, que ser enfermo por acto. e por tanto es mejor tener la potencia en el mal que el acto. CEL.—o maluado: como que no se te entiende! tu no sientes su enfermedad? que has dicho hasta agora? de que te quexas? pues burla, o di por verdad lo falso, e cree lo que quisieres: que el es enfermo por acto: e el poder ser sano es en mano desta flaca vieja. PARM.—mas desta flaca puta vieja. CEL.—putos dias biuas, vellaquillo: e como te atreues? PARM.—como te conozco. CEL.—quien eres tu? PARM.—quien? Parmeno, hijo de Alberto tu compadre: que estuue contigo vn mes: que te me dio mi madre quando morauas a la cuesta del rio, cerca de las tenerias. CEL.—Jesu. Jesu. Jesu. E tu eres Parmeno, hijo de la Claudiana? PARM.—alahe, yo. CEL.—pues fuego malo te queme: que tan puta vieja era tu madre como yo: porque me persigues, Parmenico? El es, el es, por los santos de dios. allegate a mi: ven aca, que mill azotes e punadas te di en este mundo: e otros tantos besos. Acuerdaste quando dormias a mis pies, loquito? PARM.—si, en buena fe: e algunas vezes, avnque era nino, me subias a la cabecera, e me apretauas contigo: e porque olias a vieja me fuya de ti. CEL.—mala landre te mate: e como lo dize el desuergonzado. Dexadas burlas e pasatiempos: oye agora, mi fijo, e escucha; que, avnque a vn fin soy llamada, a otro so venida: e maguera que contigo me aya fecho de nueuas, tu eres la causa. Hijo, bien sabes como tu madre, que dios aya, te me dio, viuiendo tu padre: el qual, como de mi te fueste, con otra ansia no murio, sino con la incertedumbre de tu vida e persona: por la qual absencia: algunos anos de su vejez sufrio angustiosa e cuydosa vida: e al tiempo que della passo, embio por mi: e en su secreto te me encargo: e me dixo sin otro testigo, sino aquel que es testigo de todas las obras e pensamientos: e los corazones e entranas escudrina: al qual puso entre el e mi que te buscasse, e allegasse, e abrigasse: e quando de complida edad fueses: tal que en tu viuir supieses tener manera e forma: te descubriesse adonde dexo encerrada tal copia de oro e plata que basta mas que la renta de tu amo Calisto. y porque gelo prometi, e con mi promessa lleuo descanso: e la fe es de guardar mas que a los viuos a los muertos, que no pueden hazer por si: en pesquisa e seguimiento tuyo yo he gastado asaz tiempo e quantias: hasta agora que ha plazido aquel que todos los cuydados tiene: e remedia las justas peticiones, e las piadosas obras endereza: que te hallase aqui, donde solos ha tres dias que se que moras: sin duda dolor he sentido: porque has por tantas partes vagado e peregrinado: que ni has hauido prouecho, ni ganado debdo ni amistad; que, como Seneca nos dize, Los peregrinos tienen muchas posadas e pocas amistades. Porque en breue tiempo con ninguno no pueden firmar amistad. E el que esta en muchos cabos no esta en ninguno. ni puede aprouechar el manjar a los cuerpos, que en comiendo se lanza. ni ay cosa que mas la sanidad impida que la diuersidad e mudanza e variacion de los manjares. e nunca la llaga viene a cicatrizar: en la qual muchas melezinas se tientan. ni conualesce la planta que muchas vezes es traspuesta. ni ay cosa tan prouechosa, que en llegando aproueche: por tanto, mi hijo, dexa los impetus de la juuentud: e tornate con la doctrina de tus mayores a la razon: reposa en alguna parte: e donde mejor que en mi voluntad? en mi animo: en mi consejo: a quien tus padres te remetieron? e yo assi como verdadera madre tuya te digo: so las maldiciones que tus padres te pusieron si me fuesses inobediente: que por el presente sufras e siruas a este tu amo que procuraste: hasta en ello hauer otro consejo mio: pero no con necia lealdad: proponiendo firmeza sobre lo mouible: como son estos senores deste tiempo. E tu, gana amigos, que es cosa durable: ten con ellos constancia. no viuas en flores. dexa los vanos prometimientos de los senores: los quales desechan la substancia de sus siruientes con huecos e vanos prometimientos: como la sanguijuela saca la sangre: desagradescen, injurian, oluidan seruicios, niegan galardon. Guay de quien en palacio enuejece: como se escriue de la probatica piscina: que de ciento que entrauan, sanaua vno. Estos senores deste tiempo mas aman a si, que a los suyos; e no yerran: los suyos ygualmente lo deuen hazer. perdidas son las mercedes, las magnificencias, los actos nobles. cada vno destos catiuan e mezquinamente procuran su interesse con los suyos: pues aquellos no deuen menos hazer: como sean en facultades menores, sino viuir a su ley: digolo, fijo Parmeno: porque este tu amo, como dizen, me parece rompenecios: de todos se quiere seruir sin merced: mira bien, creeme: en su casa cobra amigos, que es el mayor precio mundano: que con el no pienses tener amistad: como por la diferencia de los estados o condiciones pocas vezes contezca. Caso es ofrecido, como sabes, en que todos medremos: e tu por el presente te remedies: que lo al que te he dicho, guardado te esta a su tiempo: e mucho te aprouecharas siendo amigo de Sempronio. PARM.—Celestina: todo tremo en oyrte: no se que haga: perplexo esto: por vna parte tengote por madre: por otra a Calisto por amo. Riqueza desseo. pero quien torpemente sube a lo alto: mas ayna cae que subio. No querria bienes malganados. CEL.—yo si. A tuerto o a derecho, nuestra casa hasta el techo. PARM.—pues yo con ellos no viuiria contento: e tengo por onesta cosa la pobreza alegre. E avn mas te digo: que no los que poco tienen son pobres: mas los que mucho dessean: e por esto, avnque mas digas, no te creo en esta parte: querria passar la vida sin embidia: los yermos e aspereza sin temor: el sueno sin sobresalto: las injurias con respuesta: las fuerzas sin denuesto: las premias con resistencia. CEL.—o hijo, bien dizen que la prudencia no puede ser sino en los viejos: e tu mucho eres mozo. PARM.—mucho segura es la mansa pobreza. CEL.—mas di, como mayor: que la fortuna ayuda a los osados. e demas desto, quien que tenga bienes en la republica: que escoja viuir sin amigos? pues, loado dios, bienes tienes: e no sabes que has menester amigos para los conseruar? y no pienses que tu priuanza con este senor te haze seguro: que quanto mayor es la fortuna, tanto es menos segura: e por tanto, en los infortunios el remedio es a los amigos. E a donde puedes ganar mejor este debdo, que donde las tres maneras de amistad concurren? Conuiene a saber; por bien, e prouecho, e deleyte. Por bien, mira la voluntad de Sempronio conforme a la tuya: e la gran similitud que tu y el en la virtud teneys. Por prouecho, en la mano esta, si soys concordes. Por deleyte, semejable es: como seays en edad dispuestos para todo linaje de plazer: en que mas los mozos que los viejos se juntan. Assi como para jugar: para vestir: para burlar: para comer e beuer: para negociar amores, juntos de compania. O si quisiesses, Parmeno, que vida gozariamos. Sempronio ama a Elicia, prima de Areusa. PARM.—de Areusa? CEL.—de Areusa. PARM.—de Areusa, hija de Eliso? CEL.—de Areusa, hija de Eliso. PARM.—cierto? CEL.—cierto. PARM.—marauillosa cosa es. CEL.—pero bien te paresce? PARM.—no cosa mejor. CEL.—pues tu buena dicha quiere, aqui esta quien te la dara. PARM.—mi fe, madre, no creo a nadie. CEL.—estremo es creer a todos: e yerro no creer a ninguno. PARM.—digo que te creo: pero no me atreuo; dexame. CEL.—o mezquino: de enfermo corazon es no poder sufrir el bien. Da dios hauas a quien no tiene quixadas. O simple: diras que a donde ay mayor entendimiento: ay menor fortuna: e donde mas discrecion, alli es menor la fortuna: dichas son. PARM.—o Celestina! oydo he a mis mayores que vn exemplo de luxuria o auaricia mucho mal haze: e que con aquellos deue hombre conuersar, que le fagan mejor: e aquellos dexar, a quien el mejores piensa hazer. E Sempronio en su enxemplo no me hara mejor: ni yo a el sanare su vicio. E puesto que yo a lo que dizes me incline: solo yo querria saberlo: porque a lo menos por el exemplo fuese oculto el pecado. E si hombre vencido del deleyte de este mundo: va contra la virtud: no se atreua a la honestad. CEL.—sin prudencia hablas: que de ninguna cosa es alegre possession sin compania. No te retrayas ni amargues, que la natura huye lo triste: e apetece lo delectable. El buen deleyte es con los amigos en las cosas sensuales: e especial en recontar las cosas de amores: e comunicarlas. Esto hize: esto otro me dixo: tal donayre passamos: de tal manera la tome: assi la bese: assi me mordio: assi la abrace: assi se allego. O que fabla. o que gracia. o que juegos. o que besos. Vamos alla. boluamos aca. ande la musica. pintemos los motes. canten canciones. inuenciones. justemos. que cimera sacaremos: o que letra? ya va a la missa. manana saldra. rondemos su calle. mira su carta. vamos de noche. tenme el escala. aguarda a la puerta. como te fue? cata el cornudo, sola la dexa, dale otra buelta. tornemos alla. E para esto, Parmeno, ay deleyte sin compania? alahe: alahe: la que las sabe las tane. este es el deleyte: que lo al mejor fazen los asnos en el prado. PARM.—no querria, madre, me combidasses a consejo con amonestacion de deleyte: como hizieron los que, caresciendo de razonable fundamento: opinando hizieron sectas embueltas en dulce veneno: para captar e tomar las voluntades de los flacos: e con poluos de sabroso afeto cegaron los ojos de la razon. CEL.—que es razon, loco? que es afeto, asnillo? la discrecion que no tienes lo determina. E de la discrecion mayor es la prudencia. e la prudencia no puede ser sin esperimiento: e la esperiencia no puede ser mas que en los viejos. E los ancianos somos llamados padres. E los buenos padres bien aconsejan a sus hijos: e especial yo a ti: cuya vida e honrra mas que la mia deseo. E quando me pagaras tu esto? nunca: pues a los padres e a los maestros no puede ser fecho seruicio ygualmente. PARM.—todo me recelo, madre, de recebir dudoso consejo. CEL.—no quieres? pues dezirte he lo que dize el sabio al varon que con dura ceruiz al que le castiga menosprecia: arrebatado quebrantamiento le verna, e sanidad ninguna le consiguira. E assi, Parmeno, me despido de ti e deste negocio. PARM.—ensanada esta mi madre; duda tengo en su consejo. yerro es no creer: e culpa creerlo todo. Mas humano es confiar: mayormente en esta que interesse promete: ado prouecho no puede allende de amor conseguir.

Oydo he que deue hombre a sus mayores creer: esta, que me aconseja? paz con Sempronio. La paz no se deue negar: que bienauenturados son los pacificos: que fijos de dios seran llamados. Amor no se deue rehuyr: caridad a los hermanos: interesse pocos le apartan. Pues quierola complazer y oyr. Madre: no se deue ensanar el maestro de la ignorancia del discipulo: sino raras vezes: por la sciencia que es de su natural comunicable: e en pocos lugares se podria infundir. Por eso, perdoname: hablame: que no solo quiero oyrte e creerte: mas en singular merced rescebir tu consejo. E no me lo agradezcas: pues el loor: e las gracias de la acion: mas al dante que no al recibiente se deuen dar. Por esso, manda, que a tu mandado mi consentimiento se humilla. CEL..—de los hombres es errar, e bestial es la porfia. Por ende gozome, Parmeno, que ayas limpiado las turbias telas de tus ojos: e respondido al reconoscimiento, discrecion e ingenio sotil de tu padre: cuya persona, agora representada en mi memoria: enternece los ojos piadosos por do tan abundantes lagrimas vees derramar. Algunas vezes duros propositos, como tu, defendia: pero luego tornaua a lo cierto. En dios e en mi anima, que en veer agora lo que has porfiado: e como a la verdad eres reduzido: no paresce sino que viuo le tengo delante. O que persona: o que hartura: o que cara tan venerable. Pero callemos, que se acerca Calisto, e tu nueuo amigo Sempronio: con quien tu conformidad para mas oportunidad dexo. Que dos en vn corazon viuiendo son mas poderosos de hazer e de entender. CALISTO.—dubda traygo, madre, segun mis infortunios, de hallarte viua. Pero mas es marauilla, segun el deseo de como llego viuo: recibe la dadiua pobre de aquel que con ella la vida te ofrece. CEL.—como en el oro muy fino labrado por la mano del sotil artifice: la obra sobrepuja a la materia: asi se auentaja a tu magnifico dar la gracia e forma de tu dulce liberalidad: e sin duda la presta dadiua su efeto ha doblado: porque la que tarda, el prometimiento muestra negar: e arrepentirse del don prometido. PARMENO.—que le dio, Sempronio? SEMP.—cient monedas de oro. PARM.—hy. hy. hy. SEMP.—hablo contigo la madre? PARM.—calla, que si. SEMP.—pues como estamos? PARM.—como quisieres: avnque estoy espantado. SEMP.—pues calla: que yo te hare espantar dos tanto. PARM.—o dios! no ay pestilencia mas eficaz: quel enemigo de casa para empecer. CALISTO.—ve agora, madre, e consuela tu casa: e despues ven, consuela la mia: e luego. CEL.—quede dios contigo. CAL.—y el te me guarde.

ARGUMENTO DEL SEGUNDO AUTO.

Partida Celestina de Calisto para su casa, queda Calisto hablando con Sempronio, criado suyo; al qual, como quien en alguna esperanza puesto esta, todo aguijar le parece tardanza; embia de si a Sempronio a solicitar a Celestina para el concebido negocio. quedan entretanto Calisto e Parmeno juntos razonando.

CALISTO. SEMPRONIO. PARMENO.

CAL.—Hermanos mios, cient monedas di a la madre: hize bien? SEMP.—hay, si fiziste bien! allende de remediar tu vida, ganaste muy gran honrra. Y para que es la fortuna fauorable e prospera? sino para seruir a la honrra, que es el mayor de los mundanos bienes? que esto es premio e galardon de la virtud: e por esso la damos a dios: porque no tenemos mayor cosa que le dar: la mayor parte de la qual consiste en la liberalidad e franqueza: a esta los duros tesoros comunicables la escurecen e pierden: e la magnificencia e liberalidad la ganan e subliman. Que aprouecha tener lo que se niega aprouechar? sin dubda te digo, que mejor es el vso de las riquezas que la possesion dellas. O que glorioso es el dar: o que miserable es el recebir: quanto es mejor el acto que la possesion: tanto es mas noble el dante quel recibiente. Entre los elementos el fuego, por ser mas actiuo, es mas noble: e en las esperas puesto en mas noble lugar. E dizen algunos, que la nobleza es vna alabanza que prouiene de los merecimientos e antiguedad de los padres: yo digo que la agena luz nunca te hara claro si la propia no tienes. E por tanto no te estimes en la claridad de tu padre, que tan magnifico fue, sino en la tuya: e assi se gana la honrra: que es el mayor bien de los que son fuera de hombre. de lo qual no el malo: mas el bueno, como tu, es digno que tenga perfeta virtud. E avn mas te digo que la virtud perfeta no pone que sea fecha con digno honor. Por ende goza de hauer seydo assi magnifico e liberal: e de mi consejo, tornate a la camara, e reposa, pues que tu negocio en tales manos esta depositado. de donde ten por cierto: pues el comienzo lleuo bueno: el fin sera muy mejor: e vamos luego: porque sobre este negocio quiero hablar contigo mas largo. CAL.—Sempronio, no me parece buen consejo quedar yo acompanado: e que vaya sola aquella que busca el remedio de mi mal: mejor sera que vayas con ella, e la aquexes: pues sabes que de su diligencia pende mi salud: de su tardanza mi pena: de su oluido mi desesperanza. sabido eres: fiel te siento. por buen criado te tengo. faz de manera que en solo verte ella a ti, juzgue la pena que a mi queda: e fuego que me atormenta: cuyo ardor me causo no poder mostrarle la tercia parte desta mi secreta enfermedad: segun tiene mi lengua e sentido ocupados e consumidos: tu, como hombre libre de tal passion: hablarla has a rienda suelta. SEMP.—senor, querria yr por complir tu mandado: querria quedar por aliuiar tu cuydado: tu temor me aquexa: tu soledad me detiene: quiero tomar consejo con la obediencia, que es yr: e dar priessa a la vieja: mas como yre: que en viendote solo, dizes desuarios de hombre sin seso? sospirando: gimiendo: mal trobando: holgando con lo escuro: deseando soledad: buscando nueuos modos de pensatiuo tormento: donde si perseueras / o de muerto / o loco no podras escapar: si siempre no te acompana quien te allegue plazeres: diga donayres: tanga canciones alegres: cante romances: cuente ystorias, pinte motes: finja cuentos: juegue a naypes: arme mates. finalmente que sepa buscar todo genero de dulce passatiempo: para no dexar trasponer tu pensamiento en aquellos crueles desuios que rescebiste de aquella senora en el primer trance de tus amores. CAL.—como, simple, no sabes que aliuia la pena llorar la causa? quanto es dulce a los tristes quexar su passion? quanto descanso traen consigo los quebrantados sospiros: quanto relieuan e disminuyen los lagrimosos gemidos el dolor: quantos escriuieron consuelos, no dizen otra cosa. SEMP.—lee mas adelante. buelue la hoja: fallaras que dizen que fiar en lo temporal, e buscar materia de tristeza, que es ygual genero de locura: e aquel Macias, ydolo de los amantes: del oluido porque le oluidaua, se quexaua: en el contemplar esta la pena de amor: en el oluidar el descanso: huye de tirar cozes al aguijon: finge alegria e consuelo e serlo ha: que muchas vezes la opinion trae las cosas donde quiere: no para que mude la verdad: pero para moderar nuestro sentido e regir nuestro juyzio. CAL.—Sempronio amigo, pues tanto sientes mi soledad: llama a Parmeno, quedara comigo: e de aqui adelante sey, como sueles, leal: que en el seruicio del criado esta el galardon del senor. PARM.—aqui estoy, senor. CAL.—yo no: pues no te veya. no te partas della, Sempronio, ni me oluides a mi: e ve con dios. tu, Parmeno, que te parece de lo que oy ha pasado? mi pena es grande / Melibea alta / Celestina sabia / e buena maestra destos negocios: no podemos errar: tu me la has aprouado con toda tu enemistad: yo te creo: que tanta es la fuerza de la verdad que las lenguas de los enemigos trae a si. assi que, pues ella es tal: mas quiero dar a esta cient monedas que a otra cinco. PARM.—ya las lloras: duelos tenemos: en casa se hauran de ayunar estas franquezas. CAL.—pues pido tu parecer, seyme agradable, Parmeno: no abaxes la cabeza al responder: mas como la embidia es triste: la tristeza sin lengua: puede mas contigo su voluntad que mi temor: que dixiste, enojoso? PARM.—digo, senor, que yrian mejor empleadas tus franquezas: en presentes e seruicios a Melibea: que no dar dineros aquella que yo me conozco: e lo que peor es, fazerte su catiuo. CAL.—como, loco, su catiuo? PARM.—porque a quien dizes el secreto, das tu libertad. CAL.—algo dize el necio: pero quiero que sepas: que quando ay mucha distancia del que ruega al rogado / o por grauedad de obediencia / o por senorio de estado / o esquiuidad de genero: como entre esta mi senora e mi: es necessario intercessor / o medianero que suba de mano en mano mi mensaje hasta los oydos de aquella a quien yo segunda vez hablar tengo por impossible; e pues que asi es: dime si lo fecho aprueuas? PARM.—aprueuelo el diablo. CAL.—que dizes? PARM.—digo, senor, que nunca yerro vino desacompanado: e que vn inconueniente es causa e puerta de muchos. CAL.—el dicho yo le aprueuo: el proposito no entiendo. PARM.—senor, porque perderse el otro dia el nebli fue causa de tu entrada en la huerta de Melibea a le buscar: la entrada causa de la ver e hablar: la habla engendro amor: el amor pario tu pena: la pena causara perder tu cuerpo / e alma / e hazienda: e lo que mas dello siento, es venir a manos de aquella trotaconuentos, despues de tres vezes emplumada. CAL.—assi, Parmeno, di mas deso, que me agrada. pues mejor me parece quanto mas la desalabas: cumpla comigo, e emplumenla la quarta: desentido eres / sin pena hablas: no te duele donde a mi, Parmeno. PARM.—senor, mas quiero que ayrado me reprehendas, porque te do enojo, que arrepentido me condenes, porque no te di consejo. pues perdiste el nombre de libre quando cautiuaste la voluntad. CAL.—palos querra este vellaco. di, mal criado: porque dizes mal de lo que yo adoro? y tu que sabes de honrra: dime, que es amor? en que consiste buena crianza? que te me vendes por discreto / no sabes que el primer escalon de locura es creerse ser sciente? si tu sintiesses mi dolor, con otra agua rociarias aquella ardiente llaga que la cruel frecha de Cupido me ha causado: quanto remedio Sempronio acarrea con sus pies: tanto apartas tu con tu lengua / con tus vanas palabras / fingiendote fiel / eres vn terron de lisonja. bote de malicias. el mismo meson e aposentamiento de la embidia: que por disfamar la vieja a tuerto o a derecho, pones en mis amores desconfianza. pues sabe que esta mi pena e flutuoso dolor no se rige por razon: no quiere auisos: carece de consejo: e si alguno se le diere: tal que no parte ni desgozne: lo que sin las entranas no podra despegarse. Sempronio temio su yda e tu quedada: yo quiselo todo: e assi me padezco su absencia e tu presencia: valiera mas solo que mal acompanado. PARM.—senor, flaca es la fidelidad que temor de pena la conuierte en lisonja: mayormente con senor a quien dolor o aficion priua e tiene ageno de su natural juyzio: quitarse ha el velo de la ceguedad: passaran estos momentaneos fuegos: conosceras mis agras palabras ser mejores para matar este fuerte cancre: que las blandas de Sempronio que lo ceuan / atizan tu fuego / abiuan tu amor / encienden tu llama / anaden astillas: que tenga que gastar fasta ponerte en la sepultura. CAL.—calla, calla, perdido: esto yo penando e tu filosofando. no te espero mas: saquen vn cauallo: limpienle mucho: aprieten bien la cincha: porque si passare por casa de mi senora e mi dios. PARM.—mozos? no ay mozo en casa: yo me lo haure de hazer / que a peor vernemos desta vez que ser mozos despuelas / andar / passe / mal me quieren mis comadres &c. Rehinchays, don cauallo? No basta vn celoso en casa, o barruntas a Melibea? CAL.—viene esse cauallo? que hazes, Parmeno? PARM.—senor, vesle aqui: que no esta Sosia en casa. CAL.—pues ten esse estribo: abre mas essa puerta / e si viniere Sempronio con aquella senora: di que esperen / que presto sera mi buelta. PARM.—mas nunca sea: alla yras con el diablo. a estos locos dezildes lo que les cumple / no os podran ver. "Por mi anima que si agora le diessen vna lanzada en el calcanar que saliessen mas sesos que de la cabeza. pues anda que a mi cargo que Celestina e Sempronio te espulguen." O desdichado de mi! por ser leal padezco mal. otros se ganan por malos / yo me pierdo por bueno. el mundo es tal. quiero yrme al hilo de la gente. pues a los traydores llaman discretos / a los fieles nescios. si yo creyera a Celestina con sus seys dozenas de anos acuestas: no me maltratara Calisto. mas esto me porna escarmiento daqui adelante con el: que si dixiere comamos: yo tambien. Si quisiere derrocar la casa: aprouarlo. si quemar su hazienda / yr por fuego / destruya / rompa / quiebre / dane. de a alcahuetas lo suyo, que mi parte me cabra. pues dizen: a rio buelto, ganancia de pescadores. nunca mas perro a molino.

ARGUMENTO DEL TERCERO AUTO.

Sempronio vase a casa de Celestina: a la qual reprende por la tardanza: ponense a buscar que manera tomen en el negocio de Calisto con Melibea. En fin sobreuiene Elicia. Vase Celestina a casa de Pleberio. queda Sempronio y Elicia en casa.

SEMPRONIO. CELESTINA. ELICIA.

SEMP.—Que espacio lleua la baruuda: menos sosiego trayan sus pies a la venida. A dineros pagados, brazos e piernas quebrados. ce, senora Celestina: poco as aguijado. CEL.—a que vienes, hijo? SEMP.—este nuestro enfermo no sabe que pedir: de sus manos no se contenta: no se le cueze el pan: teme tu negligencia: maldize su auaricia e cortedad: porque te dio tan poco dinero. CEL.—no es cosa mas propia del que ama que la impaciencia: toda tardanza les es tormento: ninguna dilacion les agrada. en vn momento querrian poner en efeto sus cogitaciones: antes las querrian ver concluydas que empezadas: mayormente estos nouicios que contra qualquiera senuelo buelan: sin deliberacion: sin pensar el dano que el ceuo de su desseo trae mezclado en su exercicio e negociacion: para sus personas e siruientes. SEMP.—que dizes de siruientes? paresce por tu razon que nos puede venir a nosotros dano deste negocio? e quemarnos con las centellas que resultan deste fuego de Calisto? avn al diablo daria yo sus amores: al primer desconcierto que vea en este negocio: no como mas su pan: mas vale perder lo seruido que la vida por cobrallo: el tiempo me dira que faga: que primero que cayga del todo, dara senal como casa que se acuesta: si te parece, madre / guardemos nuestras personas de peligro: fagase lo que se hiziere: si la ouiere ogano / si no a otro ano / si no nunca: que no ay cosa tan dificile de zofrir en sus principios: que el tiempo no la ablande: e faga comportable: ninguna llaga tanto se sintio, que por luengo tiempo no afloxase su tormento: ni plazer tan alegre fue que no le amengue su antiguedad: el mal e el bien: la prosperidad e aduersidad: la gloria e pena: todo pierde con el tiempo la fuerza de su acelerado principio. pues los casos de admiracion e venidos con gran desseo, tan presto como passados, oluidados: cada dia vemos nouedades: e las oymos: e las passamos / e dexamos atras: diminuyelas el tiempo: hazelas contingibles. Que tanto te marauillarias, si dixesen la tierra temblo / o otra semejante cosa que no oluidases luego? assi como elado esta el rio: el ciego vee: ya muerto es tu padre: vn rayo cayo: ganada es Granada: el rey entra oy: el turco es vencido: eclipse ay manana: la puente es lleuada: aquel es ya obispo: a Pedro robaron: Ynes se ahorco. que me diras: sino que a tres dias passados o a la segunda vista: no ay quien dello se marauille: todo es assi: todo passa desta manera: todo se oluida: todo queda atras. pues assi sera este amor de mi amo: quanto mas fuere andando: tanto mas disminuyendo. "Que la costumbre luenga amansa los dolores: afloxa e deshaze los deleytes: desmengua las marauillas." Procuremos prouecho mientra pendiere la contienda: e si a pie enxuto le pudieremos remediar: lo mejor, mejor es: e sino, poco a poco le soldaremos el reproche o menosprecio de Melibea contra el: donde no, mas vale que pene el amo, que no que peligre el mozo. CEL.—bien as dicho: contigo estoy: agradado me has: no podemos errar: pero todavia, hijo, es necessario: que el buen procurador ponga de su casa algun trabajo: algunas fingidas razones: algunos sofisticos actos: yr e venir a juyzio: avnque reciba malas palabras del juez: siquiera por los presentes que lo vieren: no digan que se gana holgando el salario: e assi verna cada vno a el con su pleyto: e a Celestina con sus amores. SEMP.—haz a tu voluntad: que no sera este el primer negocio que has tomado a cargo. CEL.—el primero, hijo? pocas virgines, a dios gracias, has tu visto en esta cibdad, que hayan abierto tienda a vender: de quien yo no aya sido corredora de su primer hilado: en nasciendo la mochacha, la hago escriuir en mi registro: "e esto" para saber quantas se me salen de la red: que pensauas, "Sempronio"? auiame de mantener del viento? herede otra herencia? tengo otra casa o vina? conocesme otra hazienda mas deste oficio? de que como e beuo? de que visto e calzo? en esta cibdad nascida / en ella criada: manteniendo honrra como todo el mundo sabe. conoscida, pues, no soy? quien no supiere mi nombre e mi casa / tenle por estranjero. SEMP.—dime madre: que passaste con mi companero Parmeno quando subi con Calisto por el dinero? CEL.—dixele el sueno e la soltura: e como ganaria mas con nuestra compania que con las lisonjas que dize a su amo. como viuiria siempre pobre e baldonado: si no mudaua el consejo: que no se hiziesse sancto a tal perra vieja como yo: acordele quien era su madre: porque no menospreciase mi oficio. porque queriendo de mi dezir mal tropezasse primero en ella. SEMP.—tantos dias ha que le conosces, madre? CEL.—aqui esta Celestina que le vido nascer e le ayudo a criar: su madre e yo vna e carne: della aprendi todo lo mejor que se de mi oficio. juntas comiamos. juntas dormiamos. juntas hauiamos nuestros solazes: nuestros plazeres: nuestros consejos e conciertos: en casa e fuera como dos hermanas: nunca blanca gane en que no touiesse su meytad. Pero no viuia yo enganada: si mi fortuna quisiera que ella me durara. o muerte, muerte: a quantos priuas de agradable compania: a quantos desconsuela tu enojosa visitacion: por vno que comes con tiempo: cortas mil en agraz: que siendo ella viua: no fueran estos mis passos desacompanados: buen siglo aya: que leal amiga e buena companera me fue. "Que jamas me dexo hazer cosa en mi cabo estando ella presente. Si yo traya el pan / ella la carne. Si yo ponia la mesa / ella los manteles / no loca / no fantastica / ni presumptuosa / como las de agora. En mi anima descubierta se yua hasta el cabo de la ciudad: con su jarro en la mano: que en todo el camino no oya peor de Senora Claudina: e aosadas que otra conoscia peor el vino e qualquier mercaduria. quando pensaua que no era llegada: era de buelta. Alla la combidauan segun el amor todos le tenian: que jamas boluia sin ocho o diez gostaduras: vn azumbre en el jarro: e otro en el cuerpo: ansi le fiauan dos o tres arrobas en vezes: como sobre vna taza de plata su palabra era prenda de oro: en quantos bodegones auia. si yuamos por la calle donde quiera que ouiessemos sed entrauamos en la primera tauerna: luego mandaua echar medio azumbre para mojar la boca: mas a mi cargo que no le quitaron la toca por ello: sino quanto la rayauan en su taja: e andar adelante." Si tal fuesse "agora" su hijo: a mi cargo que tu amo quedasse sin pluma: e nosotros sin quexa: pero yo lo hare de mi fierro si viuo. yo le contare en el numero de los mios. SEMP.—como has pensado hazerlo: que es vn traydor? CEL.—a esse tal dos aleuosos. harele auer a Areusa: sera de los nuestros: darnos ha lugar a tender las redes sin embarazo por aquellas doblas de Calisto. SEMP.—pues crees que podras alcanzar algo de Melibea? ay algun buen ramo? CEL.—no ay zurujano que a la primera cura juzgue la herida. lo que yo al presente veo te dire. Melibea es hermosa: Calisto loco e franco; ni a el penara gastar, ni a mi andar. bulla moneda: e dure el pleyto lo que durare: todo lo puede el dinero: las penas quebranta: los rios passa en seco: no ay lugar tan alto que vn asno cargado de oro no le suba. Su desatino e ardor basta para perder a si e ganar a nosotros: esto he sentido: esto he calado: esto se del e della: esto es lo que nos ha de aprouechar. A casa voy de Pleberio; quedate a dios: que avnque este braua Melibea: no es esta, si a dios ha plazido, la primera a quien yo he hecho perder el cacarear: coxquillosicas son todas: mas despues que vna vez consienten la silla en el enues del lomo: nunca querrian folgar: por ellas queda el campo. muertas si: cansadas no. si de noche caminan, nunca querrian que amaneciesse. maldizen los gallos porque anuncian el dia: e el relox porque da tan apriessa. "Requieren las cabrillas e el norte / haziendose estrelleras: ya quando veen salir el luzero del alua quiereseles salir el alma: su claridad les escuresce el corazon." Camino es, hijo: que nunca me harte de andar: nunca me vi cansada: e avn assi vieja como soy: sabe dios mi buen deseo:

quanto mas estas que hieruen sin fuego: catiuanse del primer abrazo: ruegan a quien rogo: penan por el penado: hazense sieruas de quien eran senoras: dexan el mando e son mandadas: rompen paredes: abren ventanas: fingen enfermedades: a los cherriadores quicios de las puertas hazen con azeytes vsar su oficio sin ruydo. no te sabre dezir lo mucho que obra en ellas aquel dulzor que les queda de los primeros besos de quien aman. Son enemigas todas del medio: contino estan posadas en los estremos. SEMP.—no te entiendo essos terminos, madre. CEL.—digo que la muger / o ama mucho aquel de quien es requerida / o le tiene grande odio: assi que si al querer despiden, no pueden tener las riendas al desamor. E con esto que se cierto, voy mas consolada a casa de Melibea que si en la mano la touiesse: porque se que avnque al presente la ruegue: al fin me ha de rogar: avnque al principio me amenaze, al cabo me ha de halagar. Aqui lleuo vn poco de hilado en esta mi faltriquera: con otros aparejos que comigo siempre traygo: para tener causa de entrar donde mucho no soy conocida la primera vez; assi como gorgueras / garuines / franjas / rodeos / tenazuelas / alcohol / aluayalde / e soliman / hasta agujas e alfileres; que tal ay, que tal quiere: porque donde me tomare la boz, me halle apercebida para les echar ceuo / o requerir de la primera vista. SEMP.—madre, mira bien lo que hazes: porque quando el principio se yerra, no puede seguirse buen fin: piensa en su padre que es noble e esforzado: su madre celosa e braua: tu la misma sospecha. Melibea es vnica a ellos: faltandoles ella, faltales todo el bien. en pensallo, tiemblo; no vayas por lana e vengas sin pluma. CEL.—sin pluma, fijo? SEMP.—o emplumada, madre, que es peor. CEL.—alahe en malora / a ti he yo menester para companero: avn si quisieses auisar a Celestina en su oficio: pues quando tu nasciste / ya comia yo pan con corteza: para adalid eres bueno, cargado de agueros e recelo. SEMP.—no te marauilles, madre, de mi temor: pues es comun condicion humana que lo que mucho se dessea / jamas se piensa ver concluydo: mayormente que en este caso temo tu pena e mia: desseo prouecho: querria que este negocio houiesse buen fin: no porque saliesse mi amo de pena / mas por salir yo de lazeria: e assi miro mas inconuenientes con mi poca esperiencia / que no tu como maestra vieja. ELICIA.—santiguarme quiero, Sempronio: quiero hazer vna raya en el agua: que nouedad es esta venir oy aca dos vezes? CEL.—calla, boua: dexale: que otro pensamiento traemos en que mas nos va: dime, esta desocupada la casa? fuesse la moza que esperaua al ministro? ELIC.—e avn despues vino otra, e se fue. CEL.—si que no embalde? ELIC.—no en buena fe / ni dios lo quiera / que avnque vino tarde: mas vale a quien dios ayuda &c. CEL.—pues sube presto al sobrado alto de la solana / e baxa aca el bote del azeyte serpentino que hallaras colgado del pedazo de la soga que traxe del campo la otra noche, quando llouia e hazia escuro: e abre el arca de los lizos: e hazia la mano derecha hallaras vn papel escrito con sangre de morciegalo, debaxo de aquel ala de drago a que sacamos ayer las vnas: mira no derrames el agua de mayo que me traxeron a confecionar. ELIC.—madre, no esta donde dizes: jamas te acuerdas a cosa que guardas. CEL.—no me castigues, por dios, a mi vejez: no me maltrates, Elicia. no infinjas porque esta aqui Sempronio: ni te soberuezcas: que mas me quiere a mi por consejera que a ti por amiga: avnque tu le ames mucho. Entra en la camara de los vnguentos, e en la pelleja del gato negro, donde te mande meter los ojos de la loba, le fallaras: e baxa la sangre del cabron: e vnas poquitas de las baruas que tu le cortaste. ELIC.—toma, madre, veslo aqui. yo me subo e Sempronio arriba. CEL.—conjurote, triste Pluton, senor de la profundidad infernal: emperador de la corte danada: capitan soberuio de los condenados angeles: senor de los sulfureos fuegos que los heruientes etnicos montes manan: gouernador e veedor de los tormentos e atormentadores de las pecadoras animas, "regidor de las tres furias / Tesifone / Megera / e Aleto / administrador de todas las cosas negras del reyno de Stigie e Dite: con todas sus lagrimas: e sombras infernales: e litigioso caos. mantenedor de las bolantes harpias / con toda la otra compania de espantables e pauorosas ydras." Yo, Celestina, tu mas conocida clientula: te conjuro por la virtud e fuerza destas vermejas letras. por la sangre de aquella noturna aue con que estan escriptas. por la grauedad de aquestos nombres e signos que en este papel se contienen. por la aspera ponzona de las biuoras, de que este azeyte fue hecho, con el qual vnto este hilado: vengas sin tardanza a obedescer mi voluntad. e en ello te embueluas: e con ello estes sin vn momento te partir, hasta que Melibea con aparejada oportunidad que aya, lo compre. E con ello de tal manera quede enredada: que quanto mas lo mirare, tanto mas su corazon se ablande a conceder mi peticion: e se le abras e lastimes de crudo e fuerte amor de Calisto: tanto que despedida toda honestidad se descubra a mi: e me galardone mis passos e mensaje: e esto hecho: pide e demanda de mi a tu voluntad: si no lo hazes con presto mouimiento, ternasme por capital enemiga: herire con luz tus carceres tristes e escuras: acusare cruelmente tus continuas mentiras: apremiare con mis asperas palabras tu horrible nombre: e otra e otra vez te conjuro: e assi confiando en mi mucho poder, me parto para alla con mi hilado: donde creo te lleuo ya embuelto.

ARGUMENTO DEL QUARTO AUTO.

Celestina, andando por el camino habla consigo misma, fasta llegar a la puerta de Pleberio, onde hallo a Lucrecia, criada de Pleberio. ponese con ella en razones. Sentidas por Alisa, madre de Melibea: e sabido que es Celestina, fazela entrar en casa. Viene vn mensajero a llamar a Alisa. vase. queda Celestina en casa con Melibea: e le descubre la causa de su venida.

CELESTINA. LUCRECIA. ALISA. MELIBEA.

CEL.—Agora que voy sola, quiero mirar bien lo que Sempronio ha temido deste mi camino: porque aquellas cosas que bien no son pensadas: avnque algunas vezes ayan buen fin, comunmente crian desuariados efetos: assi que la mucha especulacion nunca carece de buen fruto. Que avnque yo he dissimulado con el, podria ser que, si me sintiessen en estos passos de parte de Melibea, que no pagasse con pena que menor fuesse que la vida, o muy amenguada quedasse: quando matar no me quisiessen, manteandome o azotandome cruelmente. Pues amargas cient monedas serian estas. ay cuytada de mi! en que lazo me he metido: que por me mostrar solicita e esforzada pongo mi persona al tablero: que fare, cuytada, mezquina de mi: que ni el salir afuera es prouechoso: ni la perseuerancia carece de peligro. pues yre / o tornarme he? o dubdosa e dura perplexidad: no se qual escoja por mas sano: en el osar manifiesto peligro: en la couardia denostada perdida: a donde yra el buey que no are? Cada camino descubre sus danosos e hondos barrancos. si con el furto soy tomada, nunca de muerta o encorozada falto, a bien librar. Si no voy, que dira Sempronio? que todas estas eran mis fuerzas? saber e esfuerzo, ardid e ofrecimiento: astucia e solicitud? e su amo Calisto, que dira? que hara? que pensara? sino que ay nueuo engano en mis pisadas. Y que yo he descubierto la celada: por hauer mas prouecho desta otra parte: como sofistica preuaricadora. O si no se le ofrece pensamiento tan odioso: dara bozes como loco: dirame en mi cara denuestos rabiosos: proporna mill inconuenientes que mi deliberacion presta le puso. Diziendo, tu, puta vieja: por que acrescentaste mis pasiones con tus promessas? Alcahueta falsa: para todo el mundo tienes pies: para mi lengua: para todos obra: para mi palabras: para todos remedio: para mi pena: para todos esfuerzo: para mi te falto: para todos luz: para mi tiniebla. Pues, vieja traydora, porque te me ofreciste? que tu ofrecimiento me puso esperanza: la esperanza dilato mi muerte: sostuuo mi viuir: pusome titulo de hombre alegre: pues no hauiendo efeto, ni tu careceras de pena: ni yo de triste desesperacion. Pues, triste yo: mal aca: mal aculla: pena en ambas partes: quando a los estremos falta el medio: arrimarse el hombre al mas sano es discrecion. Mas quiero offender a Pleberio que enojar a Calisto. yr quiero: que mayor es la verguenza de quedar por couarde: que la pena cumpliendo como osada lo que prometi. Pues jamas al esfuerzo desayudo la fortuna. Ya veo su puerta: en mayores afrentas me he visto. esfuerza: esfuerza, Celestina, no desmayes: que nunca faltan rogadores para mitigar las penas. Todos los agueros se aderezan fauorables: o yo no se nada desta arte: quatro hombres que he topado: a los tres llaman Juanes: y los dos son cornudos. La primera palabra que oy por la calle fue de achaque de amores: nunca he tropezado como otras vezes. "Las piedras parece que se apartan e me fazen lugar que passe / ni me estoruan las haldas / ni siento cansancio en andar: todos me saludan." Ni perro me ha ladrado: ni aue negra he visto: tordo, ni cueruo, ni otras noturnas. E lo mejor de todo es que veo a Lucrecia a la puerta de Melibea: prima es de Elicia: no me sera contraria. LUCRECIA.—quien es esta vieja: que viene haldeando? CEL.—paz sea en esta casa. LUCR.—Celestina, madre, seas bienvenida: qual dios te traxo por estos barrios no acostumbrados? CEL.—hija, mi amor; desseo de todos vosotros: traerte encomiendas de Elicia: e avn ver a tus senoras vieja e moza: que despues que me mude al otro barrio no han sido de mi visitadas. LUCR.—a esso solo saliste de tu casa? marauillome de ti, que no es essa tu costumbre, ni sueles dar passo sin prouecho. CEL.—mas prouecho quieres, boua: que complir hombre sus desseos? E tambien como a las viejas nunca nos fallecen necessidades: mayormente a mi que tengo que mantener hijas agenas: ando a vender vn poco de hilado. LUCR.—algo es lo que yo digo: en mi seso estoy: que nunca metes aguja sin sacar reja. Pero mi senora la vieja vrdio vna tela: tiene necessidad dello: e tu de venderlo: entra e espera aqui: que no os desauenires. ALISA.—con quien hablas, Lucrecia? LUCR.—senora, con aquella vieja de la cuchillada: que solia viuir aqui en las tenerias, a la cuesta del rio. ALI.—agora la conozco menos: si tu me das entender lo incognito por lo menos conocido: es coger agua en cesto. LUCR.—Jesu, senora, mas conoscida es esta vieja que la ruda: no se como no tienes memoria de la que empicotaron por hechizera: que vendia las mozas a los abades e descasaua mill casados. ALI.—que oficio tiene? quiza por aqui la conocere mejor. LUCR.—senora, perfuma tocas. haze soliman e otros treynta officios. conoce mucho en yeruas. cura ninos. e avn algunos la llaman la vieja lapidaria. ALI.—todo esso dicho no me la da a conocer: dime su nombre si le sabes. LUCR.—si le se, senora? no ay nino ni viejo en toda la cibdad que no le sepa: hauiale yo de ignorar? ALI.—pues por que no le dizes? LUCR.—he verguenza. ALI.—anda, boua, dile; no me indignes con tu tardanza. LUCR.—Celestina, hablando con reuerencia, es su nombre. ALI.—hy. hy. hy. mala landre te mate, si de risa puedo estar: viendo el desamor que deues de tener a essa vieja: que su nombre has verguenza nombrar: ya me voy recordando della; vna buena pieza: no me digas mas; algo me verna a pedir: di que suba. LUCR.—sube, tia. CEL.—senora buena, la gracia de dios sea contigo e con la noble hija: mis passiones e enfermedades han impedido mi visitar tu casa como era razon: mas dios conoce mis limpias entranas: mi verdadero amor: que la distancia de las moradas no despega el querer de los corazones: assi que lo que mucho dessee, la necessidad me lo ha hecho complir: con mis fortunas aduersas otras, me sobreuino mengua de dinero: no supe mejor remedio que vender vn poco de hilado que para vnas toquillas tenia allegado: supe de tu criada que tenias dello necessidad: avnque pobre, e no de la merced de dios: veslo aqui, si dello e de mi te quieres seruir. ALI.—vezina honrrada: tu razon e ofrecimiento me mueuen a compassion: e tanto que quisiera cierto mas hallarme en tiempo de poder complir tu falta: que menguar tu tela; lo dicho te agradezco: si el hilado es tal, serte ha bien pagado. CEL.—tal, senora? tal sea mi vida e mi vejez, e la de quien parte quisiere de mi jura. delgado como el pelo de la cabeza: ygual. rezio como cuerdas de vihuela. blanco como el copo de la nieue: hilado todo por estos pulgares: aspado e adrezado: veslo aqui en madexitas: tres monedas me dauan ayer por la onza. assi goze desta alma pecadora. ALI.—hija Melibea, quedese esta muger honrrada contigo: que ya me parece que es tarde para yr a visitar a mi hermana, su muger de Cremes, que desde ayer no la he visto: e tambien que viene su paje a llamarme, que se le arrezio desde vn rato aca el mal. CEL.—por aqui anda el diablo aparejando oportunidad: arreziando el mal a la otra. "Ea buen amigo tener rezio agora es mi tiempo / o nunca / no la dexes lleuamela de aqui: a quien digo." ALI.—que dizes, amiga? CEL.—senora, que maldito sea el diablo e mi pecado: porque en tal tiempo houo de crescer el mal de tu hermana: que no haura para nuestro negocio oportunidad. Y que mal es el suyo? ALI.—dolor de costado: e tal, que segun del mozo supe que quedaua, temo no sea mortal. ruega tu, vezina, por amor mio, en tus deuociones, por su salud a dios. CEL.—yo te prometo, senora, en yendo de aqui, me vaya por essos monesterios: donde tengo frayles deuotos mios, e les de el mismo cargo que tu me das: e demas desto, ante que me desayune de quatro bueltas a mis cuentas. ALI.—pues, Melibea, contenta a la vezina en todo lo que razon fuere darle por el hilado. Y tu, madre, perdoname, que otro dia se verna en que mas nos veamos. CEL.—senora, el perdon sobraria donde el yerro falta: de dios seas perdonada: que buena compania me queda: dios la dexe gozar su noble juuentud e florida mocedad: que es el tiempo en que mas plazeres e mayores deleytes se alcanzaran: que, a la mi fe, la vejez no es sino meson de enfermedades: posada de pensamientos: amiga de renzillas: congoxa continua: llaga incurable. manzilla de lo passado. pena de lo presente. cuydado triste de lo por venir. vezina de la muerte. choza sin rama que se llueue por cada parte. cayado de mimbre que con poca carga se doblega. MELIB.—por que dizes, madre, tanto mal de lo que todo el mundo con tanta eficacia gozar e ver dessean? CEL.—dessean harto mal para si. dessean harto trabajo. dessean llegar alla porque llegando viuen: e el viuir es dulce: e viuiendo enuegescen. assi que el nino dessea ser mozo: e el mozo viejo: e el viejo mas: avnque con dolor: todo por viuir: porque como dizen, biua la gallina con su pepita. Pero quien te podria contar, senora, sus danos: sus inconuenientes. sus fatigas. sus cuydados. sus enfermedades. su frio. su calor. su descontentamiento. su renzilla. su pesadumbre. aquel arrugar de cara. aquel mudar de cabellos su primera e fresca color. aquel poco oyr. aquel debilitado ver. puestos los ojos a la sombra. aquel hundimiento de boca. aquel caer de dientes. aquel carecer de fuerza. aquel flaco andar. aquel espacioso comer. Pues ay, ay, senora, si lo dicho viene acompanado de pobreza: alli veras callar todos los otros trabajos quando sobra la gana e falta la prouision: que jamas senti peor ahito que de hambre. MELIB.—bien conozco que dize cada vno de la feria segund le va en ella. assi que otra cancion cantaran los ricos. CEL.—senora hija, a cada cabo ay tres leguas de mal quebranto. a los ricos se les va la bienauenturanza, la gloria e descanso, por otros aluanares de asechanzas: que no se parescen: ladrillados por encima con lisonjas. "Aquel es rico que esta bien con dios: mas segura cosa es ser menospreciado que temido / mejor sueno duerme el pobre que no el que tiene de guardar con solicitud lo que con trabajo gano: e con dolor ha de dexar. mi amigo no sera simulado: e el del rico si. yo soy querida por mi persona: el rico por su hazienda: nunca oye verdad: todos le hablan lisonjas a sabor de su paladar / todos le han embidia / apenas hallaras vn rico que no confiese que le seria mejor estar en mediano estado / o en honesta pobreza / las riquezas no hazen rico: mas ocupado / no hazen senor: mas mayordomo: mas son los posseydos de las riquezas: que no los que las posseen / a muchos traxo la muerte / a todos quita el plazer e a las buenas costumbres: e ninguna cosa es mas contraria: no oyste dezir / dormieron su sueno los varones de las riquezas / e ninguna cosa hallaron en sus manos." Cada rico tiene vna dozena de hijos e nietos: que no rezan otra oracion: no otra peticion: sino rogar a dios que le saque de medio "dellos": no veen la hora que tener a el so la tierra e lo suyo entre sus manos: e darle a poca costa su casa para siempre. MELIB.—madre, pues que assi es: gran pena ternas por la edad que perdiste: querrias boluer a la primera? CEL.—loco es, senora, el caminante: que enojado del trabajo del dia, quisiesse boluer de comienzo la jornada para tornar otra vez aquel lugar: que todas aquellas cosas cuya possession no es agradable: mas vale poseellas que esperallas: porque mas cerca esta el fin dellas: quanto mas andado del comienzo. No ay cosa mas dulce ni graciosa al muy cansado que el meson: assi que avnque la mocedad sea alegre: el verdadero viejo no la dessea: porque el que de razon e seso carece: quasi otra cosa no ama sino lo que perdio. MELIB.—siquiera por viuir mas, es bueno dessear lo que digo. CEL.—tan presto, senora, se va el cordero como el carnero: ninguno es tan viejo que no pueda viuir vn ano: ni tan mozo que oy no pudiesse morir: assi que en esto poca auantaja nos leuays. MELIB.—espantada me tienes con lo que has hablado: indicio me dan tus razones que te aya visto otro tiempo. Dime, madre, eres tu Celestina, la que solia morar a las tenerias cabe el rio? CEL.—senora, hasta que dios quiera. MELIB.—vieja te has parado: bien dizen que los dias no se van en balde: assi goze de mi, no te conociera sino por essa senaleja de la cara: figuraseme que eras hermosa: otra pareces: muy mudada estas. LUCR.—hi. hi. hi. mudada esta el diablo: hermosa era: con aquel su dios os salue que trauiessa la media cara. MELIB.—que hablas, loca? que es lo que dizes? de que te ries? LUCR.—de como no conoscias a la madre en tan poco tiempo: en la filosomia de la cara. MELIB.—no es tan poco tiempo dos anos: e mas que la tiene arrugada. CEL.—senora, ten tu el tiempo que no ande, terne yo mi forma que no se mude. No has leydo que dizen: verna el dia que en el espejo no te conozcas? pero tambien yo encaneci temprano: e parezco de doblada edad: que assi goze desta alma pecadora: e tu desse cuerpo gracioso: que de quatro hijas que pario mi madre yo fuy la menor: mira como no soy vieja como me juzgan. MELIB.—Celestina amiga, yo he holgado mucho en verte e conoscerte: tambien hasme dado plazer con tus razones: toma tu dinero, e vete con dios: que me paresce que no deues hauer comido. CEL.—o angelica ymagen: o perla preciosa: e como te lo dizes: gozo me toma en verte fablar: e no sabes que por la diuina boca fue dicho: contra aquel infernal tentador: que no de solo pan viuiremos: pues assi es que no el solo comer mantiene: mayormente a mi: que me suelo estar vno e dos dias negociando encomiendas agenas ayuna: saluo hazer por los buenos: morir por ellos: esto tuue siempre: querer mas trabajar siruiendo a otros: que holgar contentando a mi. Pues, si tu me das licencia, direte la necessitada causa de mi venida: que es otra que la que fasta agora as oydo: e tal que todos perderiamos en me tornar enbalde sin que la sepas. MELIB.—di, madre, todas tus necessidades: que si yo las pudiere remediar, de muy buen grado lo hare: por el passado conoscimiento e vezindad: que pone obligacion a los buenos. CEL.—mias, senora? antes agenas, como tengo dicho: que las mias de mi puerta adentro me las passo: sin que las sienta la tierra: comiendo quando puedo: beuiendo quando lo tengo, que con mi pobreza jamas me falto, a dios gracias, vna blanca para pan: e vn quarto para vino, despues que embiude: que antes no tenia yo cuydado de lo buscar: que sobrado estaua vn cuero en mi casa: e vno lleno e otro vazio: jamas me acoste sin comer vna tostada en vino: e dos dozenas de soruos: por amor de la madre, tras cada sopa: agora, como todo cuelga de mi: en vn jarrillo malpegado me lo traen: que no cabe dos azumbres. "Seys vezes al dia tengo de salir por mi pecado con mis canas acuestas / a le henchir a la tauerna. mas no muera yo de muerte hasta que me vea con vn cuero o tinagica de mis puertas adentro: que en mi anima no ay otra prouision: que como dizen pan e vino anda camino: que no mozo garrido." Assi que donde no ay varon, todo bien fallesce. con mal esta el huso quando la barua no anda de suso. Ha venido esto, senora, por lo que dezia de las agenas necessidades e no mias. MELIB.—pide lo que querras, sea para quien fuere. CEL.—donzella graciosa e de alto linaje: tu suaue fabla e alegre gesto: junto con el aparejo de liberalidad que muestras con esta pobre vieja: me dan osadia a te lo dezir. Yo dexo vn enfermo a la muerte: que con sola vna palabra de tu noble boca salida: que le lleue metida en mi seno: tiene por fe que sanara: segun la mucha deuocion tiene en tu gentileza. MELIB.—vieja honrrada, no te entiendo: si mas no declaras tu demanda: por vna parte me alteras e prouocas a enojo: por otra me mueues a compasion: no te sabria boluer respuesta conueniente: segun lo poco que he sentido de tu habla. Que yo soy dichosa si de mi palabra ay necessidad: para salud de algun cristiano. Porque hazer beneficio es semejar a dios: e el que le da le recibe: quando a persona digna del le haze. Y demas desto, dizen: que el que puede sanar al que padece: no lo faziendo, le mata: assi que no cesses tu peticion: por empacho ni temor. CEL.—el temor perdi, mirando, senora, tu beldad: que no puedo creer que embalde pintasse dios vnos gestos mas perfetos que otros: mas dotados de gracias: mas hermosas faciones: sino para fazerlos almazen de virtudes: de misericordia, de compassion: ministros de sus mercedes e dadiuas, como a ti. e pues como todos seamos humanos: nascidos para morir. sea cierto que no se puede dezir nacido: el que para si solo nascio. Porque seria semejante a los brutos animales: en los quales avn ay algunos piadosos. como se dize del vnicornio: que se humilla a qualquiera donzella. "El perro con todo su impetu e braueza quando viene a morder si se echan en el suelo no haze mal / esto de piedad." Pues las aues: ninguna cosa el gallo come: que no participe e llame las gallinas a comer dello. "El pelicano rompe el pecho / por dar a sus hijos a comer de sus entranas. Las ciguenas mantienen otro tanto tiempo a sus padres viejos en el nido: quanto ellos les dieron ceuo siendo pollitos." Pues "tal conoscimiento dio la natura a los animales e aues," porque los hombres hauemos de ser mas crueles? porque no daremos parte de nuestras gracias e personas a los proximos? mayormente quando estan embueltos en secretas enfermedades: e tales, que donde esta la melezina: salio la causa de la enfermedad. MELIB.—por dios que sin mas dilatar me digas quien es esse doliente: que de mal tan perplexo se siente: que su passion e remedio salen de vna mesma fuente? CEL.—bien ternas, senora, noticia en esta cibdad de vn cauallero mancebo: gentil hombre: de clara sangre: que llaman Calisto? MELIB.—ya ya ya. buena vieja, no me digas mas: no pases adelante. esse es el doliente por quien has hecho tantas premissas en tu demanda? por quien has venido a buscar la muerte para ti? por quien has dado tan danosos passos: desuergonzada baruuda? que siente esse perdido que con tanta passion vienes? de locura sera su mal: que te parece? si me fallaras sin sospecha desse loco: con que palabras me entrauas: no se dize en vano: que el mas empecible miembro del mal hombre o muger es la lengua: quemada seas, alcahueta falsa: hechizera: enemiga de onestad. causadora de secretos yerros: Jesu: Jesu: quitamela, Lucrecia, de delante, que me fino: que no me ha dexado gota de sangre en el cuerpo: bien se lo merece esto e mas: quien a estas tales da oydos. Por cierto, si no mirasse a mi honestidad: e por no publicar su osadia desse atreuido: yo te fiziera, maluada, que tu razon e vida acabaran en vn tiempo. CEL. —en hora mala aca vine: si me falta mi conjuro: ea pues, bien se a quien digo. "Ce hermano que se va todo a perder." MELIB.—avn hablas entre dientes delante mi: para acrecentar mi enojo e doblar tu pena: querrias condenar mi onestidad por dar vida a vn loco? dexar a mi triste por alegrar a el: e lleuar tu el prouecho de mi perdicion. el galardon de mi yerro. perder e destruyr la casa e la honrra de mi padre: por ganar la de vna vieja maldita como tu. piensas que no tengo sentidas tus pisadas: e entendido tu danado mensaje? Pues yo te certifico que las albricias que de aqui saques: no sean sino estoruarte de mas ofender a dios: dando fin a tus dias. Respondeme, traydora: como osaste tanto fazer? CEL.—tu temor, senora, tiene ocupada mi desculpa: mi innocencia me da osadia: tu presencia me turba en verla yrada. e lo que mas siento e me pena: es recibir enojo sin razon ninguna. Por dios, senora, que me dexes concluyr mi dicho: que ni el quedara culpado: ni yo condenada. e veras como es todo mas seruicio de dios que passos deshonestos: mas para dar salud al enfermo que para danar la fama al medico. Si pensara, senora, que tan de ligero hauias de conjecturar de lo passado nocibles sospechas: no bastara tu licencia para me dar osadia a hablar en cosa que a Calisto ni a otro hombre tocasse. MELIB.—Jesu, no oyga yo mentar mas esse loco: saltaparedes: fantasma de noche: luengo como ciguena: figura de paramento malpintado: si no aqui me caere muerta. Este es el que el otro dia me vido aqui: e comenzo a desuariar comigo en razones: haziendo mucho del galan. Dirasle, buena vieja, que si penso que ya era todo suyo: e quedaua por el el campo: porque holgue mas de consentir sus necedades que castigar su yerro: quise mas dexarle por loco que publicar su grande atreuimiento. pues auisale que se aparte deste proposito, e serle ha sano: sino podra ser que no aya comprado tan cara habla en su vida. Pues sabe que no es vencido sino el que se cree serlo: e yo quede bien segura e el vfano. De los locos es estimar a todos los otros de su calidad: e tu tornate con su mesma razon: que respuesta de mi otra no hauras: ni la esperes: que por demas es ruego a quien no puede hauer misericordia: e da gracias a dios pues tan libre vas desta feria. Bien me hauian dicho quien tu eras: e auisado de tus propiedades: avnque agora no te conocia. CEL. —mas fuerte estaua Troya: e avn otras mas brauas he yo amansado: ninguna tempestad mucho dura. MELIB.—que dizes, enemiga? fabla, que te pueda oyr: tienes desculpa alguna: para satisfazer mi enojo: e escusar tu yerro e osadia? CEL.—mientra viuiere tu yra, mas danara mi descargo, que estas muy rigurosa: e no me marauillo, que la sangre nueua poco calor ha menester para heruir. MELIB.—poco calor? poco lo puedes llamar: pues quedaste tu viua, e yo quexosa sobre tan gran atreuimiento. Que palabra podias tu querer para esse tal hombre que a mi bien me estuuiesse? Responde; pues dizes que no has concluydo: quiza pagaras lo passado. CEL.—vna oracion, senora, que le dixeron sabias de sancta Polonia para el dolor de las muelas. asi mismo tu cordon: que es fama ha tocado todas las reliquias que ay en Roma e Jerusalem: aquel cauallero que dixe, pena e muere dellas: esta fue mi venida: pero pues en mi dicha estaua tu ayrada respuesta: padezcase el su dolor en pago de buscar tan desdichada mensajera: que pues en tu mucha virtud me falto piedad: tambien me faltara agua si a la mar me embiara. "Pero ya sabes que el deleyte de la venganza dura vn momento: y el de la misericordia para siempre." MELIB.—si esso querias porque luego no me lo espresaste? porque me lo dixiste en tan pocas palabras? CEL.—senora, porque mi limpio motiuo me hizo creer que avnque en menos lo propusiera, no se hauia de sospechar mal: que si falto el deuido preambulo: fue porque la verdad no es necessario abundar de muchas colores. Compassion de su dolor / confianza de tu magnificencia ahogaron en mi boca "al principio" la espresion de la causa: e pues conosces, senora, que el dolor turba: la turbacion desmanda e altera la lengua. La qual hauia de estar siempre atada con el seso: por dios, que no me culpes. e si el otro yerro ha fecho: no redunde en mi dano. Pues no tengo otra culpa sino ser mensajera del culpado: no quiebre la soga por lo mas delgado; no seas la telarana que no muestra su fuerza sino contra los flacos animales. No paguen justos por pecadores. Imita la diuina justicia que dixo: el anima que pecare, aquella misma muera: a la humana, que jamas condena al padre por el delicto del hijo: ni al hijo por el del padre. ni es, senora, razon que su atreuimiento acarree mi perdicion: avnque segun su merecimiento, no ternia en mucho: que fuese el el delinquente e yo la condemnada: que no es otro mi oficio sino seruir a los semejantes. Desto biuo e desto me arreo: nunca fue mi voluntad enojar a vnos por agradar a otros: avnque ayan dicho a tu merced en mi absencia otra cosa: al fin, senora, a la firme verdad: el viento del vulgo no la empece. "Vna sola soy en este limpio trato: en toda la ciudad pocos tengo descontentos: con todos cumplo: los que algo me mandan: como si touiesse veynte pies e otras tantas manos." MELIB.—"no me marauillo que vn solo maestro de vicios: dizen que basta para corromper vn gran pueblo." Por cierto, tantos e tantos loores me han dicho de tus "falsas" manas: que no se si crea que pedias oracion. CEL.—nunca yo la reze: e si la rezare no sea oyda: si otra cosa de mi se saque: avnque mill tormentos me diessen. MELIB.—mi passada alteracion me impide a reyr de tu desculpa: que bien se que ni juramento ni tormento te torcera a dezir verdad: que no es en tu mano. CEL.—eres mi senora: tengote de callar. hete yo de seruir. hasme tu de mandar. tu mala palabra sera vispera de vna saya. MELIB.—bien la has merecido. CEL.—si no la he ganado con la lengua: no la he perdido con la intencion. MELIB.—tanto afirmas tu ignorancia que me hazes creer lo que puede ser. Quiero pues en tu dubdosa desculpa tener la sentencia en peso: e no disponer de tu demanda al sabor de ligera interpretacion. No tengas en mucho, ni te marauilles de mi passado sentimiento: porque concurrieron dos cosas en tu habla: que qualquiera dellas era bastante para me sacar de seso. nombrarme esse tu cauallero: que comigo se atreuio a hablar: e tambien pedirme palabra sin mas causa: que no se podia sospechar sino dano para mi honrra. Pero pues todo viene de buena parte: de lo passado aya perdon: que en alguna manera es aliuiado mi corazon: viendo que es obra pia e santa sanar los passionados e enfermos. CEL.—e tal enfermo, senora: por dios, si bien le conosciesses no le juzgasses por el que has dicho e mostrado con tu yra: en dios e en mi alma no tiene hiel. Gracias dos mill. en franqueza Alexandre. en esfuerzo Etor. gesto de vn rey. gracioso: alegre: jamas reyna en el tristeza. De noble sangre, como sabes. gran justador. Pues verle armado, vn sant George. fuerza e esfuerzo no tuuo Ercules tanta. la presencia e faciones. dispusicion. desemboltura. otra lengua hauia menester para las contar: todo junto semeja angel del cielo. Por fe tengo que no era tan hermoso aquel gentil Narciso que se enamoro de su propia figura: quando se vido en las aguas de la fuente. Agora, senora, tienele derribado vna sola muela: que jamas cessa de quexar. MELIB.—e que tanto tiempo ha? CEL.—podra ser, senora, de veynte e tres anos: que aqui esta Celestina que le vido nascer: e le tomo a los pies de su madre. MELIB.—ni te pregunto esso, ni tengo necessidad de saber su edad: sino que tanto ha que tiene el mal. CEL.—senora, ocho dias, que parece que ha vn ano en su flaqueza. E el mayor remedio que tiene es tomar vna vihuela, e tane tantas canciones, e tan lastimeras: que no creo que fueron otras las que compuso aquel emperador e gran musico Adriano de la partida del anima: por sofrir sin desmayo la ya vezina muerte. que avnque yo se poco de musica: parece que faze aquella vihuela fablar. pues, si acaso canta, de mejor gana se paran las aues a le oyr, que no aquel Antico: de quien se dize, que mouia los arboles e piedras con su canto. Siendo este nascido, no alabaran a Orfeo. Mira, senora, si vna pobre vieja como yo si se fallara dichosa en dar la vida a quien tales gracias tiene: ninguna muger le vee que no alabe a dios que assi le pinto. pues si le habla acaso, no es mas senora de si de lo que el ordena. E pues tanta razon tengo: juzga, senora, por bueno mi proposito: mis passos saludables e vazios de sospecha. MELIB.—o quanto me pesa con la falta de mi paciencia: porque siendo el ignorante e tu ynocente, haues padescido las alteraciones de mi ayrada lengua. Pero la mucha razon me relieua de culpa: la qual tu habla sospechosa causo: en pago de tu buen sofrimiento: quiero complir tu demanda, e darte luego mi cordon. E porque para escriuir la oracion no haura tiempo sin que venga mi madre: si esto no bastare ven manana por ella muy secretamente. LUCR. —ya ya: perdida es mi ama: secretamente quiere que venga Celestina: fraude ay: mas le querra dar que lo dicho. MELIB.—que dizes, Lucrecia? LUCR.—senora, que baste lo dicho, que es tarde. MELIB.—pues, madre, no le des parte de lo que passo a esse cauallero: porque no me tenga por cruel o arrebatada o deshonesta. LUCR. —no miento ya, que mal va este fecho. CEL.—mucho me marauillo, senora Melibea, de la dubda que tienes de mi secreto: no temas, que todo lo se sofrir e encubrir; que bien veo que tu mucha sospecha echo, como suele, mis razones a la mas triste parte. Yo voy con tu cordon tan alegre: que se me figura que esta diziendole alla su corazon la merced que nos heziste: e que le tengo de hallar aliuiado. MELIB.—mas hare por tu doliente, si menester fuere, en pago de lo sofrido. CEL.—mas sera menester e mas haras: e avnque no se te agradezca. MELIB.—que dizes, madre, de agradescer? CEL.—digo, senora, que todos lo agradescemos e seruiremos: e todos quedamos obligados, que la paga mas cierta es: quando mas la tienen de complir. LUCR.—trastrocame essas palabras. CEL.—hija Lucrecia, ce: yras a casa: e darte he vna lexia con que pares essos cabellos mas que oro: no lo digas a tu senora: e avn darte he vnos poluos para quitarte esse olor de la boca: que te huele vn poco, que en el reyno no lo sabe fazer otri sino yo: e no ay cosa que peor en la muger parezca. "LUCR.—o dios te de buena vejez: que mas necessidad tenia de todo esso: que de comer. CEL.—pues porque murmuras contra mi loquilla? Calla que no sabes si me auras menester en cosa de mas importancia: no prouoques a yra a tu senora mas de lo que ella ha estado: dexame yr en paz." MELIB.—que le dizes, madre? CEL.—senora, aca nos entendemos. MELIB.—dimelo, que me enojo: quando yo presente se habla cosa de que no aya parte. CEL.—senora, que te acuerde la oracion para que la mandes escriuir: e que aprenda de mi a tener mesura en el tiempo de tu yra. En la qual yo vse lo que se dize: que del ayrado es de apartar por poco tiempo: del enemigo por mucho. Pues tu, senora, tenias yra: con lo que sospechaste de mis palabras: no enemistad. Porque avnque fueran las que tu pensauas: en si no eran malas: que cada dia ay hombres penados por mugeres: e mugeres por hombres. e esto obra la natura: e la natura ordenola dios: e dios no hizo cosa mala: e assi quedaua mi demanda como quiera que fuesse en si loable: pues de tal tronco procede: e yo libre de pena. mas razones destas te diria, sino porque la prolixidad es enojosa al que oye: e danosa al que habla. MELIB.—en todo has tenido buen tiento: assi en el poco hablar en mi enojo: como con el mucho sofrir. CEL.—senora, sofrite con temor, porque te ayraste con razon. porque con la yra morando poder, no es sino rayo. e por esto passe tu rigurosa habla: hasta que tu almazen houiesse gastado. MELIB.—en cargo te es esse cauallero. CEL.—senora, mas merece. e si algo con mi ruego para el he alcanzado, con la tardanza lo he danado. Yo me parto para el si licencia me das. MELIB.—mientra mas ayna la houieras pedido: mas de grado la houieras recabdado. ve con dios, que ni tu mensaje me ha traydo prouecho: ni de tu yda me puede venir dano.

ARGUMENTO DEL QUINTO AUTO.

Despedida Celestina de Melibea, va por la calle hablando consigo misma entre dientes. llegada a su casa, hallo a Sempronio, que la aguardaua. Ambos van hablando hasta llegar a casa de Calisto. e vistos por Parmeno, cuentalo a Calisto su amo: el qual le mando abrir la puerta.

CELESTINA. SEMPRONIO. PARMENO. CALISTO.

CEL.—O rigurosos trances! o cruda osadia! o gran sofrimiento: e que tan cercana estuue de la muerte, si mi mucha astucia no rigera con el tiempo: las velas de la peticion. o amenazas de donzella braua. o ayrada donzella. o diablo a quien yo conjure: como compliste tu palabra en todo lo que te pedi: en cargo te soy: assi amansaste la cruel hembra con tu poder: e diste tan oportuno lugar a mi habla: quanto quise con la absencia de su madre. o vieja Celestina, vas alegre. sabete que la meytad esta hecha quando tienen buen principio las cosas. o serpentino azeyte. o blanco filado: como os aparejastes todos en mi fauor. o yo rompiera todos mis atamientos hechos e por fazer, ni creyera en yeruas, ni en piedras ni en palabras. Pues alegrate, vieja: que mas sacaras deste pleyto: que de quinze virgos que renouaras. o malditas haldas, prolixas e largas, como me estoruays de llegar adonde han de reposar mis nueuas. o buena fortuna, como ayudas a los osados: e a los timidos eres contraria. nunca huyendo huyo la muerte al couarde. o quantas erraran en lo que yo he acertado: que fizieran en tan fuerte estrecho estas nueuas maestras de mi oficio? sino responder algo a Melibea, por donde se perdiera quanto yo con buen callar he ganado. Por esto dizen, quien las sabe las tane: e que es mas cierto medico el esperimentado que el letrado: e la esperiencia e escarmiento haze los hombres arteros: e la vieja, como yo, que alce sus haldas al passar del vado: como maestra: ay cordon, cordon! yo te fare traer por fuerza, si viuo: a la que no quiso darme su buena habla de grado. SEMP.—o yo no veo bien, o aquella es Celestina. valala el diablo haldear que trae: parlando viene entre dientes. CEL.—de que te santiguas, Sempronio? creo que en verme. SEMP.—yo te lo dire. la raleza de las cosas es madre de la admiracion: la admiracion concebida en los ojos deciende al animo por ellos. el animo es forzado descubrillo por estas esteriores senales. quien jamas te vido por la calle, abaxada la cabeza: puestos los ojos en el suelo: e no mirar a ninguno como agora? quien te vido hablar entre dientes por las calles: e venir aguijando como quien va a ganar beneficio? cata, que todo esto nouedad es para se marauillar quien te conoce. pero esto dexado: dime, por dios, con que vienes. dime si tenemos hijo o hija? que desde que dio la vna te espero aqui: e no he sentido mejor senal que tu tardanza. CEL.—hijo, essa regla de bouos no es siempre cierta: que otra hora me pudiera mas tardar e dexar alla las narizes: e otras dos, e narizes e lengua. e assi que mientra mas tardasse, mas caro me costasse. SEMP.—por amor mio, madre, no passes de aqui sin me lo contar. CEL.—Sempronio amigo, ni yo me podria parar, ni el lugar es aparejado. vete comigo delante Calisto, oyras marauillas: que sera desflorar mi embaxada comunicandola con muchos; de mi boca quiero que sepa lo que se ha hecho: que avnque ayas de hauer alguna partezilla del prouecho: quiero yo todas las gracias del trabajo. SEMP.—partezilla, Celestina? mal me parece eso que dizes. CEL.—calla, loquillo: que parte o partezilla, quanto tu quisieres te dare. Todo lo mio es tuyo: gozemonos e aprouechemonos: que sobre el partir nunca reniremos. Y tambien sabes tu quanta mas necessidad tienen los viejos que los mozos: mayormente tu que vas a mesa puesta. SEMP.—otras cosas he menester mas de comer. CEL.—que, hijo? vna dozena de agujetas: e vn torce para el bonete: e vn arco para andarte de casa en casa tirando a paxaros: e aojando paxaras a las ventanas. "Mochachas digo bouo: de las que no saben bolar: que bien me entiendes que no ay mejor alcahuete para ellas que vn arco que se puede entrar cada vno hecho moxtrenco: como dizen en achaque de trama. &c." Mas ay, Sempronio, de quien tiene de mantener honrra: e se va haziendo vieja como yo. SEMP.—o lisonjera vieja. o vieja llena de mal. o cobdiciosa e auarienta garganta: tambien quiere a mi enganar como a mi amo, por ser rica: pues mala medra tiene: no le arriendo la ganancia: que quien con modo torpe sube en lo alto: mas presto cae que sube. o que mala cosa es de conocer el hombre: bien dizen que ninguna mercaduria ni animal es tan dificil. mala vieja falsa es esta: el diablo me metio con ella. mas seguro me fuera huyr desta venenosa biuora que tomalla: mia fue la culpa. pero gane harto: que por bien o mal no negara la promessa. CEL.—que dizes, Sempronio? con quien hablas? vienesme royendo las haldas: porque no aguijas? SEMP.—lo que vengo diziendo, madre mia, es: que no me marauillo que seas mudable: que sigues el camino de las muchas. Dicho me auias que diferirias este negocio: agora vas sin seso por dezir a Calisto quanto passa: no sabes que aquello es en algo tenido: que es por tiempo deseado? e que cada dia que el penase era doblarnos el prouecho? CEL.—el proposito muda el sabio: el nescio perseuera. a nueuo negocio, nueuo consejo se requiere. No pense yo, hijo Sempronio, que assi me respondiera mi buena fortuna: de los discretos mensajeros es fazer lo que el tiempo quiere: assi que la qualidad de lo fecho no puede encubrir tiempo dissimulado. e mas que yo se que tu amo, segun lo que del senti, es liberal: e algo antojadizo: mas dara en vn dia de buenas nueuas: que en ciento que ande penando: e yo yendo e viniendo: que los acelerados e supitos plazeres crian alteracion: la mucha alteracion estorua el deliberar: pues, en que podra parar el bien sino en bien: e el alto mensaje sino en luengas albricias: calla, bouo: dexa fazer a tu vieja. SEMP.—pues dime lo que passo con aquella gentil donzella: dime alguna palabra de su boca: que, por dios, assi peno por sabella, como mi amo penaria. CEL.—calla, loco: alterasete la complesion. yo lo veo en ti, que querrias mas estar al sabor que al olor deste negocio: andemos presto: que estara loco tu amo con mi mucha tardanza. SEMP.—e avn sin ella se lo esta. PARM.—senor, senor. CAL.—que quieres, loco? PARM.—a Sempronio e a Celestina veo venir cerca de casa: haziendo paradillas de rato en rato "e quando estan quedos: hazen rayas en el suelo con el espada: no se que sea". CAL.—o desuariado, negligente: veslos venir, no puedes decir corriendo a abrir la puerta? o alto dios. o soberana deydad: con que vienen? que nueuas traen? que tanta ha sido su tardanza: que ya mas esperaua su venida: que el fin de mi remedio. o mis tristes oydos, aparejaos a lo que os viniere: que en su boca de Celestina esta agora aposentado el aliuio o pena de mi corazon. o si en sueno se passasse este poco tiempo: hasta ver el principio e fin de su habla. agora tengo por cierto: que es mas penoso al delinquente esperar la cruda e capital sentencia, que el acto de la ya sabida muerte. o espacioso Parmeno, manos de muerto. quita ya essa enojosa aldaua: entrara essa honrrada duena: en cuya lengua esta mi vida. CEL.—oyes, Sempronio? de otro temple anda nuestro amo. bien difieren estas razones a las que oymos a Parmeno e a el la primera venida: de mal en bien me parece que va. No ay palabra de las que dize que no vale a la vieja Celestina mas que vna saya. SEMP.—pues mira que entrando hagas que no ves a Calisto: e hables algo bueno. CEL.—calla, Sempronio, que avnque aya auenturado mi vida, mas merece Calisto: e su ruego e tuyo, e mas mercedes espero yo del.

ARGUMENTO DEL SESTO AUTO.

Entrada Celestina en casa de Calisto: con grande aficion e desseo Calisto le pregunta de lo que le ha acontescido con Melibea. mientra ellos estan hablando: Parmeno oyendo fablar a Celestina de su parte, contra Sempronio a cada razon le pone vn mote: reprendiendolo Sempronio. En fin la vieja Celestina le descubre todo lo negociado e vn cordon de Melibea. e despedida de Calisto, vase para su casa e con ella Parmeno.

SEMPRONIO. PARMENO. CELESTINA. CALISTO.

CAL.—Que dizes, senora e madre mia? CEL.—o mi senor Calisto e aqui estas. o mi nueuo amador de la muy hermosa Melibea: e con mucha razon: con que pagaras a la vieja que oy ha puesto su vida al tablero por tu seruicio? qual muger jamas se vido en tan estrecha afrenta como yo? que en tornallo a pensar se menguan e vazian todas las venas de mi cuerpo de sangre. mi vida diera por menor precio que agora daria este manto raydo e viejo. PARM.—tu diras lo tuyo: entre col e col lechuga. sobido has vn escalon: mas adelante te espero a la saya: todo para ti: e no nada de que puedas dar parte. pelechar quiere la vieja: tu me sacaras a mi verdadero, e a mi amo loco: no le pierdas palabra, Sempronio: e veras como no quiere pedir dinero porque es diuisible. SEMP.—calla, hombre desesperado: que te matara Calisto si te oye. CAL.—madre mia, abreuia tu razon: o toma esta espada e matame. PARM.—temblando esta el diablo como azogado: no se puede tener en sus pies: su lengua le querria prestar para que fablasse presto: no es mucha su vida: luto auremos de medrar destos amores. CEL.—espada, senor? o que? espada mala mate a tus enemigos e a quien mal te quiere: que yo la vida te quiero dar: con buena esperanza que traygo de aquella que tu mas amas. CAL.—buena esperanza, senora? CEL.—buena se puede dezir: pues queda abierta puerta para mi tornada: e antes me recibira a mi con esta saya rota: que a otro con seda e brocado. PARM.—Sempronio, coseme esta boca, que no lo puedo sofrir: encaxado ha la saya. SEMP.—callaras, pardios. o te echare dende con el diablo: que si anda rodeando su vestido, haze bien; pues tiene dello necessidad: que el abad de do canta dc alli vistc. PARM. e avn viste como canta: e esta puta vieja querria en vn dia por tres pasos desechar todo el pelo malo: quanto en cincuenta anos no ha podido medrar. SEMP.—e todo esso es lo que te castigo? e el conoscimiento que os teniades, e lo que te crio? PARM.—bien sofrire mas que pida e pele: pero no todo para su prouecho.

SEMP.—no tiene otra tacha sino ser cobdiciosa. pero dexala varde sus paredes: que despues vardara las nuestras. o en mal punto nos conocio. CAL.—dime, por dios, senora, que fazia? como entraste? que tenia vestido? a que parte de casa estaua? que cara te mostro al principio? CEL.—aquella cara, senor, que suelen los brauos toros mostrar contra los que lanzan las agudas frechas en el coso. la que los monteses puercos contra los sabuesos que mucho los aquexan. CAL.—e a essas llamas senales de salud: pues quales serian mortales? no por cierto la misma muerte: que aquella aliuio seria en tal caso deste mi tormento, que es mayor e duele mas. SEMP.—estos son los fuegos pasados de mi amo? que es esto? no ternia este hombre sofrimiento para oyr lo que siempre ha deseado? PARM.—e que calle yo, Sempronio? pues si nuestro amo te oye, tan bien te castigara a ti como a mi. SEMP.—o mal fuego te abrase: que tu fablas en dano de todos: e yo a ninguno ofendo. o intolerable pestilencia e mortal te consuma: rixoso: embidioso: maldito! toda esta es la amistad que con Celestina e comigo hauias concertado. vete de aqui a la mala ventura. CAL.—si no quieres, reyna e senora mia, que desespere: e vaya mi anima condenada a perpetua pena, oyendo essas cosas. certificame breuemente si houo buen fin tu demanda gloriosa: e la cruda e rigurosa muestra de aquel gesto angelico e matador: pues todo esso mas es senal de odio que de amor. CEL.—la mayor gloria que al secreto oficio de la abeja se da: a la qual los discretos deuen imitar: es que todas las cosas por ella tocadas conuierte en mejor de lo que son. Desta manera me he hauido con las zaharenas razones e esquiuas de Melibea. todo su rigor traygo conuertido en miel: su yra en mansedumbre: su aceleramiento en sosiego. Pues, a que piensas que yua alla la vieja Celestina? a quien tu demas de su merecimiento magnificamente galardonaste: sino ablandar su sana: sofrir su acidente: a ser escudo de tu absencia: a recebir en mi manto los golpes: los desuios: los menosprecios, desdenes que muestran aquellas en los principios de sus requerimientos de amor: para que sea despues en mas tenida su dadiua. Que a quien mas quieren, peor hablan: e si assi no fuesse, ninguna diferencia hauria entre las publicas que aman: a las escondidas donzellas: si todas dixiessen si a la entrada de su primer requerimiento: en viendo que de alguno eran amadas: las quales, avnque estan abrasadas e encendidas de viuos fuegos de amor, por su honestidad muestran vn frio esterior: vn sosegado vulto: vn aplazible desuio: vn constante animo e casto proposito: vnas palabras agras que la propia lengua se marauilla del gran sofrimiento suyo: que la fazen forzosamente confessar el contrario de lo que sienten: assi que para que tu descanses e tengas reposo: mientra te contare por estenso el processo de mi habla: e la causa que tuue para entrar. sabe que el fin de su razon e habla fue muy bueno. CAL.—agora, senora, que me has dado seguro: para que ose esperar todos los rigores de la respuesta: di quanto mandares e como quisieres: que yo estare atento. Ya me reposa el corazon. ya descansa mi pensamiento. ya reciben las venas e recobran su perdida sangre. ya he perdido temor. ya tengo alegria. subamos, si mandas, arriba: en mi camara me diras por estenso lo que aqui he sabido en suma. CEL.—subamos, senor. "PARM.—o sancta Maria y que rodeos busca este loco: por huyr de nosotros: para poder llorar a su plazer con Celestina de gozo: y por descubrirle mill secretos de su liuiano y desuariado apetito: por preguntar y responder seys vezes cada cosa sin que este presente quien le pueda dezir que es prolixo. pues mandote yo desatinado que tras ti vamos." CAL.—"mira senora que fablar trae Parmeno. como se viene santiguando de oyr lo que has hecho de tu gran diligencia / espantado esta / por mi fe senora Celestina otra vez se santigua / sube / sube / sube / y" asientate, senora: que de rodillas quiero escuchar tu suaue respuesta. Y dime luego, la causa de tu entrada que fue? CEL.—vender vn poco de hilado: con que tengo cazadas mas de treynta de su estado si a dios ha plazido en este mundo: e algunas mayores. CAL.—esso sera de cuerpo, madre: pero no de gentileza: no de estado: no de gracia e discrecion. no de linaje: no de presuncion con merecimiento: no en virtud: no en habla. PARM.—ya escurre eslauones el perdido. ya se desconciertan sus badajadas: nunca da menos de doze. siempre esta hecho relox de medio dia. cuenta, cuenta, Sempronio, que estas desbauando oyendole a el locuras, e a ella mentiras. SEMP.—maldiziente venenoso: porque cierras las orejas: a lo que todos los del mundo las aguzan: hecho serpiente que huye la boz del encantador? que solo por ser de amores estas razones, avnque mentiras: las hauias de escuchar con gana. CEL.—oye, senor Calisto: e veras tu dicha e mi solicitud que obraron: que en comenzando yo a vender e poner en precio mi hilado, fue su madre de Melibea llamada para que fuesse a visitar vna hermana suya enferma. E como le fuesse necessario absentarse, dexo en su lugar a Melibea [para]. CAL.—o gozo sin par. o singular oportunidad. o oportuno tiempo. o quien estuuiera alli debaxo de tu manto, escuchando que hablaria sola: aquella en quien dios tan estremadas gracias puso. CEL.—debaxo de mi manto dizes? ay mezquina que fueras visto: por treynta agujeros que tiene: si dios no le mejora. PARM.—salgome fuera, Sempronio: ya no digo nada: escuchatelo tu todo. Si este perdido de mi amo no midiesse con el pensamiento quantos pasos ay de aqui a casa de Melibea: e contemplasse en su gesto: e considerasse como estaria aviniendo el hilado: todo el sentido puesto e ocupado en ella: el veria que mis consejos le eran mas saludables: que estos enganos de Celestina. CAL.—que es esto, mozos? esto yo escuchando atento que me va la vida: vosotros susurrays como soleys: por fazerme mala obra e enojo: por mi amor, que calleys; morires de plazer con esta senora, segun su buena diligencia. Di, senora, que fiziste quando te viste sola? CEL.—recebi, senor, tanta alteracion de plazer, que qualquiera que me viera me lo conociera en el rostro. CAL.—agora la rescibo yo: quanto mas quien ante si contemplaua tal ymagen: enmudescerias con la nouedad incogitada. CEL.—antes me dio mas osadia a hablar lo que quise, verme sola con ella. abri mis entranas: dixele mi embaxada: como penauas tanto por vna palabra de su boca salida en fauor tuyo: para sanar vn tan gran dolor. E como ella estuuiesse suspensa: mirandome, espantada del nueuo mensaje: escuchando fasta ver quien podia ser: el que assi por necessidad de su palabra penaua. o a quien pudiesse sanar su lengua: en nombrando tu nombre: atajo mis palabras, diose en la frente vna grand palmada: como quien cosa de grande espanto houiesse oydo: diziendo que cessasse mi habla: e me quitasse delante: si queria no hazer a sus seruidores verdugos de mi postremeria. Yo que en este tiempo no dexaua mis pensamientos vagos: ni ociosos: viendo quanto almazen gastaua su yra: agrauando mi osadia: llamandome hechizera: alcahueta: vieja falsa, "barbuda / malhechora" e otros muchos inominiosos nombres: con cuyos titulos se asombran los ninos "de cuna. E empos desto mill amortescimientos e desmayos mill milagros e espantos / turbado el sentido / bulliendo fuertemente los miembros todos / a vna parte e a otra / herida de aquella dorada frecha que del sonido de tu nombre le toco / retorciendo el cuerpo las manos enclauijadas como quien se despereza: que parecia que las despedazaua / mirando con los ojos a todas partes / acoceando con los pies el suelo duro: E yo a todo esto arrinconada / encogida callando: muy gozosa con su ferocidad. mientra mas vasqueaua: mas yo me alegraua: porque mas cerca estaua el rendirse e su cayda. pero entre tanto que gastaua aquel espumajoso almazen su yra: yo no dexaua mis pensamientos estar vagos / ni ociosos / de manera que", toue lugar de saluar lo dicho. CAL.—esso me di, senora madre: que yo he rebuelto en mi juyzio mientra te escucho: e no he fallado desculpa que buena fuesse: ni conueniente con que lo dicho se cubriesse ni colorasse: sin quedar terrible sospecha de tu demanda. Porque conozca tu mucho saber que en todo me pareces mas que muger: que como su respuesta tu pronosticaste: proueyste con tiempo tu replica. Que mas hazia aquella Tusca Adeleta? cuya fama, siendo tu viua, se perdiera: la qual tres dias ante de su fin: prenuncio la muerte de su viejo marido: e de dos fijos que tenia. Ya creo lo que dizes: que el genero flaco de las hembras es mas apto para las prestas cautelas quel de los varones. CEL.—que, senor? dixe que tu pena era mal de muelas: e que la palabra que della queria era vna oracion que ella sabia muy deuota para ellas. CAL.—o marauillosa astucia. o singular muger en su oficio. o cautelosa hembra. o melezina presta. o discreta en mensajes: qual humano seso bastara a pensar tan alta manera de remedio? De cierto creo: si nuestra edad alcanzara aquellos passados Eneas e Dido: no trabajara tanto Venus para traer a su fijo el amor de Elisa: haziendo tomar a Cupido Ascanica forma para la enganar: antes por euitar prolixidad, pusiera a ti por medianera. Agora doy por bienempleada mi muerte, puesta en tales manos: e creere que si mi desseo no houiere efeto qual querria, que no se pudo obrar mas segun natura en mi salud. Que os paresce, mozos? que mas se pudiera pensar? ay tal muger nascida en el mundo? CEL.—senor, no atajes mis razones: dexame dezir, que se va haziendo noche: ya sabes quien mal haze, aborrece claridad: e yendo a mi casa podre hauer algun mal encuentro. CAL.—que? que? si que hachas e pajes ay que te acompanen. PARM.—si. si. porque no fuercen a la nina: tu yras con ella, Sempronio: que ha temor de los grillos que cantan con lo escuro. CAL.—dizes algo, hijo Parmeno? PARM.—senor: que yo e Sempronio sera bueno que la acompanemos hasta su casa: que haze mucho escuro. CAL.—bien dicho es: despues sera. procede en tu habla: e dime que mas passaste: que te respondio a la demanda de la oracion. CEL.—que la daria de su grado. CAL.—de su grado? o dios mio, que alto don. CEL.—pues mas le pedi. CAL.—que, mi vieja honrrada? CEL.—vn cordon que ella trae contino cenido: diziendo que era prouechoso para tu mal: porque hauia tocado muchas reliquias. CAL.—pues que dixo? CEL.—dame albricias, dezirtelo he. CAL.—o por dios, toma toda esta casa: e quanto en ella ay: e dimelo. o pide lo que querras. CEL.—por vn manto que tu des a la vieja: te dara en tus manos el mesmo que en su cuerpo ella traya. CAL.—que dizes de manto? y saya: e quanto yo tengo. CEL.—manto he menester, e este terne yo en harto: no te alargues mas: no pongas sospechosa duda en mi pedir: que dizen que ofrescer mucho al que poco pide es especie de negar. CAL.—corre, Parmeno, llama a mi sastre: e corte luego vn manto e vna saya: de aquel contray que se saco para frisado. PARM.—assi, assi. a la vieja todo, porque venga cargada de mentiras como abeja: e a mi que me arrastren: tras esto anda ella oy todo el dia con sus rodeos. CAL.—de que gana va el diablo! no ay cierto tan mal seruido hombre como yo: manteniendo mozos adeuinos: rezongadores: enemigos de mi bien. que vas, vellaco, rezando? embidioso, que dizes? que no te entiendo; ve donde te mando presto: e no me enojes: que harto basta mi pena para me acabar: que tambien haura para ti sayo en aquella pieza. PARM.—no digo, senor, otra cosa: sino ques tarde para que venga el sastre. CAL.—no digo yo que adeuinas? pues quedese para manana: e tu, senora, por amor mio te sufras: que no se pierde lo que se dilata: e mandame mostrar aquel sancto cordon: que tales miembros fue digno de cenir: gozaran mis ojos con todos los otros sentidos: pues juntos han sido apassionados: gozara mi lastimado corazon: aquel que nunca recibio momento de plazer despues que aquella senora conoscio: todos los sentidos le llegaron: todos acorrieron a el con sus esportillas de trabajo: cada vno le lastimo quanto mas pudo. los ojos en vella. los oydos en oylla. las manos en tocalla. CEL.—que la has tocado, dizes? mucho me espantas. CAL.—entre suenos, digo. CEL.—en suenos? CAL.—en suenos la veo tantas noches, que temo no me acontezca como a Alcibiades o a Socrates: que el vno sono que se veya embuelto en el manto de su amiga: y otro dia mataronle, e no houo quien le alzasse de la calle: ni cubriesse, sino ella con su manto. el otro via que le llamauan por nombre: e murio dende a tres dias. pero en vida o en muerte, alegre me seria vestir su vestidura. CEL.—asaz tienes pena: pues quando los otros reposan en sus camas, preparas tu el trabajo para sofrir otro dia. esfuerzate, senor: que no hizo dios a quien desamparasse: da espacio a tu desseo: toma este cordon: que si yo no me muero, yo te dare a su ama. CAL.—o nueuo huesped. o bienauenturado cordon: que tanto poder e merescimiento touiste de cenir aquel cuerpo que yo no soy digno de seruir. o nudos de mi pasion: vosotros enlazastes mis desseos: dezidme si os hallastes presentes: en la desconsolada respuesta de aquella a quien vosotros seruis e yo adoro: e por mas que trabajo noches e dias, no me vale ni aprouecha. CEL.—refran viejo es: quien menos procura, alcanza mas bien. Pero yo te hare procurando conseguir: lo que siendo negligente no haurias. consuelate, senor: que en vna hora no se gano Zamora: pero no por esso desconfiaron los combatientes. CAL.—o desdichado: que las cibdades estan con piedras cercadas: e a piedras, piedras las vencen. pero esta mi senora tiene el corazon de azero: no ay metal que con el pueda: no ay tiro que le melle: pues poned escalas en su muro: vnos ojos tiene con que echa saetas: vna lengua llena de reproches e desuios. el asiento tiene en parte que a media legua no le pueden poner cerco. CEL.—calla, senor, que el buen atreuimiento de vn solo hombre gano a Troya: no desconfies, que vna muger puede ganar otra. Poco has tratado mi casa. no sabes bien lo que yo puedo. CAL.—quanto dixeres, senora, te quiero creer, pues tal joya como esta me truxiste. O mi gloria, e cenidero de aquella angelica cintura: yo te veo e no lo creo. o cordon, cordon!

fuisteme tu enemigo? dilo cierto si lo fuiste. yo te perdono: que de los buenos es propio las culpas perdonar. no lo creo, que si fueras contrario, no vinieras tan presto a mi poder: saluo si vienes a desculparte. conjurote que me respondas: por la virtud del gran poder que aquella senora sobre mi tiene. CEL.—cessa ya, senor, esse deuanear: que a mi tienes cansada de escucharte: e al cordon roto de tratarlo. CAL.—o mezquino de mi! que asaz bien me fuera del cielo otorgado, que de mis brazos fueras fecho e texido: y no de seda como eres: porque ellos gozaran cada dia de rodear e cenir con deuida reuerencia aquellos miembros que tu, sin sentir ni gozar de la gloria, siempre tienes abrazados. o que secretos hauras visto de aquella excelente ymagen. CEL.—mas veras tu e con mas sentido: si no lo pierdes fablando lo que fablas. CAL.—calla, senora: que el e yo nos entendemos. o mis ojos! acordaos como fuistes causa e puerta por donde fue mi corazon llagado: e que aquel es visto hazer el dano que da la causa: acordaos que soys debdores de la salud. remira la melezina que os viene hasta casa. SEMP.—senor, por holgar con el cordon, no querras gozar de Melibea. CAL.—que, loco? desuariado? atajasolazes: como es esso? SEMP.—que mucho fablando matas a ti e a los que te oyen. e assi que perderas la vida o el seso. qualquiera que falte, basta para quedarte ascuras. abreuia tus razones, daras lugar a las de Celestina. CAL.—enojote, madre, con mi luenga razon? o esta borracho este mozo? CEL.—avnque no lo este, deues, senor, cessar tu razon. dar fin a tus luengas querellas: tratar al cordon como cordon: porque sepas fazer diferencia de fabla quando con Melibea te veas. no haga tu lengua yguales la persona e el vestido. CAL.—o mi senora. mi madre. mi consoladora. dexame gozar con este mensajero de mi gloria. o lengua mia, porque te impides en otras razones: dexando de adorar presente la excellencia de quien por ventura jamas veras en tu poder? O mis manos, con que atreuimiento: con quan poco acatamiento teneys y tratays la triaca de mi llaga. ya no podran empecer las yeruas que aquel crudo caxquillo traya embueltas en su aguda punta. seguro soy: pues quien dio la herida la cura. o tu, senora, alegria de las viejas mugeres. gozo de las mozas. descanso de los fatigados como yo. no me fagas mas penado con tu temor, que faze mi verguenza: suelta la rienda a mi contemplacion: dexame salir por las calles con esta joya: porque los que me vieren sepan que no ay mas bienandante hombre que yo. SEMP.—no afistoles tu llaga cargandola de mas desseo. no es, senor, el solo cordon del que pende tu remedio. CAL.—bien lo conozco: pero no tengo sofrimiento para me abstener de adorar tan alta empresa. CEL.—empresa? aquella es empresa que de grado es dada. pero ya sabes que lo hizo por amor de dios para guarecer tus muelas: no por el tuyo para cerrar tus llagas. pero si yo viuo, ella boluera la hoja. CAL.—e la oracion? CEL.—no se me dio por agora. CAL.—que fue la causa? CEL.—la breuedad del tiempo: pero quedo que si tu pena no afloxase, que tornasse manana por ella. CAL.—afloxar? Entonce afloxara mi pena, quando su crueldad. CEL.—asaz, senor, basta lo dicho y hecho: obligada queda, segund lo que mostro, a todo lo que para esta enfermedad yo quisiere pedir, segun su poder. Mira, senor, si esto basta para la primera vista. Yo me voy: cumple, senor, que si salieres manana, lleues rebozado vn pano, porque si della fueres visto, no acuse de falsa mi peticion. CAL.—e avn quatro por tu seruicio: pero dime, pardios, passo mas? que muero por oyr palabras de aquella dulce boca: como fueste tan osada: que sin la conocer te mostraste tan familiar en tu entrada e demanda? CEL.—sin la conoscer? Quatro anos fueron mis vezinas tractaua con ellas: hablaua e reya: de dia e de noche. mejor me conosce su madre que a sus mismas manos: avnque Melibea se ha fecho grande muger: discreta: gentil. PARM.—ea, mira, Sempronio, que te digo al oydo. SEMP.—dime, que dizes? PARM.—aquel atento escuchar de Celestina da materia de alargar en su razon a nuestro amo. Llegate a ella: dale del pie. hagamosle de senas que no espere mas: sino que se vaya: que no hay tan loco hombre nacido: que solo mucho hable. CAL.—gentil dizes, senora, que es Melibea? Paresce que lo dizes burlando. Ay nascida su par en el mundo? Crio dios otro mejor cuerpo? Puedense pintar tales faciones, dechado de hermosura? Si oy fuera viua Elena: por quien tanta muerte houo de griegos e troyanos. o la hermosa Pulicena: todas obedescerian a esta senora por quien yo peno. Si ella se hallara presente en aquel debate de la manzana con las tres diosas: nunca sobrenombre de discordia le pusieran: porque sin contrariar ninguna: todas concedieran e biuieran conformes en que la lleuara Melibea. assi que se llamara manzana de concordia. Pues quantas oy son nascidas que della tengan noticia, se maldizen: querellan a dios, porque no se acordo dellas quando a esta mi senora hizo. consumen sus vidas. comen sus carnes con embidia. danles siempre crudos martirios: pensando con artificio ygualar con la perficion que sin trabajo doto a ella natura. dellas pelan sus cejas con tenazicas e pegones e cordelejos. dellas buscan las doradas yeruas. rayzes: ramas: e flores para hazer lexias, con que sus cabellos semejassen a los della. las caras martillando. enuistiendolas en diuersos matizes: con vnguentos e vnturas: aguas fuertes: posturas blancas e coloradas: que por euitar prolixidad no las cuento. pues la que todo esto hallo hecho: mira si merece de vn triste hombre como yo ser seruida. CEL.—bien te entiendo, Sempronio: dexale, que el caera de su asno: ya acaba. CAL.—en la que toda la natura se remiro por la fazer perfeta: que las gracias que en todas repartio, las junto en ella. alli hizieron alarde quanto mas acabadas pudieron allegarse: porque conociessen los que la viessen quanta era la grandeza de su pintor. solo vn poco de agua clara con vn eburneo peyne basta para exceder a las nacidas en gentileza. estas son sus armas. con estas mata e vence. con estas me catiuo. con estas me tiene ligado: e puesto en dura cadena. CEL.—calla e no te fatigues. que mas aguda es la lima que yo tengo: que fuerte essa cadena que te atormenta: yo la cortare con ella porque tu quedes suelto. por ende, dame licencia, que es muy tarde: e dexame lleuar el cordon porque tengo del necessidad. CAL.—o desconsolado de mi! la fortuna aduersa me sigue junta: que contigo. o con el cordon. o con entramos: quisiera yo estar acompanado esta noche luenga e escura. pero pues no ay bien complido en esta penosa vida: venga entera la soledad. Mozos? mozos? PARM.—senor. CAL.—acompana a esta senora hasta su casa: e vaya con ella tanto plazer e alegria, quanta comigo queda tristeza e soledad. CEL.—quede, senor, dios contigo. manana sera mi buelta: donde mi manto e la respuesta vernan a vn punto: pues oy no ouo tiempo: e sufrete, senor: e piensa en otras cosas. CAL.—esso no, que es eregia: oluidar aquella por quien la vida me aplaze.

ARGUMENTO DEL SETIMO AUTO.

Celestina habla con Parmeno, induziendole a concordia e amistad de Sempronio. traele Parmeno a memoria la promessa que le hiziera de le fazer auer a Areusa, quel mucho amaua. vanse a la casa de Areusa: queda ay la noche Parmeno. Celestina va para su casa. llama a la puerta. Elicia le viene abrir, increpandole su tardanza.

CELESTINA. PARMENO. AREUSA. ELICIA.

CEL.—Parmeno, hijo, despues de las passadas razones: no he hauido oportuno tiempo para te dezir e mostrar el mucho amor que te tengo: y asi mismo, como de mi boca todo el mundo ha oydo hasta agora en absencia bien de ti: la razon no es menester repetirla: porque yo te tenia por hijo, a lo menos quasi adotiuo: e assi que ymitauas a natural; e tu dasme el pago en mi presencia: pareciendote mal quanto digo, susurrando e murmurando contra mi en presencia de Calisto. bien pensaua yo que despues que concediste en mi buen consejo: que no hauias de tornarte atras. Todavia me parece que te quedan reliquias vanas: hablando por antojo: mas que por razon: desechas el prouecho por contentar la lengua. oyeme, si no me has oydo, e mira que soy vieja: e el buen consejo mora en los viejos: e de los mancebos es propio el deleyte. bien creo que de tu yerro sola la edad tiene culpa. espero en dios "que seras mejor para mi: de aqui adelante: e mudaras el ruyn proposito con la tierna edad: que como dizen / mudanse costumbres con la mudanza del cabello / e variacion/" digo, hijo, cresciendo e viendo cosas nueuas cada dia: porque la mocedad en solo lo presente se impide e ocupa a mirar. mas la madura edad no dexa presente: ni passado: ni por venir. si tu touieras memoria, hijo Parmeno, del pasado amor que te tuue: la primera posada que tomaste, venido nueuamente a esta cibdad, auia de ser la mia: pero los mozos curays poco de los viejos. regisvos a sabor de paladar. nunca pensays que teneys ni aueys de tener necessidad dellos. nunca pensays en enfermedades. nunca pensays que os puede faltar esta florezilla de juuentud. Pues mira, amigo, que para tales necessidades como estas: buen acorro es vna vieja conoscida: amiga: madre e mas que madre. buen meson para descansar sano. buen hospital para sanar enfermo. buena bolsa para necessidad. buena arca para guardar dinero en prosperidad: buen fuego de inuierno, rodeado de asadores. buena sombra de verano. buena tauerna para comer e beuer. que diras, loquillo, a todo esto? bien se que estas confuso por lo que oy has hablado. pues no quiero mas de ti: que dios no pide mas del pecador de arrepentirse e emendarse. Mira a Sempronio, yo le fize hombre de dios en ayuso. querria que fuesedes como hermanos: porque estando bien con el, con tu amo e con todo el mundo lo estarias. Mira que es bien quisto: diligente: palanciano: buen seruidor, gracioso: quiere tu amistad: creceria vuestro prouecho dandoos el vno al otro la mano. ni aun auria mas priuados con vuestro amo que vosotros. Y pues, sabe que es menester que ames si quieres ser amado: que no se toman truchas &c. ni te lo deue Sempronio de fuero. simpleza es no querer amar e esperar ser amado. locura es pagar el amistad con odio. PARM.—madre, para contigo digo que mi segundo yerro te confiesso. e con perdon de lo passado quiero que ordenes lo por venir. Pero con Sempronio me paresce que es impossible sostenerse mi amistad. el es desuariado: yo malsufrido: conciertame essos amigos. CEL.—pues no era essa tu condicion. PARM.—a la mi fe, mientra mas fuy creciendo: mas la primera paciencia me oluidaua. no soy el que solia. e assi mismo Sempronio no ay ni tiene en que me aproueche. CEL.—el cierto amigo en la cosa incierta se conosce. en las aduersidades se prueua. entonces se allega e con mas desseo visita la casa que la fortuna prospera desamparo: que te dire, fijo, de las virtudes del buen amigo? no ay cosa mas amada: ni mas rara. ninguna carga rehusa. Vosotros soys yguales: la paridad de las costumbres e la semejanza de los corazones es la que mas la sostiene. Cata, hijo, que, si algo tienes: guardado se te esta: sabe tu ganar mas que aquello ganado lo fallaste. buen siglo aya aquel padre que lo trabajo. no se te puede dar hasta que viuas mas reposado: e vengas en edad complida. PARM.—a que llamas reposado, tia? CEL.—hijo, a viuir por ti: a no andar por casas agenas: lo qual siempre andaras mientra no te supieres aprouechar de tu seruicio. que de lastima que houe de verte roto, pedi oy manto, como viste, a Calisto. no por mi manto: pero porque estando el sastre en casa e tu delante sin sayo: te le diesse. assi que, no por mi prouecho, como yo senti que dixiste: mas por el tuyo. que si esperas al ordinario galardon destos galanes, es tal, que lo que en diez anos sacaras, ataras en la manga. goza tu mocedad. el buen dia, la buena noche. el buen comer e beuer: quando pudieres hauerlo no lo dexes: pierdase lo que se perdiere: no llores tu la fazienda que tu amo heredo: que esto te lleuaras deste mundo: pues no le tenemos mas de por nuestra vida. O hijo mio Parmeno: que bien te puedo dezir hijo: pues tanto tiempo te crie: toma mi consejo: pues sale con limpio deseo de verte en alguna honrra. o quan dichosa me hallaria: en que tu e Sempronio estouiesedes muy conformes: muy amigos: hermanos en todo: viendoos venir a mi pobre casa a holgar: a verme, e avn a desenojaros con sendas mochachas. PARM.—mochachas, madre mia? CEL.—alahe, mochachas digo: que viejas, harto me soy yo: qual se la tiene Sempronio: e avn sin hauer tanta razon, ni tenerle tanta aficion como a ti: que de las entranas me sale quanto te digo. PARM.—senora, no viues enganada. CEL.—e avnque lo viua, no me pena mucho: que tambien lo hago por amor de dios: e por verte solo en tierra agena: e mas por aquellos huessos de quien te me encomendo: que tu seras hombre e vernas en buen conocimiento e verdadero: e diras: la vieja Celestina bien me consejaua. PARM.—e avn agora lo siento, avnque soy mozo: que, avnque oy vies que aquello dezia: no era porque me paresciesse mal lo que tu fazias: pero porque veya que le consejaua yo lo cierto: e me daua malas gracias: pero de aqui adelante demos tras el. faz de las tuyas, que yo callare. Que ya tropece en no te creer cerca deste negocio con el. CEL.—cerca deste e de otros tropezaras e cayaras, mientra no tomares mis consejos, que son de amiga verdadera. PARM.—agora doy por bienempleado el tiempo que siendo nino te serui: pues tanto fruto trae para la mayor edad. e rogare a dios por el anima de mi padre que tal tutriz me dexo: e de mi madre que a tal muger me encomendo. CEL.—no me la nombres, fijo, por dios: que se me hinchen los ojos de agua. e tuue yo en este mundo otra tal amiga? otra tal companera? tal aliuiadora de mis trabajos e fatigas? quien suplia mis faltas? quien sabia mis secretos? a quien descobria mi corazon? quien era todo mi bien e descanso, sino tu madre? mas que mi hermana e comadre. o que graciosa era. o que desembuelta: limpia: varonil. tan sin pena ni temor se andaua a medianoche de cimenterio en cimenterio: buscando aparejos para nuestro oficio, como de dia. ni dexaua christianos, ni moros: ni judios: cuyos enterramientos no visitaua. de dia los acechaua: de noche los desenterraua: assi se holgaua con la noche escura: como tu con el dia claro: dezia que aquella era capa de pecadores. Pues mana no tenia con todas las otras gracias? vna cosa te dire: porque veas que madre perdiste: avnque era para callar: pero contigo todo passa. siete dientes quito a vn ahorcado: con vnas tenazicas de pelacejas, mientra yo le descalce los zapatos. Pues entraua en vn cerco mejor que yo: e con mas esfuerzo: avnque yo tenia farto buena fama, mas que agora: que por mis pecados todo se oluido con su muerte. que mas quieres: sino que los mesmos diablos la hauian miedo? atemorizados e espantados los tenia con las crudas bozes que les daua. assi era ella dellos conoscida como tu en tu casa. tumbando venian vnos sobre otros a su llamado. no le osauan dezir mentira: segun la fuerza conque los apremiaua. Despues que la perdi, jamas les oy verdad. PARM.—no la medre dios mas esta vieja, que ella me da plazer con estos loores de sus palabras. CEL.—que dizes, mi honrrado Parmeno? mi hijo e mas que hijo. PARM.—digo que como tenia esa ventaja mi madre: pues las palabras que ella e tu deziades eran todas vnas? CEL.—como, e deso te marauillas? no sabes que dize el refran. que mucho va de Pedro a Pedro? aquella gracia de mi comadre no alcanzauamos todas. no as visto en los oficios vnos buenos e otros mejores? assi era tu madre, que dios aya: la prima de nuestro oficio. e por tal era de todo el mundo conocida e querida: assi de caualleros como clerigos, casados / viejos / mozos e ninos. pues mozas e donzellas asi rogauan a dios por su vida como de sus mesmos padres: con todos tenia quehazer. con todos fablaua. si saliamos por la calle, quantos topauamos eran sus ahijados; que fue su principal oficio partera diez e seys anos. asi que, avnque tu no sabias sus secretos por la tierna edad que auias. agora es razon que los sepas: pues ella es finada, e tu hombre. PARM.—dime: senora, quando la justicia te mando prender, estando yo en tu casa, teniades mucho conocimiento? CEL.—si teniamos, me dizes: como por burla. juntas lo hizimos. juntas nos sintieron: juntas nos prendieron e acusaron. juntas nos dieron la pena essa vez, que creo que fue la primera. pero muy pequeno eras tu. yo me espanto como te acuerdas: que es la cosa que mas oluidada esta en la cibdad: cosas son que pasan por el mundo. cada dia veras quien peque e pague si sales a esse mercado. PARM.—verdad es: pero del pecado lo peor es la perseuerancia. que assi como el primer mouimiento no es en mano del hombre: assi el primer yerro. donde dizen, que quien yerra e se emienda &c. CEL.—lastimasteme, don loquillo. a las verdades nos andamos. pues espera, que yo te tocare donde te duela. PARM.—que dizes, madre? CEL.—hijo, digo que, sin aquella prendieron quatro veces a tu madre, que dios aya, sola. e avn la vna le leuantaron que era bruxa: porque la hallaron de noche con vnas candelillas cogiendo tierra de vna encruzijada: e la touieron medio dia en vna escalera en la plaza: puesto vno como rocadero pintado en la cabeza. pero cosas son que passan. algo han de sofrir los hombres en este triste mundo para sustentar sus vidas "e honrras". e mira en que poco lo tuuo con su buen seso: que ni por esso dexo dende en adelante de vsar mejor su oficio. Esto ha venido por lo que dezias del perseuerar en lo que vna vez se yerra: en todo tenia gracia: que en dios e en mi conciencia, avn en aquella escalera estaua: e parecia que a todos los debaxo no tenia en vna blanca: segun su meneo e presencia: assi que los que algo son como ella: e saben e valen: son los que mas presto yerran. Veras quien fue Virgilio: e que tanto supo: mas ya hauras oydo como estouo en vn cesto colgado de vna torre, mirandole toda Roma: pero por eso no dexo de ser honrrado, ni perdio el nombre de Virgilio. PARM.—verdad es lo que dizes: pero esso no fue por justicia. CEL.—calla bouo: poco sabes de achaque de yglesia: e quanto es mejor por mano de justicia que de otra manera: sabialo mejor el cura, que dios aya: que viniendola a consolar dixo: que la sancta escritura tenia: que bienauenturados eran los que padescian persecucion por la justicia. que aquellos posseerian el reyno de los cielos. mira si es mucho passar algo en este mundo: por gozar de la gloria del otro. e mas que segun todos dezian: a tuerto e a sin razon: e con falsos testigos: e rezios tormentos la hizieron aquella vez confessar lo que no era. Pero con su buen esfuerzo: e como el corazon abezado a sofrir haze las cosas mas leues de lo que son: todo lo tuuo en nada. que mill vezes le oya dezir: si me quebre el pie: fue por bien. porque soy mas conoscida que antes. assi que todo esto paso tu buena madre aca. deuemos creer que le dara dios buen pago alla: si es verdad lo que nuestro cura nos dixo. e con esto me consuelo. pues seme tu, como ella, amigo verdadero: e trabaja por ser bueno, pues tienes a quien parezcas: que lo que tu padre dexo, a buen seguro lo tienes. PARM.—bien lo creo, madre: pero querria saber que tanto es. CEL.—no puede ser agora. verna tu tiempo, como te dixe, para que lo sepas e lo oyas. PARM.—agora dexemos los muertos e las herencias: que si poco me dexaron, poco hallare. hablemos en los presentes negocios, que nos va mas: que en traer los passados a la memoria. bien se te acordara: no ha mucho que me prometiste que me harias hauer a Areusa: quando en mi casa te dixe como moria por sus amores. CEL.—si te lo prometi, no lo he oluidado: ni creas que he perdido con los anos la memoria: que mas de tres xaques ha rescebido de mi sobre ello en tu absencia: ya creo que estara bien madura. vamos de camino por casa: que no se podra escapar de mate: que esto es lo menos que yo por ti tengo de hazer. PARM.—yo ya desconfiaua de la poder alcanzar: porque jamas podia acabar con ella que me esperasse a poderle dezir vna palabra: e como dizen, mala senal es de amor huyr e boluer la cara. sentia en mi gran desfuzia desto. CEL.—no tengo en mucho tu desconfianza: no me conosciendo ni sabiendo como agora que tienes tan de tu mano la maestra destas labores. pues agora veras quanto por mi causa vales: quanto con las tales puedo: quanto se en casos de amor. anda passo, ves aqui su puerta: entremos quedo: no nos sientan sus vezinas: atiende, e espera debaxo desta escalera: sobire yo a ver que se podra fazer sobre lo fablado: e por ventura haremos mas que tu ni yo traemos pensado. AREUSA.—quien anda ay? quien sube a tal hora en mi camara? CEL.—quien no te quiere mal, cierto. quien nunca da passo que no piense en tu prouecho. quien tiene mas memoria de ti que de si mesma. vna enamorada tuya, avnque vieja. AREU.—valala el diablo a esta vieja, con que viene como huestantigua a tal hora. Tia senora, que buena venida es esta tan tarde? ya me desnudaua para acostar. CEL.—con las gallinas, hija? asi se hara la hazienda: andar, passe. otro es el que ha de llorar las necessidades, que no tu. yerua pasce quien lo cumple. tal vida, quienquiera se la querria. AREU.—jesu! quierome tornar a vestir, que he frio. CEL.—no haras, por mi vida: sino entrate en la cama: que desde alli hablaremos. AREU.—assi goze de mi, pues que lo he bien menester: que me siento mala oy todo el dia. assi que necessidad mas que vicio me fizo tomar con tiempo las sauanas por faldetas. CEL.—pues no estes asentada. acuestate: e metete debaxo de la ropa: que paresces serena. AREU.—bien me dizes, senora tia. CEL.—ay, como huele toda la ropa en bullendote. A osadas, que esta todo a punto: siempre me pague de tus cosas e hechos. De tu limpieza e atauio. Fresca que estas: bendigate dios. Que sauanas e colcha. Que almohadas: e que blancura. Tal sea mi vejez, qual todo me parece. Perla de oro, veras si te quiere bien: quien te visita a tales horas. dexame mirarte toda a mi voluntad, que me huelgo. AREU.—passo, madre. no llegues a mi: que me fazes coxquillas: e prouocasme a reyr: e la risa acrecientame el dolor. CEL.—que dolor, mis amores? burlaste, por mi vida, comigo? AREU.—mal gozo vea de mi, si burlo: sino que ha quatro horas que muero de la madre: que la tengo en los pechos: que me quiere sacar del mundo: que no soy tan viciosa como piensas. CEL.—pues dame lugar, tentare: que avn algo se yo deste mal por mi pecado: que cada vna se tiene / o ha tenido su madre, e sus zozobras della. AREU.—mas arriba la siento: sobre el estomago. CEL.—bendigate dios, e senor sant Miguel, angel: e que gorda e fresca que estas. que pechos e que gentileza. por hermosa te tenia hasta agora: viendo lo que todos podian ver: pero agora te digo que no ay en la cibdad tres cuerpos tales como el tuyo: en quanto yo conozco. no paresce que hayas quinze anos! o quien fuera hombre, e tanta parte alcanzara de ti: para gozar tal vista. Por dios, pecado ganas en no dar parte destas gracias a todos los que bien te quieren: que no te las dio dios para que pasasen en balde: por la frescor de tu juuentud: debaxo de seys dobles de pano e lienzo. Cata que no seas auarienta de lo que poco te costo. no atesores tu gentileza: pues es de su natura tan comunicable como el dinero. no seas el perro del ortolano. e pues tu no puedes de ti propia gozar, goze quien puede. que no creas que en balde fueste criada: que quando nasce ella, nasce el. e quando el, ella. ninguna cosa ay criada al mundo superflua. ni que con acordada razon no proueyesse della natura. Mira que es pecado fatigar e dar pena a los hombres: podiendolos remediar. AREU.—alabame agora, madre. e no me quiere ninguno: dame algun remedio para mi mal. e no estes burlando de mi. CEL.—deste tan comun dolor todas somos, mal pecado, maestras. lo que he visto a muchas fazer: e lo que a mi siempre aprouecha, te dire. porque como las calidades de las personas son diuersas: assi las melezinas hazen diuersas sus operaciones, e diferentes: todo olor fuerte es bueno: assi como poleo: ruda / axiensos: humo de plumas de perdiz: de romero / de moxquete / de encienso. recebido con mucha diligencia, aprouecha e afloxa el dolor. e buelue poco a poco la madre a su lugar. Pero otra cosa hallaua yo siempre mejor que todas: e esta no te quiero dezir. pues tan santa te me hazes. AREU.—que, por mi vida, madre? vesme penada, e encubresme la salud? CEL.—anda, que bien me entiendes: no te hagas boua. AREU.—ya, ya. mala landre me mate, si te entendia. Pero que quieres que haga? sabes que se partio ayer aquel mi amigo con su capitan a la guerra: hauia de fazerle ruyndad? CEL.—veras, e que dano: e que gran ruyndad. AREU.—por cierto si seria: que me da todo lo que he menester. tieneme honrrada / fauoreceme / e tratame como si fuesse su senora. CEL.—pero avnque todo esso sea, mientra no parieres, nunca te faltara este mal e dolor "de" agora. de lo qual el deue ser causa. "E si no crees en dolor / cree en color / e veras lo que viene de su sola compania." AREU.—no es sino mi mala dicha. maldicion mala que mis padres me echaron: que no esta ya por prouar todo esso. Pero dexemos esso, que es tarde: e dime a que fue tu buena venida. CEL.—ya sabes lo que de Parmeno te oue dicho; quexasseme que avn verle no quieres. no se por que, sino porque sabes que le quiero yo bien e le tengo por hijo. Pues por cierto de otra manera miro yo tus cosas: que hasta tus vezinas me parescen bien: e se me alegra el corazon cada vez que las veo: porque se que hablan contigo. AREU.—no viues, tia senora, enganada. CEL.—no lo se; a las obras creo: que las palabras de balde las venden donde quiera. Pero el amor nunca se paga sino con puro amor / e a las obras con obras. Ya sabes el debdo que ay entre ti e Elicia: la qual tiene Sempronio en mi casa. Parmeno e el son companeros: siruen a este senor que tu conoces: e por quien tanto fauor podras tener. no niegues lo que tan poco fazer te cuesta. Vosotras parientas: ellos companeros. mira como viene mejor medido que lo queremos. Aqui viene comigo. Veras si quieres que suba. AREU.—amarga de mi, e si nos ha oydo? CEL.—no: que abaxo queda. quierole hazer subir: resciba tanta gracia que le conozcas / e hables / e muestres buena cara. e si tal te paresciere: goze el de ti / e tu del: que avnque el gane mucho: tu no pierdes nada. AREU.—bien tengo, senora, conoscimiento: como todas tus razones, estas e las passadas: se enderezan en mi prouecho. pero como quieres que haga tal cosa? que tengo a quien dar cuenta, como has oydo: e si soy sentida, matarme ha. Tengo vezinas muy embidiosas: luego lo diran. assi que, avnque no aya mas mal de perderle: sera mas que ganare en agradar al que me mandas. CEL.—esso que temes: yo lo prouey primero. que muy passo entramos. AREU.—no lo digo solamente por vna noche: sino por otras muchas. CEL.—como, e dessas eres? dessa manera te tratas? nunca tu haras casa con sobrado. Absente le has miedo? que harias si estouiesse presente en la cibdad? en dicha me cabe: que jamas cesso dar consejos a bouos. e todavia ay quien yerre. pero no me marauillo, que es grande el mundo: e pocos los esperimentados. Ay. ay. ay. hija mia! si viesses el saber de tu prima: e que tanto le ha aprouechado mi crianza y consejos. e que gran maestra esta. e avn que no se halla ella mal con mis castigos: que vno en la cama: e otro en la puerta: e otro que sospira por ella en su casa se precia de tener. e con todos cumple: e a todos muestra buena cara: e todos piensan que son muy queridos: e cada vno piensa que no ay otro: e que el solo es priuado: e el solo es el que le da lo que ha menester. e tu piensas que con dos que tengas: que las tablas de la cama lo han de descobrir? De vna sola gotera te mantienes? no te sobraran muchos manjares. no quiero arrendar tus esgamoches. nunca vno me agrado / nunca en vno puse toda mi aficion. mas pueden dos: e mas quatro: e mas dan: e mas tienen: e mas ay en que escoger. no ay cosa mas perdida, hija, que el mur que no sabe sino vn horado. si aquel le tapan, no haura donde se esconda del gato. Quien no tiene sino vn ojo: mira a quanto peligro anda. vna alma sola ni canta ni llora. vn solo acto no haze habito. vn frayle solo pocas vezes lo encontraras por la calle. vna perdiz sola por marauilla buela: mayormente en verano. "vn manjar solo continuo: presto pone hastio. vna golondrina / no haze verano. Un testigo solo: no es entera fe. quien sola vna ropa tiene: presto la enuegece." Que quieres, hija, deste numero de vno? mas inconuenientes te dire del que anos tengo acuestas. Ten siquiera dos: que es compania loable. e tal qual es este: "como tienes dos orejas / dos pies / e dos manos / dos sauanas en la cama / como dos camisas para remudar. E si mas quisieres / mejor te yra / que mientra mas moros: mas ganancia. que honrra sin prouecho: no es sino como anillo en el dedo. E pues entrambos no caben en vn saco acoge la ganancia." Sube, hijo Parmeno. AREU.—no suba; landre me mate: que me fino de empacho; que no le conozco. siempre houe verguenza del. CEL.—aqui esto yo que te la quitare: e cobrire: e hablare por entramos: que otro tan empachado es el. PARM.—senora, dios salue tu graciosa presencia. AREU.—gentil hombre, buena sea tu venida. CEL.—llegate aca, asno; adonde te vas alla assentar al rincon? no seas empachado: que al hombre vergonzoso el diablo le traxo a palacio. Oydme entrambos lo que digo. Ya sabes tu, Parmeno amigo, lo que te prometi: e tu, hija mia, lo que te tengo rogado.

dexada la dificultad con que me lo has concedido aparte. Pocas razones son necessarias: porque el tiempo no lo padece: el ha siempre viuido penado por ti. pues viendo su pena: se que no le querras matar. e avn conozco que el te paresce tal: que no sera malo para quedarse aca esta noche en casa. AREU.—por mi vida, madre, que tal no se haga. Jesu, no me lo mandes. PARM.—madre mia, por amor de dios, que no salga yo de aqui sin buen concierto: que me ha muerto de amores su vista. Ofrescele quanto mi padre te dexo para mi. dile que le dare quanto tengo. ea, diselo: que me parece que no me quiere mirar. AREU.—que te dize esse senor a la oreja? piensa que tengo de fazer nada de lo que pides? CEL.—no dize, hija: sino que se huelga mucho con tu amistad: porque eres persona tan honrrada: e en quien qualquier beneficio cabra bien. E assi mismo que pues que esto por mi intercession se haze: que el me promete daqui adelante ser muy amigo de Sempronio: e venir en todo lo que quisiere contra su amo en vn negocio que traemos entre manos. Es verdad, Parmeno? prometeslo assi como digo? PARM.—si prometo sin dubda. CEL.—ha, don ruyn, palabra te tengo. a buen tiempo te asi. llegate aca, negligente, vergonzoso: que quiero ver para quanto eres ante que me vaya. retozala en esta cama. AREU.—no sera el tan descortes: que entre en lo vedado sin licencia. CEL.—en cortesias e licencias estas? no espero mas aqui. yo fiadora que tu amanezcas sin dolor: e el sin color: mas como es vn putillo, gallillo, barbiponiente: entiendo que en tres noches no se le demude la cresta. destos me mandauan a mi comer en mi tiempo los medicos de mi tierra, quando tenia mejores dientes. "AREU.—ay senor mio: no me trates de tal manera: ten mesura por cortesia: mira las canas de aquella vieja honrrada: que estan presentes quitate alla / que no soy de aquellas que piensas. no soy de las que publicamente estan a vender sus cuerpos: por dinero. Assi goze de mi: de casa me salga: si fasta que Celestina mi tia sea yda a mi ropa tocas. CEL.—que es esto Areusa? que son estas estranezas y esquiuedad? estas nouedades e retraymiento? paresce hija que no se yo que cosa es esto: que nunca vi estar vn hombre con vna muger juntos? e que jamas passe por ello / ni goze de lo que gozas: e que no se lo que passan: e lo que dizen e hazen. Guay de quien tal oye: como yo: pues auisote de tanto: que fuy errada como tu: e tuue amigos. pero nunca el viejo / ni la vieja echaua de mi lado / ni su consejo en publico / ni en mis secretos. para la muerte que a dios deuo mas quisiera vna gran bofetada en mitad de mi cara: paresce que ayer nasci: segun tu encubrimiento: por hazerte a ti honesta: me hazes a mi necia e vergonzosa: e de poco secreto / e sin esperiencia / e me amenguas en mi officio: por alzar a ti en el tuyo. Pues de cossario a cossario: no se pierden sino los barriles. Mas te alabo yo detras: que tu te estimas delante. AREU.—madre si erre aya perdon: e llegate mas aca: y el haga lo que quisiere que mas quiero tener a ti contenta: que no a mi: antes me quebrare vn ojo: que enojarte." CEL.—"no tengo ya enojo pero digotelo para adelante." Quedaos a dios, "que" voyme, "solo por" que me hazes dentera con vuestro besar e retozar. que avn el sabor en las enzias me quedo: no le perdi con las muelas. AREU.—dios vaya contigo. PARM.—madre, mandas que te acompane? CEL.—seria quitar a vn sancto por poner en otro. acompaneos dios: que yo vieja soy. no he temor que me fuercen en la calle. ELIC.—el perro ladra: si viene este diablo de vieja? CEL.—tha, tha, "tha". ELIC.—quien es? quien llama? CEL.—baxame abrir, fija. ELIC.—estas son tus venidas. andar de noche es tu plazer. porque lo hazes? que larga estada fue esta, "madre"? nunca sales para boluer a casa. por costumbre lo tienes. cumpliendo con vno, dexas ciento descontentos. Que has sido oy buscada del padre de la desposada: que leuaste el dia de pasqua al racionero: que la quiere casar daqui a tres dias: e es menester que la remedies, pues que se lo prometiste: para que no sienta su marido la falta de la virginidad. CEL.—no me acuerdo, hija, por quien dizes. ELIC.—como no te acuerdas? desacordada eres, cierto. o, como caduca la memoria. Pues por cierto tu me dixiste quando la leuauas, que la auias renouado siete vezes. CEL.—no te marauilles, hija: quien en muchas partes derrama su memoria / en ninguna la puede tener. Pero dime si tornara. ELIC.—mira si tornara. tienete dada vna manilla de oro en prendas de tu trabajo: e no hauia de venir? CEL.—la de la manilla es? ya se por quien dizes. porque tu no tomauas el aparejo, e comenzauas a hazer algo? pues en aquellas tales te hauias de abezar e prouar, de quantas vezes me lo as visto fazer: si no, ay te estaras toda tu vida fecha bestia sin oficio ni renta. e quando seas de mi edad, lloraras la folgura de agora. que la mocedad ociosa acarrea la vejez arrepentida e trabajosa. hazialo yo mejor quando tu abuela, que dios aya, me mostraua este oficio: que a cabo de vn ano sabia mas que ella. ELIC.—no me marauillo: que muchas vezes, como dizen, al maestro sobrepuja el buen discipulo. e no va esto sino en la gana con que se aprende: ninguna sciencia es bien empleada en el que no le tiene aficion. yo le tengo a este oficio odio: tu mueres tras ello. CEL.—tu te lo diras todo: pobre vejez quieres. piensas que nunca has de salir de mi lado? ELIC.—por dios, dexemos enojo: e al tiempo el consejo: ayamos mucho plazer. mientra oy touieremos de comer, no pensemos en manana. Tambien se muere el que mucho allega como el que pobremente viue: y el doctor como el pastor: y el papa como el sacristan: e el senor como el sieruo: y el de alto linaje como el baxo: y tu con oficio como yo sin ninguno. no hauemos de viuir para siempre. gozemos e holguemos, que la vejez pocos la veen. e de los que la veen ninguno murio de hambre. "No quiero en este mundo sino dia e victo: e parte en parayso: avnque los [ricos] tienen mejor aparejo: para ganar la gloria que quien poco tiene / no ay ninguno contento / no ay quien diga harto tengo / no ay ninguno que no trocasse mi plazer por sus dineros. dexemos cuydados agenos: e" acostemonos, que es hora. "que mas me engordara vn buen sueno sin temor: que quanto thesoro ay en Uenecia."

ARGUMENTO DEL OCTAUO AUTO.

La manana viene. despierta Parmeno. despedido de Areusa, va para casa de Calisto su senor. fallo a la puerta a Sempronio. conciertan su amistad. Van juntos a la camara de Calisto. hallanle hablando consigo mismo. leuantado, va a la yglesia.

PARMENO. AREUSA. SEMPRONIO. CALISTO

PARM.—Amanesce / o que es esto que tanta claridad esta en esta camara? AREU.—que amanecer? duerme, senor, que avn agora nos acostamos: no he yo pegado bien los ojos, ya hauia de ser de dia? abre, por dios, essa ventana de tu cabecera, e verlo has. PARM.—en mi seso esto yo, senora, que es de dia claro: en ver entrar luz entre las puertas. O traydor de mi! en que gran falta he caydo con mi amo. de mucha pena soy digno. o que tarde que es. AREU.—tarde? PARM.—e muy tarde. AREU.—pues asi goze de mi alma: no se me ha quitado el mal de la madre: no se como pueda ser. PARM.—pues que quieres, mi vida? AREU.—que hablemos en mi mal. PARM.—senora mia, si lo hablado no basta, lo que mas es necessario me perdona: porque es ya mediodia. si voy mas tarde, no sere bien recebido de mi amo. Yo verne manana e quantas vezes despues mandares. Que por esso hizo dios vn dia tras otro: porque lo que el vno no bastasse se cumpliesse en otro: e avn porque mas nos veamos, reciba de ti esta gracia, que te vayas oy a las doze del dia a comer con nosotros a su casa de Celestina. AREU.—que me plaze, de buen grado. ve con dios. junta tras ti la puerta. PARM.—a dios te quedes. PARM.—o plazer singular / o singular alegria: qual hombre es, ni ha sido mas bienauenturado que yo? qual mas dichoso e bienandante? que vn tan excelente don sea por mi posseido: e quan presto pedido, tan presto alcanzado. Por cierto si las trayciones desta vieja con mi corazon yo pudiesse sofrir: de rodillas hauia de andar a la complazer. con que pagare yo esto? o alto dios! a quien contaria yo este gozo? a quien descobriria tan gran secreto? a quien dare parte de mi gloria? Bien me dezia la vieja: que de ninguna prosperidad es buena la posesion sin compania. El plazer no comunicado no es plazer. Quien sentiria esta mi dicha como yo la siento? a Sempronio veo a la puerta de casa; mucho ha madrugado. trabajo tengo con mi amo, si es salido fuera. no sera, que no es acostumbrado. pero como agora no anda en su seso: no me marauillo que aya peruertido su costumbre. SEMP.—Parmeno hermano: si yo supiesse aquella tierra donde se gana el sueldo dormiendo: mucho haria por yr alla:

que no daria ventaja a ninguno: tanto ganaria como otro qualquiera. E como, holgazan, descuydado fueste para no tornar? no se que crea de tu tardanza: sino que te quedaste a escallentar la vieja esta noche / o a rascarle los pies como quando chiquito. PARM.—o Sempronio, amigo e mas que hermano: por dios, no corrumpas mi plazer. no mezcles tu yra con mi sofrimiento: no rebueluas tu descontentamiento con mi descanso: no agues con tan turbia agua el claro liquor del pensamiento que traygo. no enturuies con tus embidiosos castigos e odiosas reprehensiones mi plazer. recibeme con alegria: e contarte he marauillas de mi buena andanza passada. SEMP.—dilo, dilo: es algo de Melibea? hasla visto? PARM.—que de Melibea? es de otra que yo mas quiero. e avn tal: que si no estoy enganado, puede viuir con ella en gracia e hermosura. Si que no se encerro el mundo e todas sus gracias en ella. SEMP.—que es esto, desuariado? reyrme queria, sino que no puedo. ya todos amamos: el mundo se va a perder. Calisto a Melibea. yo a Elicia. tu de embidia has buscado con quien perder esse poco de seso que tienes. PARM.—luego locura es amar? "e yo soy loco e sin seso. pues si la locura fuesse dolores: en cada casa auria bozes." SEMP.—segun tu opinion, si es: que yo te he oydo dar consejos vanos a Calisto: e contradezir a Celestina en quanto habla. E por impedir mi prouecho e el suyo, huelgas de no gozar tu parte. pues a las manos me has venido donde te podre danar, e lo hare. PARM.—no es Sempronio, verdadera fuerza ni poderio danar e empecer: mas aprouechar e guarecer. e muy mayor quererlo hazer. Yo siempre te tuue por hermano: no se cumpla por dios en ti lo que se dize: que pequena causa desparte conformes amigos. muy mal me tratas: no se donde nazca este rencor. "no me indignes Sempronio con tan lastimeras razones. cata que es muy rara la paciencia que agudo baldon no penetre e traspasse." SEMP.—no digo mal en esto: sino que se eche otra sardina para el mozo de cauallos: pues tu tienes amiga. PARM.—estas enojado; quierote sofrir: avnque mas mal me trates, "pues dizen que ninguna humana passion es perpetua ni durable." SEMP.—mas maltratas tu a Calisto. aconsejando a el lo que para ti huyes. diziendo que se aparte de amar a Melibea. hecho tablilla de meson que para si no tiene abrigo e dale a todos. O Parmeno! agora podras ver quan facile cosa es reprehender vida agena: e quan duro guardar cada qual la suya. no digas mas: pues tu eres testigo: e daqui adelante veremos como te has: pues ya tienes tu escudilla como cada qual. Si tu mi amigo fueras: en la necessidad que de ti tuue me hauias de fauorecer: e ayudar a Celestina en mi prouecho: que no fincar vn clauo de malicia a cada palabra. Sabe que como la hez de la tauerna despide a los borrachos: asi la aduersidad o necessidad al fingido amigo luego se descubre el falso metal dorado por encima. PARM.—oydo lo hauia dezir: e por esperiencia lo veo, nunca venir plazer sin contraria zozobra en esta triste vida. a los alegres, serenos, e claros soles, nublados escuros e pluuias vemos suceder. a los solazes e plazeres, dolores e muertes los ocupan. a las risas e deleytes, llantos e lloros e passiones mortales los siguen. finalmente, a mucho descanso e sosiego, mucho pesar e tristeza. quien pudiera tan alegre venir como yo agora? quien tan triste recebimiento padescer? quien verse como yo me vi, con tanta gloria alcanzada con mi querida Areusa? quien caer della, siendo tan mal tratado tan presto: como yo de ti? que no me has dado lugar a poderte dezir quanto soy tuyo. quanto te he de fauorecer en todo. quanto soy arepiso de lo passado. quantos consejos e castigos buenos he recebido de Celestina en tu fauor e prouecho, y de todos: como, pues este juego de nuestro amo e Melibea esta entre las manos, podemos agora medrar, o nunca. SEMP.—bien me agradan tus palabras, si tales touiesses las obras: a las quales espero para auerte de creer. pero, por dios, me digas, que es esso que dixiste de Areusa? paresce que conozcas tu a Areusa: su prima de Elicia? PARM.—pues que es todo el plazer que traygo, sino hauerla alcanzado? SEMP.—como se lo dize el bouo: de risa no puede hablar. a que llamas hauerla alcanzado? estaua a alguna ventana / o que es esso? PARM.—a ponerla en duda si queda prenada o no. SEMP.—espantado me tienes. mucho puede el continuo trabajo. vna continua gotera horaca vna piedra. PARM.—veras que tan continuo: que ayer lo pense, ya la tengo por mia. SEMP.—la vieja anda por ay. PARM.—en que lo vees? SEMP.—que ella me hauia dicho que te queria mucho e que te la haria hauer: dichoso fuiste. no hiziste sino llegar e recabdar. Por esto dizen: mas vale a quien dios ayuda, que quien mucho madruga. Pero tal padrino touiste. PARM.—di madrina, que es mas cierto: asi que, quien a buen arbol se arrima. Tarde fuy; pero temprano recabde. O hermano! que te contaria de sus gracias de aquella muger: de su habla, e hermosura de cuerpo. Pero quede para mas oportunidad. SEMP.—puede ser sino prima de Elicia? no me diras tanto, quanto estotra no tenga mas. todo te lo creo. pero que te cuesta? hasle dado algo? PARM.—no cierto: mas avnque houiera, era bien empleado. de todo bien es capaz. En tanto son las tales tenidas, quanto caras son compradas. tanto valen quanto cuestan. nunca mucho costo poco: sino a mi esta senora. a comer la combide para casa de Celestina: e si te plaze vamos todos alla. SEMP.—quien, hermano? PARM.—tu e ella: e alla esta la vieja e Elicia. auremos plazer. SEMP.—o dios! e como me has alegrado. franco eres. nunca te faltare. como te tengo por hombre. como creo que dios te ha de hazer bien. todo el enojo que de tus passadas fablas tenia /

se me ha tornado en amor. no dudo ya tu confederacion con nosotros ser la que deue. abrazarte quiero. seamos como hermanos. vaya el diablo para ruyn. sea lo passado question de sant Juan. e assi paz para todo el ano. que las yras de los amigos siempre suelen ser reintegracion del amor. comamos e holguemos: que nuestro amo ayunara por todos. PARM.—e que haze el desesperado? SEMP.—alli esta tendido en el estrado cabo la cama: donde le dexaste anoche / que ni ha dormido / ni esta despierto. si alla entro, ronca. si me salgo, canta o deuanea. no le tomo tiento si con aquello pena o descansa. PARM.—que dizes, e nunca me ha llamado? ni ha tenido memoria de mi? SEMP.—no se acuerda de si: acordarse ha de ti? PARM.—avn hasta en esto me ha corrido buen tiempo. Pues que assi es, mientra recuerda, quiero embiar la comida que la aderescen. SEMP.—que has pensado embiar para que aquellas loquillas te tengan por hombre complido / bien criado e franco? PARM.—en casa llena presto se adereza cena. de lo que ay en la despensa basta para no caer en falta. pan blanco. vino de Monuiedro. vn pernil de tocino. e mas seys pares de pollos que traxeron estotro dia los renteros de nuestro amo: que si los pidiere, harele creer que los ha comido. e las tortolas que mando para oy guardar: dire que hedian: tu seras testigo. Ternemos manera como a el no haga mal lo que dellas comiere: e nuestra mesa este como es razon. Y alla hablaremos largamente en su dano e nuestro prouecho con la vieja cerca destos amores. SEMP.—mas dolores: que por fe tengo que de muerto o loco no escapa desta vez. Pues que assi es, despacha, subamos a ver que faze. CAL.—en gran peligro me veo: en mi muerte no ay tardanza. pues que me pide el deseo: lo que me niega esperanza. PARM.—escucha, escucha, Sempronio, trobando esta nuestro amo. SEMP.—o hideputa, el trobador. el gran Antipater Sidonio, el gran poeta Ouidio: los quales de improuiso se les venian las razones metrificadas a la boca. si, si, desos es. trobara el diablo. esta deuaneando entre suenos. CAL.—corazon, bien se te emplea: que penes e viuas triste: pues tan presto te venciste: del amor de Melibea. PARM.—no digo yo que troba? CAL.—quien fabla en la sala? mozos? PARM.—senor. CAL.—es muy noche? es hora de acostar? PARM.—mas ya es, senor, tarde para leuantar. CAL.—que dizes, loco? toda la noche es passada? PARM.—e avn harta parte del dia. CAL.—di, Sempronio; miente este desuariado? que me haze creer que es de dia? SEMP.—oluida, senor, vn poco a Melibea: e veras la claridad: que con la mucha que en su gesto contemplas: no puedes ver de encandelado: como perdiz con la calderuela. CAL.—agora lo creo, que tanen a missa. daca mis ropas; yre a la Madalena: rogare a dios aderece a Celestina: e ponga en corazon a Melibea mi remedio. O de fin en breue a mis tristes dias. SEMP.—no te fatigues tanto: no lo quieras todo en vna hora: que no es de discretos desear con grande eficacia lo que se puede tristemente acabar. Si tu pides que se concluya en vn dia lo que en vn ano seria harto: no es mucha tu vida. CAL.—quieres dezir que soy como el mozo del escudero gallego? SEMP.—no mande dios que tal cosa yo diga: que eres mi senor, e demas desto: se que como me galardonas el buen consejo, me castigarias lo mal hablado. Verdad es que nunca es ygual la alabanza del seruicio o buena habla: que la reprehension e pena de lo mal hecho o hablado. CAL.—no se quien te abezo tanta filosofia, Sempronio. SEMP.—senor, no es todo blanco aquello que de negro no tiene semejanza, "ni es todo oro: quanto amarillo reluze". tus acelerados deseos, no medidos por razon, hazen parecer claros mis consejos. Quisieras tu ayer que te traxeran a la primera habla amanojada e embuelta en su cordon a Melibea. como si houieras embiado por otra qualquiera mercaduria a la plaza: en que no houiera mas trabajo de llegar e pagalla. Da, senor, aliuio al corazon: que en poco espacio de tiempo no cabe gran bienauenturanza. Vn solo golpe no derriba vn roble. apercibete con sofrimiento: porque la prouidencia es cosa loable: e el apercibimiento resiste el fuerte combate. CAL.—bien has dicho, si la qualidad de mi mal lo consintiesse. SEMP.—para que, senor, es el seso? si la voluntad priua a la razon? CAL.—o loco: loco: dize el sano al doliente: dios te de salud. no quiero consejo: ni esperarte mas razones: que mas auiuas e enciendes las flamas que me consumen. Yo me voy solo a missa: e no tornare a casa fasta que me llameys, pidiendome las albricias de mi gozo: con la buena venida de Celestina. ni comere hasta entonce: avnque primero sean los cauallos de Febo apacentados en aquellos verdes prados que suelen, quando han dado fin a su jornada. SEMP.—dexa, senor, essos rodeos: dexa essas poesias, que no es fabla conueniente la que a todos no es comun: la que todos no participan: la que pocos entienden. Di avnque se ponga el sol: e sabran todos lo que dizes. e come alguna conserua, con que tanto espacio de tiempo te sostengas. CAL.—Sempronio, mi fiel criado, mi buen consejero, mi leal seruidor: sea como a ti te paresce. porque cierto tengo, segun tu limpieza de seruicio: quieres tanto mi vida como la tuya. SEMP.—creeslo tu, Parmeno? bien se que no lo jurarias. acuerdate si fueres por conserua: apanes vn bote para aquella gentezilla, que nos va mas: e a buen entendedor. en la bragueta cabra. CAL—que dizes, Sempronio? SEMP.—dixe, senor, a Parmeno, que fuesse por vna tajada de diacitron. PARM.—hela aqui, senor. CAL.—daca. SEMP.—veras que engullir haze el diablo: entero lo querria tragar por mas apriesa hazer. CAL.—el alma me ha tornado. quedaos con dios, hijos. esperad la vieja, e yd por buenas albricias. PARM.—alla yras con el diablo tu e malos anos. e en tal hora comiesses el diacitron como Apuleyo el veneno que le conuertio en asno.

ARGUMENTO DEL NOUENO AUTO.

Sempronio e Parmeno van a casa de Celestina, entre si hablando. llegados alla, hallan a Elicia e Areusa. Ponense a comer. Entre comer rine Elicia con Sempronio. leuantase de la mesa. tornanla apaciguar. Estando ellos todos entre si razonando, viene Lucrecia, criada de Melibea, llamar a Celestina, que vaya a estar con Melibea.

SEMPRONIO. PARMENO. CELESTINA. ELICIA. AREUSA. LUCRECIA.

SEMP.—Baxa, Parmeno, nuestras capas e espadas: si te parece que es hora que vamos a comer. PARM.—vamos presto. ya creo que se quexaran de nuestra tardanza. No por essa calle, sino por estotra: porque nos entremos por la yglesia, e veremos si ouiere acabado Celestina sus deuociones: lleuarla hemos de camino. SEMP.—a donosa hora ha de estar rezando. PARM—no se puede dezir sin tiempo fecho lo que en todo tiempo se puede fazer. SEMP.—verdad es; pero mal conoces a Celestina: quando ella tiene que hazer, no se acuerda de dios: ni cura de santidades: quando ay que roer en casa, sanos estan los santos. quando va a la yglesia con sus cuentas en la mano, no sobra el comer en casa. avnque ella te crio, mejor conozco yo sus propiedades que tu. lo que en sus cuentas reza, es los virgos que tiene a cargo: e quantos enamorados ay en la cibdad: e quantas mozas tiene encomendadas: e que despenseros "le dan racion: e qual mejor / e como les llaman por nombre: porque quando los encontrare no hable como estrana" e que canonigo es mas mozo e franco. quando menea los labios, es fengir mentiras. ordenar cautelas para hauer dinero. Por aqui le entrare. esto me respondera. estotro replicare. assi viue esta que nosotros mucho honrramos. PARM.—mas que esso se yo: sino porque te enojaste estotro dia, no quiero hablar: quando lo dixe a Calisto. SEMP.—avnque lo sepamos para nuestro prouecho: no lo publiquemos para nuestro dano. Saberlo nuestro amo: es echalla por quien es, e no curar della. dexandola, verna forzado otra, de cuyo trabajo no esperemos parte: como desta: que de grado o por fuerza nos dara de lo que le diere. PARM.—bien has dicho. calla, que esta abierta su puerta. en casa esta. llama antes que entres, que por ventura estaran embueltas: e no querran ser assi vistas. SEMP.—entra, no cures, que todos somos de casa. ya ponen la mesa. CEL.—o "mis enamorados," mis perlas de oro: tal me venga el ano, qual me parece vuestra venida. PARM.—que palabras tiene la noble: bien ves, hermano, estos halagos fengidos. SEMP.—dexala, que deso viue: que no se quien diablos le mostro tanta ruyndad. PARM.—la necessidad e pobreza: la fambre, que no ay mejor maestra en el mundo. no ay mejor despertadora e auiuadora de ingenios. quien mostro a las picazas e papagayos imitar nuestra propia habla con sus harpadas lenguas, nuestro organo e boz, sino esta? CEL.—mochachas, mochachas, bouas: andad aca baxo, presto: que estan aqui dos hombres que me quieren forzar. ELIC.—mas nunca aca vinieran: e mucho combidar con tiempo: que ha tres horas que esta aqui mi prima. Este perezoso de Sempronio haura sido causa de la tardanza: que no ha ojos por do verme. SEMP.—calla, mi senora: mi vida: mis amores; que quien a otro sirue no es libre: assi que sujecion me relieua de culpa: no ayamos enojo: assentemonos a comer. ELIC.—assi. para assentar a comer, muy diligente. a mesa puesta con tus manos lauadas e poca verguenza. SEMP.—despues reniremos; comamos agora. asientate, madre Celestina, tu primero. CEL.—assentaos vosotros mis hijos: que harto lugar ay para todos, a dios gracias: tanto nos diessen del parayso quando alla vamos. Poneos en orden, cada vno cabe la suya. yo que estoy sola, porne cabo mi este jarro e taza. que no es mas mi vida de quanto con ello hablo: despues que me fui faziendo vieja: no se mejor oficio a la mesa que escanciar. porque quien la miel trata, siempre se le pega dello. Pues de noche en inuierno, no ay tal escallentador de cama: que con dos jarrillos destos que beua quando me quiero acostar, no siento frio en toda la noche. Desto aforro todos mis vestidos quando viene la nauidad. Esto me callenta la sangre. esto me sostiene continuo en vn ser. esto me faze andar siempre alegre. esto me para fresca. desto vea yo sobrado en casa, que nunca temere el mal ano: que vn cortezon de pan ratonado me basta para tres dias. "Esto quita la tristeza del corazon: mas que el oro / ni el coral / esto da esfuerzo al mozo: e al viejo fuerza / pone color al descolorido / coraje al couarde / al floxo diligencia / conforta los celebros / saca el frio del estomago / quita el hedor del anelito / haze impotentes los frios / haze suffrir los afanes de las labranzas / a los cansados segadores haze sudar toda agua mala / sana el romadizo / e las muelas sostiene sin heder en la mar lo qual no haze el agua. Mas propriedades te diria dello: que todos teneys cabellos. Assi que no se quien no se goze en mentarlo / no tiene sino vna tacha: que lo bueno vale caro: e lo malo haze dano. Assi que con lo que sana el higado: enferma la bolsa. pero todavia con mi fatiga busco lo mejor: para esso poco que beuo vna sola dozena de vezes: a cada comida / no me haran passar de alli: saluo si no soy combidada: como agora. PARM.—madre pues tres vezes dizen que es bueno e honesto: todos los que escriuieron. CEL.—hijo / estara corrupta la letra por treze tres." SEMP.—tia senora, a todos nos sabe bien. Comiendo e hablando: porque despues no haura tiempo para entender en los amores deste perdido de nuestro amo: e de aquella graciosa e gentil Melibea. ELIC.—apartateme alla, dessabrido, enojoso: mal prouecho te haga lo que comes: tal comida me has dado. Por mi alma, reuesar quiero quanto tengo en el cuerpo, de asco de oyrte llamar aquella gentil. Mirad quien gentil. Jesu: Jesu: e que hastio e enojo es ver tu poca verguenza. A quien gentil: mal me haga dios si ella lo es. ni tiene parte dello. sino que ay ojos que de laganas se agradan. Santiguarme quiero de tu necedad e poco conocimiento. o quien estouiesse de gana para disputar contigo su hermosura e gentileza. Gentil, gentil es Melibea? entonce lo es. entonce acertaran: quando andan a pares los diez mandamientos. Aquella hermosura por vna moneda se compra de la tienda. Por cierto, que conozco yo en la calle donde ella viue quatro donzellas en quien dios mas repartio su gracia que no en Melibea: que si algo tiene de hermosura, es por buenos atauios que trae: poneldos en vn palo, tambien dires que es gentil. Por mi vida, que no lo digo por alabarme: mas que creo que soy tan hermosa como vuestra Melibea. AREU.—pues no la has tu visto como yo, hermana mia. dios me lo demande, si en ayunas la topasses, si aquel dia pudieses comer de asco. Todo el ano se esta encerrada con mudas de mill suziedades. por vna vez que aya de salir donde pueda ser vista: enuiste su cara con hiel e miel: con vnas "tostadas: e higos passados" e con otras cosas: que por reuerencia de la mesa dexo de dezir: las riquezas las hazen a estas hermosas e ser alabadas: que no las gracias de su cuerpo. que assi goze de mi, vnas tetas tiene para ser donzella como si tres vezes houiesse parido: no parecen sino dos grandes calabazas. El vientre no se le he visto: pero juzgando por lo otro, creo que le tiene tan floxo como vieja de cincuenta anos: no se que se ha visto Calisto: porque dexa de amar otras que mas ligeramente podria hauer: e con quien mas el holgasse; "sino que el gusto danado muchas vezes juzga por dulce lo amargo." SEMP.—hermana, pareceme aqui: que cada bohonero alaba sus agujas: que el contrario desso se suena por la cibdad. AREU.—ninguna cosa es mas lexos de verdad que la vulgar opinion. nunca alegre viuiras si por voluntad de muchos te riges. Porque estas son conclusiones verdaderas: que qualquier cosa que el vulgo piensa es vanidad. lo que fabla, falsedad. lo que reprueua es bondad. lo que aprueua, maldad. Y pues este es su mas cierto vso e costumbre: no juzgues la bondad e hermosura de Melibea por esso ser la que afirmas. SEMP.—senora, el vulgo parlero no perdona las tachas de sus senores. e asi yo creo que si alguna touiesse Melibea, ya seria descubierta de los que con ella mas que con nosotros tratan. E avnque lo que dizes concediesse: Calisto es cauallero, Melibea fijadalgo. assi que los nacidos por linaje escogidos: buscanse vnos a otros. Por ende no es de marauillar: que ame antes a esta que a otra. AREU.—ruyn sea quien por ruyn se tiene. las obras hazen linaje: que al fin todos somos hijos de Adan e Eua. Procure de ser cada vno bueno por si: e no vaya buscar en la nobleza de sus passados la virtud. CEL.—hijos, por mi vida, que cessen essas razones de enojo. e tu, Elicia, que te tornes a la mesa e dexes essos enojos. ELIC.—con tal que mala pro me hiziesse. con tal que rebentasse comiendolo. hauia yo de comer con esse maluado: que en mi cara me ha porfiado que es mas gentil su andrajo de Melibea que yo? SEMP.—calla, mi vida: que tu la comparaste: toda comparacion es odiosa: tu tienes la culpa, e no yo. AREU.—ven, hermana, a comer. no hagas agora esse plazer a estos locos porfiados: si no, leuantarme he yo de la mesa. ELIC.—necessidad de complazerte me haze contentar a esse enemigo mio: e vsar de virtud con todos. SEMP.—he. he. he. ELIC.—de que te ries? de mala cancre sea comida essa boca desgraciada enojosa. CEL.—no le respondas, hijo: si no, nunca acabaremos. Entendamos en lo que faze a nuestro caso. Dezidme, como quedo Calisto? como lo dexastes? como os pudistes entramos descabullir del? PARM.—alla fue a la maldicion echando fuego, desesperado: perdido: medio loco, a missa a la Magdalena: a rogar a dios que te de gracia que puedas bien roer los huessos destos pollos: e protestando no boluer a casa: hasta oyr que eres venida con Melibea en tu arremango. tu saya e manto: e avn mi sayo, cierto esta. lo otro vaya e venga. el quando lo dara, no lo se. CEL.—sea quando fuere: buenas son mangas, passada la pasqua. Todo aquello alegra que con poco trabajo se gana: mayormente viniendo de parte donde tan poca mella haze: de hombre tan rico: que con los saluados de su casa podria yo salir de lazeria: segun lo mucho le sobra. no les duele a los tales lo que gastan: e segun la causa por que lo dan: no sienten con el embeuecimiento del amor: no les pena: no veen: no oyen: lo qual yo juzgo por otros que he conocido menos apassionados e metidos en este fuego de amor que a Calisto veo. que ni comen: ni beuen: ni rien: ni lloran: ni duermen: ni velan: ni hablan: ni callan: ni penan: ni descansan: ni estan contentos: ni se quexan: segun la perplexidad de aquella dulce e fiera llaga de sus corazones. E si alguna cosa destas la natural necessidad les fuerza a hazer: estan en el acto tan oluidados: que comiendo se oluida la mano de lleuar la vianda a la boca. Pues si con ellos hablan, jamas conuiniente respuesta bueluen. Alli tienen los cuerpos: con sus amigas los corazones e sentidos. Mucha fuerza tiene el amor. no solo la tierra: mas avn las mares traspassa, segun su poder. Ygual mando tiene en todo genero de hombres. todas las dificultades quiebra. Ansiosa cosa es: temerosa: e solicita. todas las cosas mira en derredor. assi que si vosotros buenos enamorados haues sido: juzgares yo dezir verdad. SEMP.—senora, en todo concedo con tu razon: que aqui esta quien me causo algun tiempo andar fecho otro Calisto: perdido el sentido. cansado el cuerpo. la cabeza vana. los dias mal dormiendo. las noches todas velando: dando alboradas. haziendo momos. saltando paredes. poniendo cada dia la vida al tablero. esperando toros. corriendo cauallos. tirando barra. echando lanza. cansando amigos. quebrando espadas. haziendo escalas. vistiendo armas. e otros mill actos de enamorado. Haziendo coplas. pintando motes. sacando inuenciones. Pero todo lo doy por bien empleado: pues tal joya gane. ELIC.—mucho piensas que me tienes ganada? pues hagote cierto que no has tu buelto la cabeza quando esta en casa otro que mas quiero: mas gracioso que tu: e avn que no anda buscando como me dar enojo: a cabo de vn ano que me vienes a ver: tarde e con mal. CEL.—hijo, dexala dezir, que deuanea: mientra mas desso le oyeres: mas se confirma en su amor. Todo es porque haues aqui alabado a Melibea: no sabe en otra cosa que os lo pagar: sino en dezir esso: e creo que no vee la hora de hauer comido para lo que yo me se. Pues esotra su prima, yo me la conozco. goza vuestras frescas mocedades. que quien tiempo tiene: e mejor le espera: tiempo viene que se arrepiente: como yo hago agora por algunas horas que dexe perder quando moza. quando me preciauan: quando me querian. que ya, mal pecado, caducado he. nadie no me quiere: que sabe dios mi buen desseo. besaos e abrazaos: que a mi no me queda otra cosa sino gozarme de vello: mientra a la mesa estays, de la cinta arriba todo se perdona: quando seays aparte, no quiero poner tassa, pues que el rey no la pone: que yo se por las mochachas que nunca de importunos os acusen. E la vieja Celestina mascara de dentera con sus botas enzias las migajas de los manteles. Bendigaos dios, como lo reys e holgays: putillos: loquillos: trauiesos. en esto auia de parar el nublado de las questioncillas que aues tenido. mira no derribes la mesa. ELIC.—madre, a la puerta llaman: el solaz es derramado. CEL.—mira, hija, quien es: por ventura sera quien lo acreciente e allegue. ELIC.—o la boz me engana: o es mi prima Lucrecia. CEL.—abrela, e entre ella, e buenos anos: que avn a ella algo se le entiende desto que aqui hablamos: avnque su mucho encerramiento le impide el gozo de su mocedad. AREU.—assi goze de mi, que es verdad: que estas que siruen a senoras: ni gozan deleyte: ni conocen los dulces premios de amor. "nunca tratan con parientes con yguales / a quien puedan hablar tu por tu / con quien digan que cenaste / estas prenada / quantas gallinas crias / lleuame a merendar a tu casa: muestrame tu enamorado: quanto ha que no te vido: como te va con el / quien son tus vezinas. e otras cosas de ygualdad semejantes. O tia y que duro nombre: e que graue e soberuio es senora contino en la boca." Por esto me viuo sobre mi, desde que me se conocer: que jamas me precie de llamarme de otrie: sino mia: mayormente destas senoras que agora se vsan. gastase con ellas lo mejor del tiempo: e con vna saya rota de las que ellas desechan, pagan seruicio de diez anos: denostadas, maltratadas las traen. contino sojuzgadas, que hablar delante dellas no osan. E quando veen cerca el tiempo de la obligacion de casallas: leuantanles vn caramillo: que se echan con el mozo / o con el hijo / o pidenles celos del marido / o que mete hombres en casa / o que hurto la taza / o perdio el anillo. danles vn ciento de azotes: e echanlas la puerta fuera, las haldas en la cabeza. diziendo alla yras, ladrona: puta. no destruyras mi casa e honrra. assi que esperan galardon: sacan baldon. esperan salir casadas: salen amenguadas. esperan vestidos e joyas de boda: salen desnudas e denostadas. Estos son sus premios. estos son sus beneficios e pagos. obliganseles a dar marido: quitanles el vestido. la mejor honrra que en sus casas tienen es andar fechas callejeras de duena en duena con sus mensajes acuestas. nunca oyen su nombre propio de la boca dellas: sino puta aca: puta aculla: a do vas, tinosa? que heziste, vellaca? porque comiste esto, golosa? como fregaste la sarten, puerca? porque no limpiaste el manto, suzia? como dixiste esto, necia? quien perdio el plato, desalinada? como falto el pano de manos, ladrona? a tu rufian le auras dado? ven aca, mala muger, la gallina hauada no paresce. pues buscala presto: sino en la primera blanca de tu soldada la contare. E tras esto mill chapinazos e pellizcos: palos e azotes. No ay quien las sepa contentar. no quien pueda sofrillas. su plazer es dar bozes. su gloria es renir. de lo mejor fecho, menos contentamiento muestran. Por esto, madre, he quesido mas viuir en mi pequena casa, esenta e senora: que no en sus ricos palacios sojuzgada e catiua. CEL.—en tu seso has estado. bien sabes lo que hazes. Que los sabios dizen: que vale mas vna migaja de pan con paz: que toda la casa llena de viandas con renzilla. mas agora cesse esta razon: que entra Lucrecia. LUCR.—buena pro os haga, tia, e la compania. dios bendiga tanta gente e tan honrrada. CEL.—tanta, hija? por mucha has esta? bien parece que no me conociste en mi prosperidad: oy ha veynte anos. Ay, quien me vido e quien me vee agora. No se como no quiebra su corazon de dolor. Yo vi, mi amor, a esta mesa donde agora estan tus primas assentadas, nueue mozas de tus dias: que la mayor no passaua de diezocho anos: e ninguna hauia menor de catorze. mundo es: passe: ande su rueda: rodee sus alcaduzes: vnos llenos, otros vazios. Ley es de fortuna: que ninguna cosa en vn ser mucho tiempo permanesce. su orden es mudanzas.

No puedo dezir sin lagrimas la mucha honrra que entonces tenia. avnque por mis pecados e mala dicha poco a poco ha venido en diminucion: como declinauan mis dias: assi se diminuya e menguaua mi prouecho. Prouerbio es antigo: que quanto al mundo es, o crece o descrece. todo tiene sus limites. todo tiene sus grados. Mi honrra llego a la cumbre, segun quien yo era. de necessidad es que desmengue e abaxe. cerca ando de mi fin. En esto veo que me queda poca vida. "Pero bien se que sobi: para decender / floresci / para secarme / goze / para entristecerme / nasci / para biuir / biui / para crecer / creci / para enuejecer / enuejeci / para morirme. E pues esto antes de agora me consta: sofrire con menos pena mi mal: avnque del todo no pueda despedir el sentimiento: como sea de carne sentible formada." LUCR.—trabajo ternias, madre, con tantas mozas: que es ganado muy trabajoso de guardar. CEL.—trabajo, mi amor? antes descanso e aliuio. todas me obedescian. todas me honrrauan. de todas era acatada. ninguna salia de mi querer. lo que yo dezia era lo bueno. a cada qual daua su cobro. no escogian mas de lo que yo les mandaua. coxo: o tuerto: o manco: aquel hauian por sano que mas dinero me daua. Mio era el prouecho: suyo el afan. Pues seruidores, no tenia por su causa dellas? caualleros. viejos: e mozos. abades de todas dignidades: desde obispos hasta sacristanes. en entrando por la yglesia, via derrocar bonetes en mi honor: como si yo fuera vna duquesa. El que menos auia que negociar comigo, por mas ruyn se tenia. De media legua que me viessen, dexauan las horas: vno a vno: e dos a dos, venian adonde yo estaua: a ver si mandaua algo: a preguntarme cada vno por la suya. Que hombre hauia que estando diziendo missa: en viendome entrar, se turbaua que no fazia ni dezia cosa a derechas. Vnos me llamauan senora: otros tia: otros enamorada: otros vieja honrrada. alli se concertauan sus venidas a mi casa. alli las ydas a la suya. alli se me ofrecian dineros. alli promesas. alli otras dadiuas: besando el cabo de mi manto: e avn algunos en la cara por me tener mas contenta. Agora hame traydo la fortuna a tal estado: que me digas buena pro hagan las zapatas. SEMP.—espantados nos tienes con tales cosas como nos cuentas de essa religiosa gente e benditas coronas: si que no serian todos? CEL.—no, hijo; ni dios lo mande: que yo tal cosa leuante: que muchos viejos deuotos hauia: con quien yo poco medraua: e avn que no me podian ver. pero creo que de embidia de los otros que me hablauan: como la clerezia era grande, hauia de todos. vnos muy castos. otros que tenian cargo de mantener a las de mi oficio: e avn todavia creo que no faltan. Y embiauan sus escuderos e mozos a que me acompanassen: e apenas era llegada a mi casa, quando entrauan por mi puerta muchos pollos: e gallinas: ansarones: anadones: perdizes: tortolas:

perniles de tocino: tortas de trigo: lechones: cada qual como lo recebia de aquellos diezmos de dios. assi lo venian luego a registrar para que comiese yo e aquellas sus deuotas. Pues vino no me sobraua? de lo mejor que se beuia en la cibdad: venido de diuersas partes: de Monuiedro: de Luque: de Toro; de Madrigal: de Sant Martin: e de otros muchos lugares. e tantos, que avnque tengo la diferencia de los gustos e sabor en la boca: no tengo la diuersidad de sus tierras en la memoria. que harto es que vna vieja como yo: en oliendo qualquiera vino diga de donde es. Pues otros curas sin renta: no era ofrecido el bodigo: quando en besando el filigres la estola: era del primero boleo en mi casa. Espessos, como piedras a tablado, entrauan mochachos cargados de prouisiones por mi puerta. No se como puedo viuir cayendo de tal estado. AREU.—por dios, pues somos venidas a hauer plazer: no llores, madre, ni te fatigues: que dios lo remediara todo. CEL.—harto tengo, hija, que llorar: acordandome a tan alegre tiempo: e tal vida como yo tenia: e quan seruida era de todo el mundo: que jamas houo fruta nueua de que yo primero no gozasse: que otros supiessen si era nascida: en mi casa se hauia de hallar si para alguna prenada se buscasse. SEMP.—madre, ningun prouecho trae la memoria del buen tiempo: si cobrar no se puede. antes tristeza, como a ti agora: que nos has sacado el plazer dentre las manos. Alcese la mesa: yrnos hemos a holgar: e tu daras respuesta a essa donzella que aqui es venida. CEL.—hija Lucrecia: dexadas estas razones, querria que me dixiesses a que fue agora tu buena venida. LUCR.—por cierto ya se me hauia oluidado mi principal demanda e mensaje con la memoria de esse tan alegre tiempo como has contado. Y assi me estuuiera vn ano sin comer escuchandote: e pensando en aquella vida buena que aquellas mozas gozarian: que me parece e semeja que esto yo agora en ella. Mi venida, senora, es lo que tu sabras: pedirte el cenidero. e demas desto, te ruega mi senora sea de ti visitada, e muy presto: porque se siente muy fatigada de desmayos e de dolor del corazon. CEL.—hija, destos dolorcillos tales: mas es el ruydo que las nuezes. Marauillada estoy sentirse del corazon muger tan moza. LUCR.—assi te arrastren, traydora: tu no sabes que es? Haze la vieja falsa sus hechizos e vase: despues hazese de nueuas. CEL.—que dizes, hija? LUCR.—madre, que vamos presto, e me des el cordon. CEL.—vamos, que yo le lleuo.

ARGUMENTO DEL DECIMO AUTO.

Mientra andan Celestina e Lucrecia por camino: esta hablando Melibea consigo misma. Llegan a la puerta. Entra Lucrecia primero. haze entrar a Celestina. Melibea despues de muchas razones descubre a Celestina arder en amor de Calisto. Veen venir a Alisa, madre de Melibea. despidense den vno. Pregunta Alisa a Melibea de los negocios de Celestina. defendiole su mucha conuersacion.

MELIBEA, LUCRECIA, CELESTINA, AREUSA

MELIB.—O lastimada de mi. o malproueyda donzella: e no me fuera mejor conceder su peticion e demanda ayer a Celestina: quando de parte de aquel senor cuya vista me catiuo: me fue rogado? e contentarle a el: e sanar a mi? que no venir por fuerza a descobrir mi llaga: quando no me sea agradecido: quando ya desconfiando de mi buena respuesta aya puesto sus ojos en amor de otra? quanta mas ventaja touiera mi prometimiento rogado que mi ofrecimiento forzoso. O mi fiel criada Lucrecia: que diras de mi? que pensaras de mi seso? quando me veas publicar lo que a ti jamas he quesido descobrir? como te espantaras del rompimiento de mi honestidad e verguenza: que siempre como encerrada donzella acostumbre tener. no se si auras barruntado de donde procede mi dolor. O si ya viniesses con aquella medianera de mi salud. O soberano dios: a ti que todos los atribulados llaman. los apassionados piden remedio. los llagados medicina. a ti que los cielos: mar: e tierra: con los infernales centros obedecen. a ti, el qual todas las cosas a los hombres sojuzgaste: humilmente suplico: des a mi herido corazon sofrimiento e paciencia: con que mi terrible passion pueda dissimular: no se desdore aquella hoja de castidad que tengo assentada sobre este amoroso desseo: publicando ser otro mi dolor, que no el que me atormenta. Pero como lo podre hazer, lastimandome tan cruelmente el ponzonoso bocado que la vista de su presencia de aquel cauallero me dio? o genero femineo, encogido e fragile: porque no fue tambien a las hembras concedido poder descobrir su congoxoso e ardiente amor, como a los varones? Que ni Calisto biuiera quexoso: ni yo penada. LUCR.—tia, detente vn poquito cabo esta puerta: entrare a ver con quien esta hablando mi senora. Entra, entra, que consigo lo ha. MELIB.—Lucrecia, echa essa antepuerta. O vieja sabia e honrrada, tu seas bien venida. que te paresce como que ha sido mi dicha: e la fortuna ha rodeado: que yo tuuiesse de tu saber necessidad: para que tan presto me houiesses de pagar en la misma moneda el beneficio que por ti me fue demandado: para esse gentil hombre que curauas con la virtud de mi cordon? CEL.—que es, senora, tu mal? que assi muestra las senas de su tormento en las coloradas colores de tu gesto? MELIB.—madre mia, que comen este corazon serpientes dentro de mi cuerpo. CEL.—bien esta: assi lo queria yo. tu me pagaras, dona loca, la sobra de tu yra. MELIB.—que dizes? has sentido, en verme, alguna causa donde mi mal proceda? CEL.—no me as, senora, declarado la calidad del mal: quieres que adeuine la causa? Lo que yo digo es que rescibo mucha pena de ver triste tu graciosa presencia. MELIB.—vieja honrrada, alegramela tu. que grandes nueuas me han dado de tu saber. CEL.—senora, el sabidor solo dios es. pero como para salud e remedio de las enfermedades fueron repartidas las gracias en las gentes de hallar las melezinas: dellas por esperiencia: dellas por arte: dellas por natural instinto: alguna partezica alcanzo a esta pobre vieja, de la qual al presente podras ser seruida. MELIB.—o que gracioso e agradable me es oyrte. saludable es al enfermo la alegre cara del que le visita. paresceme que veo mi corazon entre tus manos fecho pedazos: el qual, si tu quisiesses, con muy poco trabajo juntarias con la virtud de tu lengua: no de otra manera, que quando vio en suenos aquel grande Alexandre, rey de Macedonia, en la boca del dragon la saludable rayz con que sano a su criado Tolomeo del bocado de la biuora. Pues por amor de dios: te despojes para muy diligente entender en mi mal: e me des algun remedio. CEL.—gran parte de la salud es dessearla: por lo qual creo menos peligroso ser tu dolor. Pero para yo dar, mediante dios, congrua e saludable melezina: es necessario saber de ti tres cosas. La primera, a que parte de tu cuerpo mas declina e aquexa el sentimiento. Otra, si es nueuamente por ti sentido? porque mas presto se curan las tiernas enfermedades en sus principios: que quando han hecho curso en la perseueracion de su oficio. Mejor se doman los animales en su primera edad: que quando ya es su cuero endurecido: para venir mansos a la melena. Mejor crescen las plantas que tiernas e nueuas se trasponen: que las que frutificando ya se mudan. Muy mejor se despide el nueuo pecado: que aquel que por costumbre antigua cometemos cada dia. La tercera, si procede de algun cruel pensamiento: que asento en aquel lugar? Y esto sabido, veras obrar mi cura. por ende cumple que al medico como al confessor se hable toda verdad abiertamente. MELIB.—amiga Celestina, muger bien sabia e maestra grande: mucho has abierto el camino por donde mi mal te pueda especificar. Por cierto tu lo pides como muger bien esperta en curar tales enfermedades. Mi mal es de corazon. la ysquierda teta es su aposentamiento. tiende sus rayos a todas partes. Lo segundo: es nueuamente nacido en mi cuerpo: que no pense jamas que podia dolor priuar el seso como este haze. turbame la cara. quitame el comer. no puedo dormir. ningun genero de risa querria ver. La causa o pensamiento, que es la final cosa por ti preguntada de mi mal: esta no sabre dezirte. porque ni muerte de debdo: ni perdida de temporales bienes: ni sobresalto de vision: ni sueno desuariado: ni otra cosa puedo sentir que fuesse: saluo la alteracion que tu me causaste con la demanda que sospeche de parte de aquel cauallero Calisto, quando me pediste la oracion. CEL.—como, senora, tan mal hombre es aquel: tan mal nombre es el suyo: que en solo ser nombrado trae consigo ponzona su sonido? no creas que sea essa la causa de tu sentimiento. antes otra que yo barrunto. e pues que assi es: si tu licencia me das, yo, senora, te la dire. MELIB.—como, Celestina, que es esse nueuo salario que pides: de licencia tienes tu necessidad para me dar la salud? qual fisico jamas pidio tal seguro para curar al paciente. Di: di: que siempre la tienes de mi: tal que mi honrra no danes con tus palabras. CEL.—veote, senora, por vna parte quexar el dolor: por otra temer la melezina. Tu temor me pone miedo: el miedo silencio: el silencio tregua entre tu llaga e mi melezina. assi que sera causa: que ni tu dolor cesse: ni mi venida aproueche. MELIB.—quanto mas dilatas la cura: tanto mas acrecientas e multiplicas la pena e passion. O tus melezinas son de poluos de infamia: e licor de corrupcion: conficionados con otro mas crudo dolor que el que de parte del paciente se siente / o no es ninguno tu saber. porque si lo vno o lo otro no abastasse: qualquiera remedio otro darias sin temor: pues te pido le muestres, quedando libre mi honrra. CEL.—senora, no tengas por nueuo ser mas fuerte de sofrir al herido la ardiente trementina: e los asperos puntos que lastiman lo llagado: doblan la passion: que no la primera lision que dio sobre sano. Pues si tu quieres ser sana: e que te descubra la punta de mi sotil aguja sin temor: haz para tus manos e pies vna ligadura de sosiego. para tus ojos vna cobertura de piedad. para tu lengua vn freno de sosiego. para tus oydos vnos algodones de sofrimiento e paciencia. e veras obrar a la antigua maestra destas llagas. MELIB.—o como me muero con tu dilatar. di, por dios, lo que quisieres. haz lo que supieres. que no podra ser tu remedio tan aspero que yguale con mi pena e tormento. Agora toque en mi honrra: agora dane mi fama: agora lastime mi cuerpo: avnque sea romper mis carnes para sacar mi dolorido corazon, te doy mi fe ser segura: e si siento aliuio sereys bien galardonada. LUCR.—el seso tiene perdido mi senora. gran mal es este. catiuadola ha esta hechizera. CEL.—nunca me ha de faltar vn diablo aca e aculla. escapome dios de Parmeno: topome con Lucrecia. MELIB.—que dizes, amada maestra? que te fablaua essa moza? CEL.—no le oy nada. "Pero diga lo que dixere: sabe que no ay cosa mas contraria en las grandes curas delante los animosos zurujanos que los flacos corazones: los quales con su gran lastima: con sus doloriosas hablas: con sus sentibles meneos ponen temor al enfermo: fazen que desconfie de la salud e al medico enojan e turban: e la turbacion altera la mano / rige sin orden la aguja. por donde se puede conocer claro," lo que yo digo es que es muy necessario para tu salud que no este persona delante: e assi que la deues mandar salir. e tu, hija Lucrecia, perdona. MELIB.—salte fuera presto. LUCR.—ya. ya. todo es perdido. ya me salgo, senora. CEL.—tambien me da osadia tu gran pena: como ver que con tu sospecha has ya tragado alguna parte de mi cura. Pero todavia es necessario traer mas clara melezina: e mas saludable descanso de casa de aquel cauallero Calisto. MELIB.—calla, por dios, madre: no traygan de su casa cosa para mi prouecho: ni le nombres aqui. CEL.—sufre, senora, con paciencia: que es el primer punto e principal: no se quiebre: sino todo nuestro trabajo es perdido: tu llaga es grande: tiene necessidad de aspera cura. e lo duro con duro se ablanda mas eficacemente. E dizen los sabios, que la cura del lastimero medico dexa mayor senal: e que nunca peligro sin peligro se vence. Temperancia, que pocas vezes lo molesto sin molestia se cura: e vn clauo con otro se espele: e vn dolor con otro. No concibas odio ni desamor: ni consientas a tu lengua dezir mal de persona tan virtuosa como Calisto: que si conoscido fuesse. MELIB.—o, por dios, que me matas: e no te tengo dicho que no me alabes esse hombre, ni me le nombres en bueno: ni en malo? CEL.—senora, este es otro e segundo punto. si tu con tu mal sofrimiento no consientes, poco aprouechara mi venida: e si como prometiste lo sufres, tu quedaras sana e sin debda: e Calisto sin quexa e pagado. primero te auise de mi cura: e desta inuisible aguja, que, sin llegar a ti, sientes en solo mentarla en mi boca. MELIB.—tantas vezes me nombraras esse tu cauallero: que ni mi promessa baste, ni la fe que te di a sofrir tus dichos. De que ha de quedar pagado? que le deuo yo a el? que le soy a cargo? que ha hecho por mi? que necessario es el aqui para el proposito de mi mal? mas agradable me seria que rasgases mis carnes, e sacasses mi corazon: que no traer essas palabras aqui. CEL.—sin te romper las vestiduras se lanzo en tu pecho el amor: no rasgare yo tus carnes para le curar. MELIB.—como dizes que llaman a este mi dolor? que assi se ha ensenoreado en lo mejor de mi cuerpo? CEL.—amor dulce. MELIB.—esso me declara que es: que en solo oyrlo me alegro. CEL.—es vn fuego escondido. vna agradable llaga. vn sabroso veneno. vna dulce amargura. vna delectable dolencia. vn alegre tormento. vna dulce e fiera herida. vna blanda muerte. MELIB.—ay mezquina de mi: que si verdad es tu relacion, dubdosa sera mi salud: porque segun la contrariedad que essos nombres entre si muestran: lo que al vno fuere prouechoso, acarreara al otro mas passion. CEL.—no desconfie, senora, tu noble juuentud de salud: que quando el alto dios da la llaga: tras ella embia el remedio. Mayormente que se yo al mundo nascida vna flor que de todo esto te delibre. MELIB.—como se llama? CEL.—no te lo oso dezir. MELIB.—di, no temas. CEL.—Calisto. O, por dios, senora Melibea, que poco esfuerzo es este? Que descaescimiento? O mezquina yo, alza la cabeza. O malauenturada vieja, en esto han de parar mis passos. Si muere, matarme han. avnque biua, sere sentida: que ya no podra sofrirse de no publicar su mal e mi cura. Senora mia Melibea, angel mio, que has sentido? que es de tu habla graciosa? que es de tu color alegre? abre tus claros ojos. Lucrecia, Lucrecia: entra presto aca: veras amortescida a tu senora entre mis manos: baxa presto por vn jarro de agua. MELIB.—passo: passo: que me esforzare; no escandalizes la casa. CEL.—o cuytada de mi! no te descaezcas: senora, hablame como sueles. MELIB.—e muy mejor: calla, no me fatigues. CEL.—pues que me mandas que faga, perla graciosa? que ha sido este tu sentimiento? creo que se van quebrando mis puntos. MELIB.—quebrose mi honestidad. quebrose mi empacho. afloxo mi mucha verguenza. E como muy naturales: como muy domesticos: no pudieron tan liuianamente despedirse de mi cara: que no lleuassen consigo su color por algun poco de espacio: mi fuerza, mi lengua, e gran parte de mi sentido. O pues ya, mi nueua maestra: mi fiel secretaria, lo que tu tan abiertamente conoces: en vano trabajo por te lo encubrir. Muchos e muchos dias son passados: que esse noble cauallero me hablo en amor: tanto me fue entonces su habla enojosa: quanto, despues que tu me le tornaste a nombrar, alegre. cerrado han tus puntos mi llaga: venida soy en tu querer. En mi cordon le lleuaste embuelta la posesion de mi libertad. Su dolor de muelas era mi mayor tormento. Su pena era la mayor mia. Alabo e loo tu buen sofrimiento: tu cuerda osadia: tu liberal trabajo: tus solicitos e fieles passos: tu agradable habla: tu buen saber: tu demasiada solicitud: tu prouechosa importunidad. Mucho te deue esse senor, e mas yo. que jamas pudieron mis reproches aflacar tu esfuerzo e perseuerar: confiando en tu mucha astucia: antes, como fiel seruidora, quando mas denostada: mas diligente. quando mas disfauor: mas esfuerzo. quando peor respuesta: mejor cara. quando yo mas ayrada: tu mas humilde. Pospuesto todo temor, has sacado de mi pecho: lo que jamas a ti ni a otro pense descobrir. CEL.—amiga e senora mia, no te marauilles: porque estos fines con efecto me dan osadia a sofrir los asperos e escrupulosos desuios de las encerradas donzellas como tu. Verdad es que ante que me determinasse:

assi por el camino: como en tu casa, estuue en grandes dubdas: si te descobriria mi peticion. Visto el gran poder de tu padre, temia. mirando la gentileza de Calisto, osaua. vista tu discrecion, me recelaua. mirando tu virtud e humanidad, me esforzaua: en lo vno hallaua el miedo: e en lo otro la seguridad. E pues assi, senora, has quesido descubrir la gran merced que nos has hecho: declara tu voluntad. echa tus secretos en mi regazo. Pon en mis manos el concierto deste concierto. yo dare forma como tu desseo e el de Calisto sean en breue complidos. MELIB.—o mi Calisto e mi senor: mi dulce e suaue alegria: si tu corazon siente lo que agora el mio: marauillada estoy como la absencia te consiente viuir. o mi madre e mi senora: haz de manera como luego le pueda ver, si mi vida quieres. CEL.—ver e hablar. MELIB.—hablar? es impossible. CEL.—ninguna cosa a los hombres que quieren hazerla es impossible. MELIB.—dime como. CEL.—yo lo tengo pensado: yo te lo dire. por entre las puertas de tu casa. MELIB.—quando? CEL.—esta noche. MELIB.—gloriosa me seras si lo ordenas. di a que hora. CEL.—a las doze. MELIB.—pues ve, mi senora, mi leal amiga: e fabla con aquel senor, e que venga muy paso: e dalli se dara concierto segun su voluntad: a la hora que has ordenado. CEL.—adios, que viene hazia aca tu madre. MELIB.—amiga Lucrecia: e mi "leal criada / e" fiel secretaria. ya has visto como no ha sido mas en mi mano: catiuome el amor de aquel cauallero. ruegote, por dios, se cubra con secreto sello: porque yo goze de tan suaue amor. Tu seras de mi tenida en aquel lugar que merece tu fiel seruicio. LUCR.—"senora / mucho antes de agora tengo sentida tu llaga: e calado tu desseo: hame fuertemente dolido tu perdicion: quanto mas tu me querias encobrir e celar el fuego que te quemaua: tanto mas sus llamas se manifestauan / en la color de tu cara en el poco sossiego del corazon / en el meneo de tus miembros / en comer sin gana / en el no dormir. Assi que contino te se cayan: como de entre las manos senales muy claras de pena. pero como en los tiempos que la voluntad reyna en los senores / o desmedido apetito cumple a los seruidores obedecer con diligencia corporal: e no con artificiales consejos de lengua / sufria con pena / callaua con temor / encobria con fieldad. de manera que fuera mejor el aspero consejo: que la blanda lisonja." Pero pues ya no tiene tu merced otro medio sino morir o amar: mucha razon es que se escoja por mejor: aquello que en si lo es. ALI.—en que andas aca, vezina, cada dia? CEL.—senora, falto ayer vn poco de hilado al peso, e vinelo a cumplir: porque di mi palabra; e traydo, voyme: quede dios contigo. ALI.—e contigo vaya. Hija Melibea, que queria la vieja? MELIB.—senora, venderme vn poquito de soliman. ALI.—esso creo yo mas que lo que la vieja ruyn dixo. penso que recibiria yo pena dello, e mintiome. guarte, hija, della, que es gran traydora: que el sotil ladron siempre rodea las ricas moradas. Sabe esta con sus trayciones: con sus falsas mercadurias, mudar los propositos castos. dana la fama. a tres vezes que entra en vna casa, engendra sospecha. LUCR.—tarde acuerda nuestra ama. ALI.—por amor mio, hija, que si aca tornare sin verla yo: que no ayas por bien su venida: ni la recibas con plazer. halle en ti onestidad en tu respuesta: e jamas boluera. que la verdadera virtud mas se teme que espada. MELIB.—dessas es? nunca mas. bien huelgo, senora, de ser auisada: por saber de quien me tengo de guardar.

ARGUMENTO DEL ONZENO AUTO.

Despedida Celestina de Melibea, va por la calle sola hablando. Vee a Sempronio e Parmeno que van a la Magdalena por su senor. Sempronio habla con Calisto. Sobreuiene Celestina. van a casa de Calisto. Declarale Celestina su mensaje e negocio recaudado con Melibea. Mientra ellos en essas razones estan, Parmeno e Sempronio entre si hablan. Despidese Celestina de Calisto. va para su casa. llama a la puerta. Elicia le viene a abrir. cenan e vanse a dormir.

CELESTINA. SEMPRONIO. CALISTO. PARMENO. ELICIA.

CEL.—Ay dios, si llegasse a mi casa con mi mucha alegria acuestas. A Parmeno e a Sempronio veo yr a la Magdalena: tras ellos me voy: e si ay no estouiere Calisto, passaremos a su casa a pedirle las albricias de su gran gozo. SEMP.—senor, mira que tu estada es dar a todo el mundo que dezir. Por dios, que huygas de ser traydo en lenguas: que al muy deuoto llaman ypocrita: que diran, sino que andas royendo los sanctos? Si passion tienes, sufrela en tu casa: no te sienta la tierra. no descubras tu pena a los estranos: pues esta en manos el pandero que lo sabra bien taner. CAL.—en que manos? SEMP.—de Celestina. CEL.—que nombrays a Celestina? que dezis desta esclaua de Calisto? toda la calle del Arcediano vengo a mas andar tras vosotros por alcanzaros: e jamas he podido con mis luengas haldas. CAL.—o joya del mundo: acorro de mis passiones: espejo de mi vista. el corazon se me alegra en ver essa honrrada presencia: essa noble senetud. dime, con que vienes? que nueuas traes? que te veo alegre: e no se en que esta mi vida. CEL.—en mi lengua. CAL.—que dizes, gloria e descanso mio? declarame mas lo dicho. CEL.—salgamos, senor, de la yglesia: e de aqui a casa te contare algo con que te alegres de verdad. PARM.—buena viene la vieja, hermano. recabdado deue hauer. SEMP.—escuchala. CEL.—todo este dia, senor, he trabajado en tu negocio: e he dexado perder otros en que harto me yua. muchos tengo quexosos por tenerte a ti contento. mas he dexado de ganar que piensas. pero todo vaya en buena hora, pues tan buen recabdo traygo: que te traygo muchas buenas palabras de Melibea, e la dexo a tu seruicio. CAL.—que es esto que oygo? CEL.—que es mas tuya que de si misma. mas esta a tu mandado e querer que de su padre Pleberio. CAL.—habla cortes, madre: no digas tal cosa: que diran estos mozos que estas loca. Melibea es mi senora. Melibea es mi dios. Melibea es mi vida. yo su catiuo. yo su sieruo. SEMP.—con tu desconfianza, senor: con tu poco preciarte: con tenerte en poco: hablas essas cosas: con que atajas su razon. A todo el mundo turbas diziendo desconciertos. De que te santiguas? dale algo por su trabajo; haras mejor: que esso esperan essas palabras. CAL.—bien has dicho. Madre mia, yo se cierto que jamas ygualara tu trabajo e mi liuiano galardon: en lugar de manto e saya: porque no se de parte a oficiales, toma esta cadenilla: ponla al cuello, e procede en tu razon: e mi alegria. PARM.—cadenilla la llama? no lo oyes, Sempronio? no estima el gasto. pues yo te certifico no diesse mi parte por medio marco de oro: por mal que la vieja la reparta. SEMP.—oyrte ha nuestro amo; ternemos en el que amansar: e en ti que sanar, segun esta inchado de tu mucho murmurar. Por mi amor, hermano, que oygas e calles: que por esso te dio dios dos oydos, e vna lengua sola. PARM.—oyra el diablo. esta colgado de la boca de la vieja: sordo e mudo e ciego: hecho personaje sin son. que avnque le diesemos higas, diria que alzauamos las manos a dios: rogando por buen fin de sus amores. SEMP.—calla. oye. escucha bien a Celestina: en mi alma, todo lo merece e mas que le diese: mucho dize. CEL.—senor Calisto, para tan flaca vieja como yo: mucha franqueza vsaste. pero como todo don o dadiua se juzgue grande o chica: respecto del que lo da: no quiero traer a consequencia mi poco merecer, ante quien sobra en calidad e en quantidad: mas medirse ha con tu magnificencia: ante quien no es nada. en pago de la qual te restituyo tu salud que yua perdida: tu corazon que te faltaua: tu seso que se alteraua. Melibea pena por ti mas que tu por ella. Melibea te ama e dessea ver. Melibea piensa mas horas en tu persona que en la suya. Melibea se llama tuya: e esto tiene por titulo de libertad. e con esto amansa el fuego que mas que a ti la quema. CAL.—mozos, esto yo aqui? mozos, oygo yo esto? mozos, mira si estoy despierto. es de dia o de noche? o senor dios, padre celestial: ruegote que esto no sea sueno. despierto, pues, estoy: si burlas, senora, de mi, por me pagar en palabras: no temas: di verdad: que para lo que tu de mi has recebido, mas merecen tus passos. CEL.—nunca el corazon lastimado de deseo: toma la buena nueua por cierta. ni la mala por dudosa. pero si burlo, o si no, verlo has: yendo esta noche, segun el concierto dexo con ella, a su casa: en dando el relox doze, a la hablar por entre las puertas: de cuya boca sabras mas por entero mi solicitud: e su desseo: e el amor que te tiene: e quien lo ha causado. CAL.—ya, ya. tal cosa espero? tal cosa es possible hauer de passar por mi? muerto soy de aqui alla. no soy capaz de tanta gloria. no merecedor de tan gran merced. no digno de fablar con tal senora de su voluntad e grado. CEL.—siempre lo oy dezir: que es mas dificile de sofrir la prospera fortuna que la aduersa: que la vna no tiene sosiego: e la otra tiene consuelo. Como, senor Calisto: e no mirarias quien tu eres? no mirarias el tiempo que has gastado en su seruicio? no mirarias a quien has puesto entremedias? e asi mismo que hasta agora siempre as estado dubdoso de la alcanzar, e tenias sofrimiento: agora que te certifico el fin de tu penar: quieres poner fin a tu vida. Mira: mira: que esta Celestina de tu parte: e que avnque todo te faltasse lo que en vn enamorado se requiere: te venderia por el mas acabado galan del mundo. Que haria llanas las penas para andar: que te faria las mas crescidas aguas corrientes pasar sin mojarte. Mal conoces a quien das tu dinero. CAL.—cata, senora, que me dizes? que verna de su grado? CEL.—e avn de rodillas. SEMP.—no sea ruydo hechizo que nos quieran tomar a manos a todos? cata, madre, que assi se suelen dar las zarazas en pan embueltas: porque no las sienta el gusto. PARM.—nunca te oy dezir mejor cosa. mucha sospecha me pone el presto conceder de aquella senora: e venir tan ayna en todo su querer de Celestina: enganando nuestra voluntad con sus palabras dulces e prestas: por hurtar por otra parte. como hazen los de Egypto: quando el signo nos catan en la mano. "Pues alahe madre con dulces palabras estan muchas injurias vengadas: el falso boyzuelo con su blando cencerrar trae las perdizes a la red. El canto de la serena engana los simples marineros con su dulzor: assi esta con su mansedumbre e concession presta: querra tomar vna manada de nosotros a su saluo: purgara su innocencia con la honrra de Calisto: e con nuestra muerte: assi como corderica mansa que mama a su madre e la ajena. Ella con su segurar tomara la venganza de Calisto en todos nosotros: de manera que con la mucha gente que tiene: podra cazar a padres e hijos en vna nidada: e tu estarte has rascando a tu fuego: diziendo. A saluo esta el que repica." CAL.—callad, locos: vellacos: sospechosos. parece que days a entender que los angeles sepan hazer mal? Si, que Melibea angel dissimulado es, que viue entre nosotros. SEMP.—todavia te buelues a tus eregias. Escuchale, Parmeno, no te pene nada: que si fuere trato doble el lo pagara: que nosotros buenos pies tenemos. CEL.—senor, tu estas en lo cierto. vosotros cargados de sospechas vanas. yo he hecho todo lo que a mi era a cargo. Alegre te dexo, dios te libre e aderece. Partome muy contenta. si fuere menester para esto / o para mas, alli estoy muy aparejada a tu seruicio. PARM.—hi. hi. hi. SEMP.—de que te ries, por tu vida, Parmeno? PARM.—de la priessa que la vieja tiene por yrse. No vee la hora que hauer despegado la cadena de casa. no puede creer que la tenga en su poder: ni que se la han dado de verdad. No se halla digna de tal don: tan poco como Calisto de Melibea. SEMP.—que quieres que haga vna puta alcahueta? que sabe e entiende lo que nosotros nos callamos: e suele hazer siete virgos por dos monedas: despues de verse cargada de oro: sino ponerse en saluo con la possession: con temor no se la tornen a tomar despues que ha complido de su parte aquello para que era menester. Pues guardese del diablo: que sobre el partir no le saquemos el alma. CAL.—dios vaya contigo, mi madre: yo quiero dormir e reposar vn rato: para satisfazer a las passadas noches e complir con la por venir. CEL.—tha, tha. ELIC.—quien llama? CEL.—abre, hija Elicia. ELIC.—como vienes tan tarde? no lo deues hazer, que eres vieja; tropezaras donde caygas e mueras. CEL.—no temo esso, que de dia me auiso por do venga de noche. "que jamas me subo por poyo / ni calzada / sino por medio de la calle. Porque como dizen. no da passo seguro: quien corre por el muro. E que aquel va mas sano: que anda por llano. Mas quiero ensuziar mis zapatos con el lodo: que ensangrentar las tocas e los cantos. Pero" no te duele a ti en esse lugar. ELIC.—pues que me ha de doler? CEL.—que se fue la compania que te dexe, y quedaste sola. ELIC.—son passadas quatro horas despues: e auiaseme de acordar desso. CEL.—quanto mas presto te dexaron: mas con razon lo sentiste. pero dexemos su yda e mi tardanza: entendamos en cenar e dormir.

ARGUMENTO DEL DOZENO AUTO.

Llegando media noche, Calisto, Sempronio e Parmeno armados: van para casa de Melibea. Lucrecia e Melibea estan cabe la puerta aguardando a Calisto. Viene Calisto. Hablale primero Lucrecia. llama a Melibea. Apartase Lucrecia. Hablanse por entre las puertas Melibea e Calisto. Parmeno e Sempronio de su cabo departen. Oyen gentes por la calle. Apercibense para huyr. Despidese Calisto de Melibea, dexando concertada la tornada para la noche siguiente. Pleberio, al son del ruydo que hauia en la calle, despierta. llama a su muger Alisa. Preguntan a Melibea quien da patadas en su camara. Responde Melibea a su padre Pleberio: fingendo que tenia sed. Calisto con sus criados va para su casa, hablando. echase a dormir. Parmeno e Sempronio van a casa de Celestina. Demandan su parte de la ganancia. Dissimula Celestina. Vienen a renir. Echanle mano a Celestina: matanla. Da voces Elicia. Viene la justicia e prendelos ambos.

CALISTO. SEMPRONIO. PARMENO. LUCRECIA. MELIBEA. PLEBERIO. ALISA. CELESTINA. ELICIA.

CAL.—Mozos, que hora da el relox? SEMP.—las diez. CAL.—o como me descontenta el oluido en los mozos. de mi mucho acuerdo en esta noche, e tu descuydar e oluido: se haria vna razonable memoria e cuydado. Como, desatinado, sabiendo quanto me va, Sempronio, en ser diez o onze: me respondias a tiento lo que mas ayna se te vino a la boca? O cuytado de mi! si por caso me houiera dormido: e colgara mi pregunta de la respuesta de Sempronio: para hazerme de onze diez: e assi de doze onze. Saliera Melibea: yo no fuera ydo: tornarase: de manera, que ni mi mal ouiera fin: ni mi desseo execucion. No se dize embalde: que mal ageno de pelo cuelga. SEMP.—tanto yerro, senor, me parece, sabiendo, preguntar: como ignorando, responder. Mas este mi amo tiene gana de renir e no sabe como. PARM.—mejor seria, senor, que se gastasse esta hora que queda en aderezar armas: que en buscar questiones. CAL.—"bien me dize este necio: no quiero en tal tiempo recebir enojo / no quiero pensar en lo que pudiera venir sino en lo que fue / no en el dano que resultara de su negligencia: sino en el prouecho que verna de mi solicitud: quiero dar espacio a la yra: que o se me quitara / o se me ablandara." Pues descuelga, "Parmeno," mis corazas "e armaos vosotros: e assi yremos a buen recaudo: porque como dizen el hombre apercebido medio combatido." PARM.—helas aqui, senor. CAL.—ayudame aqui a vestirlas. mira tu, Sempronio, si parece alguno por la calle. SEMP.—senor, ninguna gente parece: e avnque la houiesse, la mucha escuridad priuaria el viso e conoscimiento a los que nos encontrasen. CAL.—pues andemos por esta calle: avnque se rodee alguna cosa: porque mas encubiertos vamos. Las doze da ya; buena hora es. PARM.—cerca estamos. CAL.—a buen tiempo llegamos. Parate tu, Parmeno, a ver si es venida aquella senora por entre las puertas. PARM.—yo, senor? nunca dios mande que sea en danar lo que no concerte. mejor sera que tu presencia sea su primer encuentro. Porque viendome a mi no se turbe: de ver que de tantos es sabido: lo que tan ocultamente queria hazer e con tanto temor faze. O porque quiza pensara que la burlaste. CAL.—o que bien has dicho. la vida me has dado con tu sotil auiso. Pues no era mas menester para me lleuar muerto a casa: que boluerse ella por mi mala prouidencia. Yo me llego alla, quedaos vosotros en esse lugar. PARM.—que te paresce, Sempronio, como el necio de nuestro amo pensaua tomarme por broquel? para el encuentro del primer peligro. Que se yo quien esta tras las puertas cerradas? Que se yo si ay "alguna" traycion? que se yo si Melibea anda porque le pague nuestro amo su mucho atreuimiento desta manera? E "mas," avn no somos muy ciertos dezir verdad la vieja. No sepas fablar, Parmeno: sacarte han el alma, sin saber quien. No seas lisonjero como tu amo quiere: y jamas lloraras duelos agenos. No tomes en lo que te cumple el consejo de Celestina, e hallarte has ascuras. Andate ay con tus consejos e amonestaciones fieles: darte han de palos: no bueluas la hoja, e quedarte has a buenas noches. Quiero hazer cuenta que oy me nasci: pues de tal peligro me escape. SEMP.—passo: passo: Parmeno, no saltes: ni hagas esse bollicio de plazer. que daras causa a que seas sentido. PARM.—calla, hermano; que no me hallo de alegria como le hize creer: que por lo que a el cumplia dexaua de yr. e era por mi seguridad. Quien supiera assi rodear su prouecho como yo? muchas cosas me veras hazer, si estas daqui adelante atento: que no las sientan todas personas: assi con Calisto como con quantos en este negocio suyo se entremetieren. porque soy cierto que esta donzella ha de ser para el ceuo de anzuelo: o carne de buytrera: que suelen pagar bien el escote los que a comerla vienen. SEMP. anda, no te penen a ti essas sospechas: avnque salgan verdaderas. Apercibete a la primer boz que oyeres tomar calzas de Villadiego. PARM.—leydo has donde yo. en vn corazon estamos. calzas traygo, e avn borzeguies de essos ligeros que tu dizes: para mejor huyr que otro. Plazeme que me has, hermano, auisado de lo que yo no hiziera de verguenza de ti; que nuestro amo, si es sentido: no temo que se escapara de manos desta gente de Pleberio: para podernos despues demandar como lo hezimos: e incusarnos el huyr. SEMP.—o Parmeno amigo: quan alegre e prouechosa es la conformidad en los companeros: avnque por otra cosa no nos fuera buena Celestina: era harta la vtilidad que por su causa nos ha venido. PARM.—ninguno podra negar lo que por si se muestra. Manifiesto es que con verguenza el vno del otro: por no ser odiosamente acusado de couarde: esperaramos aqui la muerte con nuestro amo, no siendo mas de el merecedor della. SEMP.—salido deue auer Melibea. escucha, que hablan quedito. PARM.—o como temo que no sea ella: sino alguno que finja su voz. SEMP.—dios nos libre de traydores: no nos ayan tomado la calle por do tenemos de huyr. que de otra cosa no tengo temor. CAL.—este bullicio mas de vna persona le haze. quiero hablar, sea quien fuere. ce, senora mia. LUCR.—la voz de Calisto es esta; quiero llegar. quien habla? quien esta fuera? CAL.—aquel que viene a cumplir tu mandado. LUCR.—porque no llegas, senora? llega sin temor aca: que aquel cauallero esta aqui. MELIB.—loca, habla passo: mira bien si es el. LUCR.—allegate, senora, que si es: que yo le conozco en la voz. CAL.—cierto soy burlado: no era Melibea la que me hablo. Bullicio oygo: perdido soy. Pues viua o muera: que no he de yr de aqui. MELIB.—vete, Lucrecia, acostar vn poco. ce, senor, como es tu nombre? quien es el que te mando ay venir? CAL.—es la que tiene merecimiento de mandar a todo el mundo. la que dignamente seruir yo no merezco. No tema tu merced de se descobrir a este catiuo de tu gentileza: que el dulce sonido de tu habla, que jamas de mis oydos se cae: me certifica ser tu mi senora Melibea. yo soy tu sieruo Calisto. MELIB.—la sobrada osadia de tus mensajes me ha forzado a hauerte de hablar, senor Calisto: que hauiendo hauido de mi la passada respuesta a tus razones: no se que piensas mas sacar de mi amor de lo que entonces te mostre. Desuia estos vanos e locos pensamientos de ti: porque mi honrra e persona esten sin detrimento de mala sospecha seguras. A esto fue aqui mi venida: a dar concierto en tu despedida e mi reposo. No quieras poner mi fama en la balanza de las lenguas maldezientes. CAL.—a los corazones aparejados con apercibimiento rezio contra las aduersidades: ninguna puede venir que passe de claro en claro la fuerza de su muro. Pero el triste que desarmado, e sin proueer los enganos e celadas, se vino a meter por las puertas de tu seguridad: qualquiera cosa que en contrario vea, es razon que me atormente, e passe: rompiendo todos los almazenes en que la dulce nueua estaua aposentada. O malauenturado Calisto. o quan burlado has sido de tus siruientes. o enganosa muger Celestina: dexarasme acabar de morir: e no tornaras a viuificar mi esperanza: para que tuuiese mas que gastar el fuego que ya me aquexa. Porque falsaste la palabra desta mi senora? porque has assi dado con tu lengua causa a mi desesperacion? a que me mandaste aqui venir para que me fuese mostrado el disfauor? el entredicho? la desconfianza: el odio: por la mesma boca desta que tiene las llaues de mi perdicion e gloria. O enemiga e tu no me dixiste que esta mi senora me era fauorable? no me dixiste que de su grado mandaua venir este su catiuo al presente lugar? no para me desterrar nueuamente de su presencia: pero para alzar el destierro ya por otro su mandamiento puesto ante de agora. en quien fallare yo fe? a donde ay verdad? quien carece de engano? a donde no moran falsarios? quien es claro enemigo? quien es verdadero amigo? donde no se fabrican trayciones? quien oso darme tan cruda esperanza de perdicion? MELIB.—cesen, senor mio, tus verdaderas querellas: que ni mi corazon basta para lo sofrir: ni mis ojos para lo dissimular. Tu lloras de tristeza, juzgandome cruel: yo lloro de plazer, viendote tan fiel. O mi senor e mi bien todo; quanto mas alegre me fuera poder ver tu haz: que oyr tu voz. Pero pues no se puede al presente mas fazer: toma la firma e sello de las razones que te embie escritas en la lengua de aquella solicita mensajera. todo lo que te dixo confirmo. todo lo he por bueno. limpia, senor, tus ojos. ordena de mi a tu voluntad. CAL.—o senora mia: esperanza de mi gloria. descanso e aliuio de mi pena. alegria de mi corazon. que lengua sera bastante para te dar yguales gracias a la sobrada e incomparable merced: que en este punto de tanta congoxa para mi, me has quesido hazer: en querer que vn tan flaco e indigno hombre pueda gozar de tu suauissimo amor: del qual, avnque muy desseoso, siempre me juzgaua indigno, mirando tu grandeza. considerando tu estado. remirando tu perfecion. contemplando tu gentileza. acatando mi poco merescer e tu alto merescimiento. tus estremadas gracias. tus loadas e manifiestas virtudes. Pues, o alto dios! como te podre ser ingrato: que tan milagrosamente has obrado comigo tus singulares marauillas. O quantos dias antes de agora passados: me fue venido este pensamiento a mi corazon: e por impossible le rechazaua de mi memoria: hasta que ya los rayos ylustrantes de tu muy claro gesto dieron luz en mis ojos: encendieron mi corazon: despertaron mi lengua; estendieron mi merecer: acortaron mi couardia: destorcieron mi encogimiento: doblaron mis fuerzas: desadormescieron mis pies e manos. finalmente, me dieron tal osadia: que me han traydo con su mucho poder a este sublimado estado en que agora me veo: oyendo de grado tu suaue voz. la qual si ante de agora no conociese: e no sintiesse tus saludables olores: no podria creer que careciessen de engano tus palabras. Pero como soy cierto de tu limpieza de sangre e fechos: me estoy remirando si soy yo Calisto: a quien tanto bien se le haze. MELIB.—senor Calisto, tu mucho merecer: tus estremadas gracias: tu alto nascimiento han obrado: que despues que de ti houe entera noticia: ningun momento de mi corazon te partiesses. E avnque muchos dias he pugnado por lo dissimular: no he podido tanto, que en tornandome aquella muger tu dulce nombre a la memoria: no descubriesse mi desseo: e viniesse a este lugar e tiempo: donde te suplico ordenes e dispongas de mi persona segund querras. Las puertas impiden nuestro gozo. las quales yo maldigo: e sus fuertes cerrojos e mis flacas fuerzas. que ni tu estarias quexoso, ni yo descontenta. CAL.—como, senora mia, e mandas que consienta a vn palo impedir nuestro gozo: nunca yo pense que demas de tu voluntad lo pudiera cosa estoruar. o molestas e enojosas puertas: ruego a dios que tal huego os abrase como a mi da guerra: que con la tercia parte seriades en vn punto quemadas. pues, por dios, senora mia, permite que llame a mis criados para que las quiebren. PARM.—no oyes? no oyes? Sempronio? a buscarnos quiere venir: para que nos den mal ano. no me agrada cosa esta venida. en mal punto creo que se empezaron estos amores. yo no espero aqui mas. SEMP.—calla. calla. escucha, que ella no consiente que vamos alla. MELIB.—quieres, amor mio, perderme a mi: e danar mi fama? no sueltes las riendas a la voluntad. la esperanza es cierta. el tiempo breue: quanto tu ordenares. E pues tu sientes tu pena senzilla: e yo la de entramos: tu solo dolor, yo el tuyo e el mio: contentate con venir manana a esta hora: por las paredes de mi huerto. Que si agora quebrasses las crueles puertas: avnque al presente no fuessemos sentidos: amanesceria en casa de mi padre terrible sospecha de mi yerro. E pues sabes que tanto mayor es el yerro: quanto mayor es el que yerra: en vn punto sera por la cibdad publicado. SEMP.—enoramala aca esta noche venimos. aqui nos ha de amanescer, segund el espacio que nuestro amo lo toma. Que avnque mas la dicha nos ayude, nos han en tanto tiempo de sentir de su casa / o vezinos. PARM.—ya ha dos horas que te requiero que nos vamos: que no faltara vn achaque. CAL.—o mi senora e mi bien todo: porque llamas yerro aquello que por los sanctos de dios me fue concedido? rezando oy ante el altar de la Madalena: me vino con tu mensaje alegre aquella solicita muger. PARM.—desuariar, Calisto, desuariar. por fe tengo, hermano, que no es christiano. lo que la vieja traydora con sus pestiferos hechizos ha rodeado e fecho: dize que los sanctos de dios se lo han concedido e impetrado. E con esta confianza quiere quebrar las puertas: e no haura dado el primer golpe: quando sea sentido e tomado por los criados de su padre que duermen cerca. SEMP.—ya no temas, Parmeno:

que harto desuiados estamos. en sintiendo bullicio, el buen huyr nos ha de valer. dexale hazer, que si mal hiziere, el lo pagara. PARM.—bien hablas. en mi corazon estas. asi se haga. huygamos la muerte, que somos mozos. "que no querer morir / ni matar / no es couardia: sino buen natural. Estos escuderos de Pleberio son locos: no desean tanto comer / ni dormir / como questiones / e ruydos. Pues mas locura seria esperar pelea con enemigo que no ama tanto la vitoria e vencimiento: como la continua guerra e contienda." O si me viesses, hermano, como esto, plazer haurias: a medio lado: abiertas las piernas: el pie ysquierdo adelante, puesto en huyda: las haldas en la cinta; la adarga arrollada y so el sobaco, porque no me empache: que por dios que creo corriesse como vn gamo, segun el temor tengo destar aqui. SEMP.—mejor esto yo: que tengo liado el broquel e el espada con las correas: porque no se me caygan al correr: e el caxquete en la capilla. PARM.—e las piedras que trayas en ella? SEMP.—todas las verti por yr mas liuiano: que harto tengo que lleuar en estas corazas: que me hiziste vestir por importunidad: que bien las rehusaua de traer: porque me parescian para huyr muy pesadas. Escucha: escucha: oyes, Parmeno? a malas andan. muertos somos. bota presto. echa hazia casa de Celestina: no nos atajen por nuestra casa. PARM.—huye. huye. que corres poco. o pecador de mi, si nos han de alcanzar, dexa broquel e todo. SEMP.—si han muerto ya a nuestro amo? PARM.—no se. no me digas nada. corre e calla: que el menor cuydado mio es esse. SEMP.—ce. ce. Parmeno, torna: torna callando: que no es sino la gente del alguazil que passaua haziendo estruendo por la otra calle. PARM.—miralo bien. no te fies en los ojos: que se antoja muchas veces vno por otro. no me auian dexado gota de sangre: tragada tenia ya la muerte: que me parescia que me yuan dando en estas espaldas golpes. En mi vida me acuerdo hauer tan gran temor: ni verme en tal afrenta: avnque he andado por casas agenas harto tiempo: e en lugares de harto trabajo: que nueue anos serui a los frayles de Guadalupe: que mill vezes nos apuneauamos yo e otros. pero nunca como esta vez houe miedo de morir. SEMP.—e yo no serui al cura de sant Miguel "e al mesonero de la plaza: e a Mollejar el ortelano? e tambien yo tenia mis questiones con los que tirauan piedras a los paxaros que assentauan en vn alamo grande que tenia: porque danauan la ortaliza." Pero guardete dios de verte con armas: que aquel es el verdadero temor. no embalde dizen, cargado de hierro e cargado de miedo. Buelue: buelue: que el alguazil es cierto. MELIB.—senor Calisto, que es esso que en la calle suena? parescen vozes de gente que van en huyda. Por dios, mirate, que estas a peligro. CAL.—senora, no temas, que a buen seguro vengo. los mios deuen de ser: que son vnos locos e desarman a quantos passan: e huyriales alguno. MELIB.—son muchos los que traes? CAL.—no, sino dos. pero avnque sean seys sus contrarios, no recebiran mucha pena para les quitar las armas: e hazerlos huyr segun su esfuerzo. Escogidos son, senora: que no vengo a lumbre de pajas. Si no fuesse por lo que a tu honrra toca: pedazos harian estas puertas. e si sentidos fuessemos: a ti e a mi librarian de toda la gente de tu padre. MELIB.—o, por dios, no se cometa tal cosa. pero mucho plazer tengo que de tan fiel gente andes acompanado. bienempleado es el pan que tan esforzados siruientes comen. Por mi amor, senor, pues tal gracia la natura les quiso dar: sean de ti bientratados e galardonados: porque en todo te guarden secreto. "E quando sus osadias e atreuimientos les corregieres a bueltas del castigo mezcla fauor: porque los animos esforzados: no sean con encogimiento diminutos e yrritados en el osar a sus tiempos." PARM.—ce. ce. senor: senor: quitate presto dende: que viene mucha gente con hachas, e seras visto e conoscido: que no ay donde te metas. CAL.—o mezquino yo: e como es forzado, senora, partirme de ti. Por cierto temor de la muerte no obrara tanto como el de tu honrra. Pues que assi es, los angeles queden con tu presencia. mi venida sera, como ordenaste, por el huerto. MELIB.—assi sea, e vaya dios contigo. PLEB.—senora muger, duermes? ALI.—senor, no. PLEB.—no oyes bullicio en el retraimiento de tu hija? ALI.—si oygo. Melibea. Melibea. PLEB.—no te oye; yo la llamare mas rezio. Hija mia Melibea. MELIB.—senor. PLEB.—quien da patadas e haze bullicio en tu camara? MELIB.—senor, Lucrecia es: que salio por vn jarro de agua para mi: que hauia gran sed. PLEB.—duerme, hija, que pense que era otra cosa. LUCR.—poco estruendo los desperto: con gran pauor hablauan. MELIB.—no ay tan manso animal que con amor / o temor de sus hijos no asperece: pues que harian, si mi cierta salida supiessen? CAL.—cerrad essa puerta, hijos: e tu, Parmeno, sube vna vela arriba. SEMP.—deues, senor, reposar e dormir esto que queda daqui al dia. CAL.—plazeme, que bien lo he menester. Que te parece, Parmeno, de la vieja que tu me desalabauas? que obra ha salido de sus manos? que fuera hecha sin ella? PARM.—ni yo sentia tu gran pena, ni conoscia la gentileza e merescimiento de Melibea: e assi no tengo culpa; conoscia a Celestina e sus manas; auisauate como a senor. Pero ya me parece que es otra: todas las ha mudado. CAL.—e como mudado? PARM.—tanto, que si no lo ouiesse visto, no lo creeria. mas assi viuas tu como es verdad. CAL.—pues aues oydo lo que con aquella mi senora he passado? que haziades? teniades temor? SEMP.—temor, senor, o que? por cierto todo el mundo no nos le hiziera tener. Fallado auias los temerosos: alli estouimos esperandote muy aparejados: e nuestras armas muy a mano. CAL.—aues dormido algun rato? SEMP.—dormir, senor? dormilones son los mozos: nunca me assente. ni avn junte por dios los pies, mirando a todas partes: para en sintiendo porque, saltar presto: e hazer todo lo que mis fuerzas me ayudaran. Pues Parmeno, avnque te parecia que no te seruia hasta aqui de buena gana: assi se holgo quando vido los de las hachas: como lobo quando siente poluo de ganado: pensando poder quitarleslas: hasta que vido que eran muchos. CAL.—no te marauilles: que procede de su natural ser osado: e avnque no fuesse por mi: hazialo porque no pueden los tales venir contra su vso. que avnque muda el pelo la raposa, su natural no despoja. Por cierto yo dixe a mi senora Melibea lo que en vosotros ay. e quan seguras tenia mis espaldas con vuestra ayuda e guarda. Hijos, en mucho cargo os soy: rogad a dios por salud, que yo os galardonare mas conplidamente vuestro buen seruicio. Yd con dios a reposar. PARM.—adonde yremos, Sempronio? a la cama a dormir / o a la cozina a almorzar? SEMP.—ve tu donde quisieres: que antes que venga el dia quiero yo yr a Celestina a cobrar mi parte de la cadena: que es vna puta vieja: no le quiero dar tiempo en que fabrique alguna ruyndad con que nos escluya. PARM.—bien dizes: oluidado lo auia: vamos entramos: e si en esso se pone, espantemosla de manera que le pese: que sobre dinero no ay amistad. SEMP.—ce. ce. calla, que duerme cabo esta ventanilla. tha. tha. senora Celestina: abrenos. CEL.—quien llama? SEMP.—abre, que son tus hijos. CEL.—no tengo yo hijos que anden a tal hora. SEMP.—abrenos a Parmeno e Sempronio: que nos venimos aca almorzar contigo. CEL.—o locos trauiesos: entrad, entrad. como venis a tal hora? que ya amanesce. que haues hecho? que os ha passado? despidiose la esperanza de Calisto? o viue todavia con ella? o como queda? SEMP.—como, madre? si por nosotros no fuera, ya andouiera su alma buscando posada para siempre: que, si estimarse pudiesse a lo que de alli nos queda obligado: no seria su hazienda bastante a complir la debda: si verdad es lo que dizen: que la vida e persona es mas digna e de mas valor que otra cosa ninguna. CEL.—Jesu: que en tanta afrenta os haues visto? cuentamelo, por dios. SEMP.—mira que tanta: que por mi vida la sangre me hierue en el cuerpo en tornarlo a pensar. CEL.—reposa, por dios, e dimelo. PARM.—cosa larga le pides, segun venimos alterados e cansados del enojo que hauemos hauido: farias mejor en aparejarnos a el e a mi de almorzar: quiza nos amansaria algo la alteracion que traemos. Que cierto te digo: que no queria ya topar hombre que paz quisiesse. Mi gloria seria agora hallar en quien vengar la yra: que no pude en los que nos la causaron, por su mucho huyr. CEL.—landre me mate si no me espanto: en verte tan fiero: creo que burlas. Dimelo agora,

Sempronio, tu, por mi vida: que os ha passado? SEMP.—por dios, sin seso vengo, desesperado: avnque para contigo por demas es no templar la yra e todo enojo: e mostrar otro semblante que con los hombres. Jamas me mostre poder mucho con los que poco pueden. Traygo, senora, todas las armas despedazadas: el broquel sin aro: la espada como sierra: el caxquete abollado en la capilla. Que no tengo con que salir vn passo con mi amo, quando menester me aya: que quedo concertado de yr esta noche que viene a uerse por el huerto. Pues comprarlo de nueuo, no mando vn marauedi en que caya muerto. CEL.—pidelo, hijo, a tu amo: pues en su seruicio se gasto e quebro: pues sabes que es persona que luego lo complira. que no es de los que dizen: viue comigo e busca quien te mantenga. El es tan franco, que te dara para esso e para mas. SEMP.—ha: trae tanbien Parmeno perdidas las suyas. a este cuento en armas se le yra su hazienda. Como quieres que le sea tan importuno en pedirle mas de lo que el de su propio grado haze: pues es arto? no digan por mi: que dando vn palmo pido quatro. Dionos las cient monedas. dionos despues la cadena. a tres tales aguijones no terna cera en el oydo: caro le costaria este negocio. contentemonos con lo razonable: no lo perdamos todo por querer mas de la razon: que quien mucho abarca, poco suele apretar. CEL.—gracioso es el asno. por mi vejez, que si sobre comer fuera: que dixera que hauiamos todos cargado demasiado. estas en tu seso, Sempronio? que tiene que hazer tu galardon con mi salario? tu soldada con mis mercedes? so yo obligada a soldar vuestras armas? a complir vuestras faltas? a osadas que me maten, si no te has asido a vna palabrilla que te dixe el otro dia, viniendo por la calle: que quanto yo tenia era tuyo: e que, en quanto pudiesse con mis pocas fuerzas jamas te faltaria. e que si dios me diesse buena manderecha con tu amo: que tu no perderias nada. Pues ya sabes, Sempronio, que estos ofrescimientos, estas palabras de buen amor no obligan. No ha de ser oro quanto reluze: sino mas barato valdria. Dime, estoy en tu corazon, Sempronio? veras si avnque soy vieja, si acierto lo que tu puedes pensar. tengo, hijo, en buena fe, mas pesar, que se me quiere salir esta alma de enojo. Di a esta loca de Elicia, como vine de tu casa, la cadenilla que traxe para que se holgase con ella: e no se puede acordar donde la puso: que en toda esta noche ella ni yo no auemos dormido sueno de pesar: no por su valor de la cadena, que no era mucho: pero por su mal cobro della: e de mi mala dicha: entraron vnos conoscidos e familiares mios en aquella sazon aqui: temo no la ayan leuado: diziendo: si te vi, burleme &c. Assi que, hijos, agora que quiero hablar con entramos: si algo vuestro amo a mi me dio, deues mirar que es mio. Que de tu jubon de brocado no te pedi yo parte: ni la quiero. siruamos todos:

que a todos dara segun viere que lo merescen: que si me ha dado algo, dos vezes he puesto por el mi vida al tablero. Mas herramienta se me ha embotado en su seruicio que a vosotros. mas materiales he gastado. pues aues de pensar, hijos, que todo me cuesta dinero. E avn mi saber: que no lo he alcanzado holgando; de lo qual fuera buen testigo su madre de Parmeno, dios aya su alma. Esto trabaje yo: a vosotros se os deue essotro. Esto tengo yo por oficio e trabajo: vosotros por recreacion e deleyte. Pues assi no aues vosotros de auer ygual galardon de holgar: que yo de penar. Pero avn con todo lo que he dicho: no os despidays, si mi cadena parece, de sendos pares de calzas de grana: que es el abito que mejor en los mancebos paresce: e si no, recebid la voluntad: que yo me callare con mi perdida. e todo esso de buen amor: porque holgastes que ouiesse yo antes el prouecho destos passos que no otra. Y si no os contentardes, de vuestro dano fares. SEMP.—no es esta la primera vez que yo he dicho: quanto en los viejos reyna este vicio de cobdicia: quando pobre, franca: quando rica, auarienta. Assi que aquiriendo cresce la cobdicia: e la pobreza cobdiciando. e ninguna cosa haze pobre al auariento, sino la riqueza. O dios, e como cresce la necessidad con la abundancia. Quien la oyo esta vieja dezir que me lleuasse yo todo el prouecho, si quisiesse, deste negocio? pensando que seria poco: agora que lo vee crescido, no quiere dar nada: por complir el refran de los ninos, que dizen: De lo poco poco, de lo mucho nada. PARM.—dete lo que te prometio / o tomemosselo todo. Harto te dezia yo quien era esta vieja, si tu me creyeras. CEL.—si mucho enojo traes con vosotros / o con vuestro amo / o armas: no lo quebreys en mi: que bien se donde nasce esto. bien se e barrunto de que pie coxqueays: no cierto de la necessidad que teneys de lo que pedis: ni avn por la mucha cobdicia que lo teneys: sino pensando que os he de tener toda vuestra vida atados e catiuos con Elicia e Areusa: sin quereros buscar otras: moueysme estas amenazas de dinero: poneysme estos temores de la particion. pues calla, que quien estas os supo acarrear os dara otras diez: agora que ay mas conoscimiento e mas razon: e mas merecido de vuestra parte. e si se complir lo que prometo en este caso: digalo Parmeno. dilo: dilo: no ayas empacho de contar como nos passo quando a la otra dolia la madre. SEMP.—"yo digole que se vaya e abaxasse las bragas: no ando por lo que piensas: no entremetas burlas a nuestra demanda que con esse galgo no tomaras si yo puedo mas liebres." dexate comigo de razones. a perro viejo, no cuz: cuz. danos las dos partes por cuenta de quanto de Calisto has recebido. no quieras que se descubra quien tu eres. A los otros, a los otros con essos halagos, vieja. CEL.—quien so yo, Sempronio? quitasteme de la puteria? calla tu lengua: no amengues mis canas. que soy vna vieja qual dios me hizo. no peor que todas. viuo de mi oficio, como cada qual oficial del suyo: muy limpiamente. A quien no me quiere no le busco. de mi casa me vienen a sacar. en mi casa me ruegan. Si bien o mal viuo, dios es el testigo de mi corazon. E no pienses con tu yra maltratarme, que justicia ay para todos: a todos es ygual: tan bien sere oyda avnque muger, como vosotros muy peynados. Dexame en mi casa con mi fortuna. e tu, Parmeno, piensas que soy tu catiua: por saber mis secretos e mi passada vida: e los casos que nos acaescieron a mi e a la desdichada de tu madre: e avn assi me trataua ella quando dios queria. PARM.—no me hinches las narizes con essas memorias: sino embiarte he con nueuas a ella: donde mejor te puedas quexar. CEL.—Elicia: Elicia: leuantate dessa cama. daca mi manto presto: que por los sanctos de dios para aquella justicia me vaya bramando como vna loca. Que es esto? que quieren dezir tales amenazas en mi casa? con vna oueja mansa tenes vosotros manos e braueza? con vna gallina atada? con vna vieja de sesenta anos? Alla: alla: con los hombres como vosotros. Contra los que cinen espada mostra vuestras yras: no contra mi flaca rueca. "senal es de gran couardia: acometer a los menores: e a los que poco pueden. Las suzias moxcas nunca pican sino los bueyes magros e flacos. Los guzques ladradores: a los pobres peregrinos aquexan con mayor impetu. si aquella que alli esta en aquella cama me ouiesse a mi creydo: jamas quedaria esta casa de noche sin varon / ni dormiriemos a lumbre de pajas. pero por aguardarte: por serte fiel: padescemos esta soledad. e como nos veys mugeres: hablays e pedis demasias: lo qual si hombre sintiessedes en la posada no hariades: que como dizen. El duro aduersario entibia las yras e sanas." SEMP.—o vieja auarienta. garganta muerta de sed por dinero. no seras contenta con la tercia parte de lo ganado? CEL.—que tercia parte? vete con dios de mi casa tu e essotro: no de vozes. no allegue la vezindad. no me hagays salir de seso. No querays que salgan a plaza las cosas de Calisto e vuestras. SEMP.—da bozes o gritos. que tu compliras lo que tu prometiste / o se compliran oy tus dias. ELIC.—mete, por dios, el espada. tenle, Parmeno: tenle, no la mate esse desuariado. CEL.—Justicia: justicia: senores vezinos. Justicia, que me matan en mi casa estos rufianes. SEMP.—rufianes, o que? espera, dona hechizera: que yo te hare yr al infierno con cartas. CEL.—ay, que me ha muerto. ay. ay. confession: confession. PARM.—dale: dale: acabala, pues comenzaste. que nos sentiran. muera, muera. de los enemigos los menos. CEL.—confession. ELIC.—o crueles enemigos! en mal poder os veays. e para quien touistes manos? muerta es mi madre e mi bien todo. SEMP.—huye, huye, Parmeno, que carga mucha gente. Guarte, guarte: que viene el alguazil. PARM.—o pecador de mi:

que no ay por do nos vamos: que esta tomada la puerta. SEMP.—saltemos destas ventanas: no muramos en poder de justicia. PARM.—salta, que tras ti voy.

ARGUMENTO DEL XIIJ AUTO.

Despertado Calisto de dormir esta hablando consigo mismo. Dende vn poco esta llamando a Tristan e a otros sus criados. Torna dormir Calisto. Ponese Tristan a la puerta. Viene Sosia llorando. Preguntado de Tristan, Sosia cuentale la muerte de Sempronio e Parmeno. van a dezir las nueuas a Calisto: el qual, sabiendo la verdad, faze grande lamentacion.

CALISTO. TRISTAN. SOSIA.

CAL.—O como he dormido tan a mi plazer: despues de aquel azucarado rato: despues de aquel angelico razonamiento. Gran reposo he tenido. el sosiego e descanso proceden de mi alegria. O causo el trabajo corporal mi mucho dormir / o la gloria e plazer del animo: e no me marauillo que lo vno e lo otro se juntassen a cerrar los candados de mis ojos: pues trabaje con el cuerpo e persona: e holgue con el espiritu e sentido la passada noche. Muy cierto es que la tristeza acarrea pensamiento: e el mucho pensar impide el sueno: como a mi estos dias es acaescido: con la desconfianza que tenia de la mayor gloria que ya poseo. O senora e amor mio, Melibea! que piensas agora? si duermes / o estas despierta? si piensas en mi / o en otro? Si estas leuantada / o acostada? O dichoso e bienandante Calisto: si verdad es que no ha sido sueno lo pasado. Sonelo, o no? fue fantaseado / o passo en verdad? pues no estuue solo: mis criados me acompanaron. dos eran: si ellos dizen que passo en verdad, creerlo he segund derecho. Quiero mandarlos llamar: para mas confirmar mi gozo. Tristanico: mozos. Tristanico: leuantate de ay. TRIST.—senor, leuantado estoy. CAL.—corre, llamame a Sempronio e a Parmeno. TRIST.—ya voy, senor. CAL.—duerme e descansa, penado, desde agora: pues te ama tu senora: de tu grado. venza plazer al cuydado: e no le vea: pues te ha fecho su priuado Melibea. TRIST.—senor, no ay ningun mozo en casa. CAL.—pues abre essas ventanas: veras que hora es. TRIST.—senor, bien de dia. CAL.—pues tornalas a cerrar: e dexame dormir hasta que sea hora de comer. TRIST.—quiero baxarme a la puerta: porque duerma mi amo sin que ninguno le impida: e a quantos le buscaren se le negare. O que grita suena en el mercado: que es esto? alguna justicia se haze / o madrugaron a correr toros? No se que me diga de tan grandes vozes como se dan. De alla viene Sosia, el mozo despuelas: el me dira que es esto. desgrenado viene el vellaco. en alguna tauerna se deue hauer rebolcado: e si mi amo le cae en el rastro, mandarle ha dar dos mil palos. que avnque es algo loco, la pena le hara cuerdo. Parece que viene llorando: que es esto, Sosia?

porque lloras? de do vienes? SOS.—o malauenturado yo. o que perdida tan grande. o desonrra de la casa de mi amo. o que mal dia amanescio este. o desdichados mancebos. TRIST.—"Que es?" que has? que quexas? porque te matas? que mal es este? SOS.—Sempronio e Parmeno. TRIST.—que dizes Sempronio e Parmeno? que es esto, loco? aclarate mas, que me turbas. SOS.—nuestros companeros, nuestros hermanos… TRIST.—o tu estas borracho / o has perdido el seso / o traes alguna mala nueua. No me diras que es esto que dizes destos mozos? SOS.—que quedan degollados en la plaza. TRIST.—o mala fortuna nuestra: si es verdad! "Vistelos cierto / o hablaronte? SOS.—ya sin sentido yuan: pero el vno con harta difficultad: como me sintio: que con lloro le miraua: hinco los ojos en mi: alzando las manos al cielo: quasi dando gracias a dios. y como preguntandome [que] sentia de su morir: y en senal de triste despedida abaxo su cabeza con lagrimas en los ojos: dando bien a entender que no me auia de ver mas hasta el dia del gran juyzio. TRIST.—no sentiste bien: que seria preguntarte si estaua presente Calisto. e pues tan claras senas traes deste cruel dolor," vamos presto con las tristes nueuas a nuestro amo. SOS.—senor. senor. CAL.—que es esso, locos? no os mande que no me recordasedes? SOS.—recuerda e leuanta. que si tu no buelues por los tuyos, de cayda vamos. Sempronio e Parmeno quedan descabezados en la plaza: como publicos malhechores: con pregones que manifestauan su delito. CAL.—o valasme dios. e que es esto que me dizes? no se si te crea tan acelerada e triste nueua. vistelos tu? SOS.—yo los vi. CAL.—cata, mira que dizes: que esta noche han estado comigo. SOS.—pues madrugaron a morir. CAL.—o mis leales criados. o mis grandes seruidores. o mis fieles secretarios e consejeros. Puede ser tal cosa verdad? o amenguado Calisto. desonrrado quedas para toda tu vida. Que sera de ti, muertos tal par de criados? dime por dios, Sosia, que fue la causa? que dezia el pregon? donde los tomaron? que justicia lo hizo? SOS.—senor, la causa de su muerte publicaua el cruel verdugo a vozes, diziendo: manda la justicia: que mueran los violentos matadores. CAL.—a quien mataron tan presto? que puede ser esto? no ha quatro horas que de mi se despidieron. como se llamaua el muerto? SOS.—senor vna muger era que se llamaua Celestina. CAL.—que me dizes? SOS.—esto que oyes. CAL.—pues si esso es verdad, matame tu a mi: yo te perdono: que mas mal ay que viste ni puedes pensar. si Celestina, la de la cuchillada, es la muerta. SOS.—ella mesma es. de mas de treynta estocadas la vi llagada, tendida en su casa: llorandola vna su criada. CAL.—o tristes mozos. como yuan? vieronte? hablaronte? SOS.—o senor! que si los vieras, quebraras el corazon de dolor. el vno lleuaua todos los sesos de la cabeza de fuera: sin ningun sentido. El otro quebrados entramos brazos: e la cara magullada: todos llenos de sangre: que saltaron de vnas ventanas muy altas por huyr del alguazil. e assi casi muertos les cortaron las cabezas: que creo que ya no sintieron nada. CAL.—pues yo bien siento mi honrra: pluguiera a dios que fuera yo ellos, e perdiera la vida: e no la honrra: e no la esperanza de conseguir mi comenzado proposito. que es lo que mas en este caso desastrado siento. O mi triste nombre e fama, como andas al tablero de boca en boca. O mis secretos mas secretos, quan publicos andares por las plazas e mercados. Que sera de mi? adonde yre? que salga alla: a los muertos no puedo ya remediar. que me este aqui: parescera couardia. Que consejo tomare? dime, Sosia: que era la causa por que la mataron? SOS.—senor, aquella su criada dando vozes, llorando su muerte, la publicaua a quantos la querian oyr. diziendo que porque no quiso partir con ellos vna cadena de oro que tu le diste. CAL.—o dia de congoxa. o fuerte tribulacion. e en que anda mi hazienda de mano en mano: e mi nombre de lengua en lengua. Todo sera publico quanto con ella e con ellos hablaua: quanto de mi sabian: el negocio en que andauan. No osare salir ante gentes. O pecadores de mancebos: padecer por tan supito desastre. o mi gozo, como te vas diminuiendo. Prouerbio es antigo: que de muy alto grandes caydas se dan. Mucho hauia anoche alcanzado: mucho tengo oy perdido. Rara es la bonanza en el pielago. Yo estaua en titulo de alegre: si mi ventura quisiera tener quedos los ondosos vientos de mi perdicion. O fortuna, quanto e por quantas partes me has combatido. pues, por mas que sigas mi morada: e seas contraria a mi persona: las aduersidades con ygual animo se han de sofrir: e en ellas se prueua el corazon rezio o flaco. no ay mejor toque para conoscer que quilates de virtud o esfuerzo tiene el hombre. Pues por mas mal e dano que me venga, no dexare de complir el mandado de aquella: por quien todo esto se ha causado. Que mas me va en conseguir la ganancia de la gloria que espero: que en la perdida de morir los que murieron. Ellos eran sobrados e esforzados: agora o en otro tiempo de pagar hauian. La vieja era mala e falsa, segun parece que hazia trato con ellos: e assi que rinieron sobre la capa del justo. Permission fue diuina que assi acabasse: en pago de muchos adulterios: que por su intercession o causa son cometidos. Quiero hazer aderezar a Sosia e a Tristanico: yran comigo este tan esperado camino. lleuaran escalas, que son muy altas las paredes. Manana hare que vengo de fuera: si pudiere vengar estas muertes: sino, pagare mi inocencia con mi fingida absencia "o me fingire loco: por mejor gozar deste sabroso deleyte de mis amores.

Como hizo aquel gran capitan Ulixes: por euitar la batalla troyana: e holgar con Penelope su muger".

ARGUMENTO DEL QUATORZENO AUTO.

"Esta Melibea muy affligida hablando con Lucrecia sobre la tardanza de Calisto: el qual le auia hecho voto de venir en aquella noche: a visitalla. Lo qual cumplio: e con el vinieron Sosia e Tristan. E despues que cumplio su voluntad: boluieron todos a la posada. e Calisto se retrae en su palacio: e quexase por auer estado tan poca quantidad de tiempo con Melibea. E ruega a Febo que cierre sus rayos, para hauer de restuarar su desseo."

LUCRECIA. MELIBEA. SOSIA. TRISTAN. CALISTO.

MELIB.—Mucho se tarda aquel cauallero que esperamos: que crees tu o sospechas de su estada, Lucrecia? LUCR.—senora, que tiene justo impedimiento: e que no es en su mano venir mas presto. MELIB.—los angeles sean en su guarda. su persona este sin peligro: que su tardanza no me es pena. Mas, cuytada, pienso muchas cosas: que desde su casa aca le podrian acaescer. "quien sabe si el con voluntad de venir al prometido plazo en la forma que los tales mancebos a las tales horas suelen andar: fue topado de los alguaziles noturnos: e sin le conocer: le han acometido: el qual por se defender los offendio / o es dellos offendido / o si por caso los ladradores perros con sus crueles dientes que ninguna differencia saben hazer ni acatamiento de personas le ayan mordido / o si ha caydo en alguna calzada o hoyo: donde algun dano le viniesse. Mas o mezquina de mi que son estos inconuenientes: que el concebido amor me pone delante: e los atribulados ymaginamientos me acarrean: no plega a dios que ninguna destas cosas sea: antes este quanto le plazera sin verme." mas escucha: que passos suenan en la calle: e avn parece que hablan destotra parte del huerto. SOS.—arrima essa escalera, Tristan: que este es el mejor lugar avnque alto. TRIST.—sube, senor: yo yre contigo, porque no sabemos quien esta dentro: hablando estan. CAL.—quedaos, locos, que yo entrare solo: que a mi senora oygo. MELIB.—es tu sierua. es tu catiua. es la que mas tu vida que la suya estima. o mi senor! no saltes de tan alto, que me morire en verlo. baxa, baxa poco a poco por el escala: no vengas con tanta pressura. CAL.—o angelica ymagen. o preciosa perla: ante quien el mundo es feo. O mi senora e mi gloria: en mis brazos te tengo, e no lo creo. mora en mi persona tanta turbacion de plazer: que me haze no sentir todo el gozo que poseo. MEL.—senor mio, pues me fie en tus manos: pues quise complir tu voluntad: no sea de peor condicion por ser piadosa que si fuera esquiua e sin misericordia. No quieras perderme por tan breue deleyte: e en tan poco espacio. Que las mal fechas cosas, despues de cometidas: mas presto se pueden reprehender que emendar. Goza de lo que yo gozo: que es ver e llegar a tu persona: no pidas ni tomes aquello, que tomado, no sera en tu mano boluer. Guarte, senor, de danar: lo que con todos tesoros del mundo no se restaura. CAL.—senora, pues por conseguir esta merced toda mi vida he gastado: que seria quando me la diessen desechalla? ni tu, senora, me lo mandaras. ni yo podria acabarlo comigo. No me pidas tal couardia: no es fazer tal cosa de ninguno que hombre sea. Mayormente amando como yo: nadando por este fuego de tu desseo toda mi vida: no quieres que me arrime al dulce puerto? a descansar de mis passados trabajos? MELIB.—por mi vida: que avnque hable tu lengua quanto quisiere: no obren las manos quanto pueden: esta quedo senor mio. "Bastete pues ya soy tuya gozar de lo esterior: desto que es propio fruto de amadores: no me quieras robar el mayor don: que la natura me ha dado: cata que del buen pastor es propio tresquillar sus ouejas e ganado: pero no destruyrlo y estragarlo." CAL.—para que, senora: para que no este queda mi passion? para penar de nueuo? para tornar el juego de comienzo? Perdona, senora, a mis desuergonzadas manos, que jamas pensaron de tocar tu ropa: con su indignidad e poco merecer: agora gozan de llegar a tu gentil cuerpo: e lindas e delicadas carnes. MELIB.—apartate alla, Lucrecia. CAL.—porque, mi senora? bien me huelgo que esten semejantes testigos de mi gloria. MELIB.—yo no los quiero de mi yerro. Si pensara que tan desmesuradamente te auias de hauer comigo: no fiara mi persona de tu cruel conuersacion. SOS.—Tristan, bien oyes lo que passa: en que terminos anda el negocio. TRIST.—oygo tanto que juzgo a mi amo por el mas bienauenturado hombre que nascio. E por mi vida, que avnque soy mochacho: que diesse tan buena cuenta como mi amo. SOS.—para con tal joya quienquiera se ternia manos: pero con su pan se la coma: que bien caro le cuesta: dos mozos entraron en la salsa destos amores. TRIST.—ya los tiene oluidados: dexaos morir siruiendo a ruynes: hazed locuras en confianza de su defension: viuiendo con el conde, que no matase el hombre: me daua mi madre por consejo. Veslos a ellos alegres e abrazados: e sus seruidores con harta mengua degollados. MELIB.—o mi vida e mi senor: como has quesido que pierda el nombre e corona de virgen: por tan breue deleyte? O pecadora de mi madre! si de tal cosa fuesses sabidora: como tomarias de grado tu muerte: e me la darias a mi por fuerza: como serias cruel verdugo de tu propia sangre: como seria yo fin quexosa de tus dias. O mi padre honrrado! como he danado tu fama: e dado causa e lugar a quebrantar tu casa. O traydora de mi! como no mire primero el gran yerro que seguia de tu entrada: el gran peligro que esperaua. SOS.—ante quisiera yo oyrte esos miraglos. Todas sabes essa oracion: despues que no puede dexar de ser hecho: e el bouo de Calisto que se lo escucha. CAL.—ya quiere amanecer? que es esto? no me paresce que ha vna hora que estamos aqui: e da el relox las tres. MELIB.—senor, por dios, pues ya todo queda por ti: pues ya soy tu duena: pues ya no puedes negar mi amor: no me niegues tu vista: de dia passando por mi puerta: de noche donde tu ordenares. "sea tu venida por este secreto lugar: a la mesma ora. porque siempre te espere: apercebida del gozo con que quedo: esperando las venideras noches." Y por el presente vete con dios: que no seras visto, que haze "muy" escuro: ni yo en casa sentida, que avn no amanesce. CAL.—mozos, poned el escala. SOS.—senor, vesla aqui, baxa. MELIB.—Lucrecia, vente aca, que estoy sola: aquel senor mio es ydo: comigo dexa su corazon: consigo lleua el mio: has nos oydo? LUCR.—no, senora: dormiendo he estado.

"SOS.—Tristan deuemos yr muy callando: porque suelen leuantarse a esta hora los ricos. los cobdiciosos de temporales bienes. los deuotos de templos / monesterios / e yglesias / los enamorados: como nuestro amo / los trabajadores de los campos / e labranzas. E los pastores: que en este tiempo traen las ouejas a estos apriscos a ordenar: e podria ser que cogiessen de pasada alguna razon: por do toda su honrra e la de Melibea se turbasse. TRIST.—o simple rascacauallos dizes que callemos: e nombras su nombre della. bueno eres para adalid: o para regir gente en tierra de moros / de noche. assi que, prohibiendo permites / encubriendo descubres / assegurando offendes / callando bozeas e pregonas / preguntando respondes. Pues tan sotil e discreto eres: no me diras en que mes cae santa maria de agosto: porque sepamos si ay harta paja en casa: que comas ogano? CAL.—mis cuydados e los de vosotros no son todos vnos. Entrad callando no nos sientan en casa: cerrad essa puerta / e vamos a reposar: que yo me quiero sobir solo a mi camara: yo me desarmare. yd vosotros a vuestras camas. O mezquino yo: quanto me es agradable de mi natural / la solicitud / e silencio / e escuridad / no se si lo causa que me vino a la memoria la traycion que fize en me despartir de aquella senora que tanto amo: hasta que mas fuera de dia / o el dolor de mi desonrra / ay / ay / que esto es / esta herida es la que siento: agora que se ha resfriado: agora que esta elada la sangre que ayer heruia: agora que veo la mengua de mi casa la falta de mi seruicio: la perdicion de mi patrimonio: la infamia que tiene mi persona: de la muerte de mis criados se ha seguido. Que hize? en que me detuue? como me pude soffrir? que no me mostre luego presente: como hombre injuriado? vengador soberuio: e acelerado de la manifiesta injusticia que me fue hecha? O misera suauidad desta breuissima vida: quien es de ti tan cobdicioso: que no quiera mas morir luego que gozar vn ano de vida denostado: e prorogarle con desonrra: corrompiendo la buena fama de los passados mayormente que no ay hora cierta / ni limitada / ni avn vn solo momento: deudores somos sin tiempo: contino estamos obligados a pagar luego. Porque no sali a inquirir siquiera la verdad de la secreta causa de mi manifiesta perdicion? O breue deleyte mundano como duran poco: e cuestan mucho tus dulzores / no se compra tan caro el arrepentir. O triste yo quando se restaurara tan grande perdida: que hare? que consejo tomare? a quien descobrire mi mengua? porque lo celo a los otros mis seruidores e parientes / tresquilanme en concejo: e no lo saben en mi casa. salir quiero: pero si salgo para dezir que he estado presente / es tarde / si absente / es temprano. e para proueer amigos e criados antiguos / parientes e allegados / es menester tiempo / e para buscar armas: e otros aparejos de venganza. O cruel juez e que mal pago me has dado: del pan que de mi padre comiste yo pensaua que pudiera con tu fauor matar mill hombres: sin temor de castigo. Iniquo falsario perseguidor de verdad: hombre de baxo suelo: bien diran por ti: que te hizo alcalde mengua de hombres buenos. Miraras que tu e los que mataste en seruir a mis passados: e a mi erades companeros. mas quando el vil esta rico / ni tiene pariente / ni amigo. quien pensara que tu me auias de destruyr. No ay cierto cosa mas empecible: quel incogitado enemigo. porque quesiste que dixessen del monte sale con que se arde? e que crie cueruo: que me sacasse el ojo. tu eres publico delinquente: e mataste a los que son priuados. E pues sabe que menor delicto es el priuado que el publico: menor su vtilidad: segun las leyes de Atenas disponen. las quales no son escritas con sangre; antes muestran: que es menos yerro no condenar los malhechores: que punir los innocentes. O quan peligroso es seguir justa causa delante injusto juez: quanto mas este excesso de mis criados: que no carescia de culpa. Pues mira si mal has hecho: que ay sindicado en el cielo: y en la tierra. Assi que a dios e al rey seras reo: e a mi capital enemigo. Que pecco el vno por lo que hizo el otro? que por solo ser su companero los mataste a entrambos. Pero que digo? con quien hablo? estoy en mi seso? que es esto Calisto? sonauas? duermes / o velas? estas en pie / o acostado? cata que estas en tu camara / no vees que lo offendedor no esta presente: con quien lo has? torna en ti. Mira que nunca los absentes se hallaron justos: oye entrambas partes: para sentenciar. No vees que por executar la justicia: no auia de mirar amistad ni deudo / ni crianza / no miras que la ley tiene de ser ygual a todos. Mira que Romulo:

el primer cimentador de Roma: mato a su proprio hermano: porque la ordenada ley traspasso. Mira a Torcato romano: como mato a su hijo: porque excedio la tribunicia constitucion. Otros muchos hizieron lo mesmo. Considera que si aqui presente el estouiese: responderia que hazientes e consintientes: merecen ygual pena; avnque a entrambos matasse: por lo que el vno peco. E que si acelero en su muerte: que era crimen notorio: e no eran necessarias muchas prueuas: e que fueron tomados en el acto del matar: que ya estaua el vno muerto: de la cayda que dio: e tambien se deue creer que aquella lloradera moza: que Celestina tenia en su casa: le dio rezia priessa con su triste llanto. E el por no hazer bullicio: por no me disfamar: por no esperar a que la gente se leuantasse: e oyessen el pregon del qual gran infamia se me siguia: los mando justiciar tan de manana. Pues era forzoso el verdugo bozeador: para la execucion: e su descargo: lo qual todo assi como creo es hecho: antes le quedo deudor e obligado: para quanto biua / no como a criado de mi padre: Pero como a verdadero hermano. E puesto caso que assi no fuesse: puesto caso que no echasse lo passado a la mejor parte. Acuerdate Calisto del gran gozo passado. acuerdate de tu senora e tu bien todo: e pues tu vida no tienes en nada por su seruicio. No has de tener las muertes de otros: pues ningun dolor ygualara: con el rescebido plazer. O mi senora e mi vida: que jamas pense en absencia offenderte: que paresce que tengo en poca estima la merced que me has hecho: no quiero pensar en enojo: no quiero tener ya con la tristeza amistad. O bien sin *comparacion.* O insaciable contentamiento: e quando pidiera yo mas a dios por premio de mis meritos: si algunos son en esta vida: de lo que alcanzado tengo? porque no estoy contento? pues no es razon ser ingrato a quien tanto bien me ha dado: quierolo conocer: no quiero con enojo perder mi seso: porque perdido: no cayga de tan alta possession: no quiero otra honrra / otra gloria / no otras riquezas / no otro padre / ni madre / no otros deudos / ni parientes. De dia estare en mi camara / de noche en aquel parayso dulce / en aquel alegre vergel / entre aquellas suaues plantas: y fresca verdura. O noche de mi descanso si fuesses ya tornada / o luziente Febo date priessa a tu acostumbrado camino. O deleytosas estrellas apareceos ante de la continua orden. O espacioso relox: avn te vea yo arder en biuo fuego de amor: que si tu esperasses lo que yo: quando des doze: jamas estarias arrendado a la voluntad del maestro que te compuso. Pues vosotros inuernales meses que agora estays escondidos: viniessedes con vuestras muy complidas noches: a trocarlas por estos prolixos dias. ya me paresce hauer vn ano que no he visto aquel suaue descanso: aquel deleytoso refrigerio de mis trabajos. Pero que es lo que demando? que pido loco sin sufrimiento? lo que jamas fue / ni puede ser. No aprenden los cursos naturales a rodearse sin orden: que a todos es vn ygual curso: a todos vn mesmo espacio: para muerte y vida vn limitado termino: a los secretos mouimientos del alto firmamento celestial / de los planetas y norte / de los crescimientos / e mengua de la menstrua luna: todo se rige con vn freno ygual: todo se mueue con igual espuela / cielo / tierra / mar / fuego / viento / calor / frio. que me aprouecha a mi que de doze horas el relox de hierro: si no las ha dado el del cielo? pues por mucho que madrugue: no amanesce mas ayna. Pero tu dulce ymaginacion / tu que puedes me acorre: trae a mi fantasia la presencia angelica: de aquella ymagen luziente: buelue a mis oydos el suaue son de sus palabras: aquellos desuios sin gana: aquel apartate alla senor. no llegues a mi / aquel no seas descortes / que con sus rubicundos labrios via sonar / aquel no quieras mi perdicion / que de rato en rato proponia: aquellos amorosos abrazos entre palabra e palabra: aquel soltarme e prenderme: aquel huyr e llegarse: aquellos azucarados besos: aquella final salutacion: con que se me despidio: con quanta pena salio por su boca: con quantos desperezos: con quantas lagrimas: que parescian granos de aljofar: que sin sentir se le cayan de aquellos claros e resplandescientes ojos. SOS.—Tristan que te paresce de Calisto que dormir ha hecho: que ya son las quatro de la tarde e no nos ha llamado: ni ha comido. TRIST.—calla que el dormir no quiere priessa: demas desto: aquexale por vna parte la tristeza de aquellos mozos: por otra le alegra el muy gran plazer: de lo que con su Melibea ha alcanzado. Assi que dos tan rezios contrarios veras que tal pararan vn flaco subjecto: donde estuuieren aposentados. SOS.—piensas te tu que le penan a el mucho los muertos? si no le penasse mas aquella que desde esta ventana yo veo yr por la calle: no lleuaria las tocas de tal color. TRIST.—quien es hermano? SOS.—llegate aca e verla has antes que trasponga: mira aquella lutosa que se limpia agora las lagrimas de los ojos: aquella es Elicia criada de Celestina: e amiga de Sempronio: vna muy bonita moza: avnque queda agora perdida la pecadora. Porque tenia a Celestina por madre / e a Sempronio por el principal de sus amigos: e aquella casa donde entra: alli mora vna hermosa muger: muy graciosa e fresca: enamorada medio ramera: pero no se tiene por poco dichoso quien la alcanza tener por amiga: sin grande escote: e llamase Areusa. por la qual se yo que ouo el triste de Parmeno mas de tres noches malas: e avn que no le plaze a ella con su muerte.

ARGUMENTO DEL DECIMOQUINTO AUTO.

Areusa dize palabras injuriosas: a vn rufian llamado Centurio el qual se despide della por la venida de Elicia: la qual cuenta a Areusa las muertes que sobre los amores de Calisto: e Melibea se auian ordenado. E conciertan Areusa y Elicia. que Centurio aya de vengar las muertes de los tres. en los dos enamorados. En fin despidese Elicia de Areusa: no consintiendo en lo que le ruega: por no perder el buen tiempo que se daua: estando en su asueta casa.

AREUSA. CENTURIO. ELICIA.

ELIC.—Que bozear es este de mi prima? Si ha sabido las tristes nueuas que yo le traygo: no aure yo las albricias de dolor que por tal mensaje se ganan / llore / llore / vierta lagrimas: pues no se hallan tales hombres a cada rincon: plazeme que assi lo siente: messe aquellos cabellos: como yo triste he fecho: sepa que es perder buena vida mas trabajo que la misma muerte. O quanto mas la quiero que hasta aqui por el gran sentimiento que muestra. AREUSA.—vete de mi casa rufian vellaco mentiroso / burlador / que me traes enganada boua: con tus offertas vanas: con tus ronces e halagos: hasme robado quanto tengo. yo te di vellaco sayo e capa: espada e broquel: camisas de dos en dos: a las mill marauillas labradas. yo te di armas e cauallo: pusete con senor que no le merescias descalzar. Agora vna cosa que te pido que por mi fagas ponesme mill achaques. CENTURIO.—hermana mia mandame tu matar con diez hombres por tu seruicio: e no que ande vna legua de camino a pie. AREU.—porque jugaste tu el cauallo / tahur / vellaco / que si por mi no ouiesse sido estarias tu ya ahorcado. Tres vezes te he librado de la justicia: quatro vezes desempenado en los tableros. porque lo hago? porque soy loca? porque tengo fe con este couarde? porque creo sus mentiras? porque le consiento entrar por mis puertas? que tiene bueno? los cabellos crespos: la cara acuchillada: dos vezes azotado, manco de la mano del espada: treynta mugeres en la puteria. salte luego de ay no te vea yo mas / no me hables / ni digas que me conoces: si no por los huesos del padre que me hizo: e de la madre que me pario: yo te haga dar mill palos en essas espaldas de molinero: que ya sabes que tengo quien lo sepa hazer y hecho: salirse con ello. CENT.—loquear bouilla: pues si yo me ensano alguna llorara: mas quiero yrme e zofrirte: que no se quien entra / no nos oyan. ELIC.—quiero entrar: que no es son de buen llanto: donde ay amenazas e denuestos. AREU.—ay triste yo: eres tu mi Elicia? Jesu / Jesu / no lo puedo creer:

que es esto? quien te me cubrio de dolor? que manto de tristeza es este? cata que me espantas hermana mia: dime presto que cosa es? que estoy sin tiento: ninguna gota de sangre has dexado en mi cuerpo. ELIC.—gran dolor, gran perdida: poco es lo que muestro con lo que siento y encubro: mas negro traygo el corazon que el manto: las entranas que las tocas. Ay hermana / hermana que no puedo fablar: no puedo de ronca sacar la boz del pecho. AREU.—ay triste que me tienes suspensa: dimelo no te messes: no te rascunes / ni maltrates / es comun de entrambas este mal: tocame a mi? ELIC.—ay prima mia e mi amor. Sempronio e Parmeno ya no biuen: ya no son en el mundo: sus animas ya estan purgando su yerro: ya son libres desta triste vida. AREU.—que me cuentas? no me lo digas / calla por dios que me caere muerta. ELIC.—pues mas mal ay que suena: oye a la triste que te contara mas quexas. Celestina aquella que tu bien conosciste: aquella que yo tenia por madre: aquella que me regalaua: aquella que me encubria: aquella con quien yo me honrraua: entre mis yguales: aquella por quien yo era conoscida en toda la ciudad e arrabales: ya esta dando cuenta de sus obras. mill cuchilladas le vi dar a mis ojos: en mi regazo me la mataron. AREU.—o fuerte tribulacion o dolorosas nueuas dignas de mortal lloro / o acelerados desastres o perdida incurable: como ha rodeado atan presto la fortuna su rueda. Quien los mato? como murieron? que estoy enuelesada sin tiento: como quien cosa impossible oye: no ha ocho dias que los vide biuos: e ya podemos dezir perdonelos dios: cuentame amiga mia como es acaescido tan cruel e desastrado caso? ELIC.—tu lo sabras: ya oyste dezir hermana los amores de Calisto: e la loca de Melibea: bien verias como Celestina auia tomado el cargo: por intercession de Sempronio: de ser medianera: pagandole su trabajo. la qual puso tanta diligencia e solicitud: que a la segunda azadonada saco agua. pues como Calisto tan presto vido buen concierto en cosa que jamas lo esperaua / a bueltas de otras cosas dio a la desdichada de mi tia vna cadena de oro: e como sea de tal calidad aquel metal que mientra mas beuemos dello: mas sed nos pone con sacrilega hambre: quando se vido tan rica alzose con su ganancia: e no quiso dar parte a Sempronio / ni a Parmeno dello: lo qual auia quedado entre ellos que partiessen lo que Calisto diesse. Pues como ellos viniessen cansados vna manana de acompanar a su amo toda la noche: muy ayrados de no se que questiones que dizen que auian auido: pidieron su parte a Celestina de la cadena: para remediarse: ella pusose en negarles la conuencion e promesa: e dezir que todo era suyo lo ganado: e avn descubriendo otras cosillas de secretos: que como dizen. Rinen las comadres. Assi que ellos muy enojados: por vna parte los aquexaua la necessidad: que priua todo amor: por otra el enojo grande e cansancio que trayan que acarrea alteracion: por otra auian la fe quebrada de su mayor esperanza: no sabian que hazer estuuieron gran rato en palabras: al fin viendola tan cobdiciosa: perseuerando en su negar: echaron mano a sus espadas: e dieronle mill cuchilladas. AREU.—o desdichada de muger: y en esto auia su vejez de fenescer. e dellos que me dizes? en que pararon? ELIC.—ellos como ouieron hecho el delicto: por huyr de la justicia que acaso passaua por alli: saltaron de las ventanas e quasi muertos los prendieron: e sin mas dilacion los degollaron. AREU.—o mi Parmeno e mi amor: y quanto dolor me pone su muerte: pesame del grande amor: que con el tan poco tiempo hauia puesto: pues no me auia mas de durar. Pero pues ya este mal recabdo es hecho. pues ya esta desdicha es acaescida. Pues ya no se pueden por lagrimas comprar / ni restaurar sus vidas / no te fatigues tu tanto que cegaras llorando: que creo que poca ventaja me lleuas en sentimiento y veras con quanta paciencia lo zufro y passo. ELIC.—ay que rauio: ay mezquina que salgo de seso: ay que no hallo quien lo sienta como yo: no ay quien pierda lo que yo pierdo. O quanto mejores y mas honestas fueran mis lagrimas en passion ajena que en la propia mia. a donde yre que pierdo madre manto y abrigo: pierdo amigo y tal que nunca faltaua de mi marido. O Celestina sabia / honrrada / y autorizada quantas faltas me encobrias / con tu buen saber. tu trabajauas / yo holgaua. tu salias fuera / yo estaua encerrada. tu rota / yo vestida. tu entrauas contino como abeja por casa / yo destruya / que otra cosa no sabia hazer. o bien y gozo mundano que mientra eres posseydo: eres menospreciado y jamas te consientes conocer hasta que te perdemos. O Calisto y Melibea causadores de tantas muertes: mal fin ayan vuestros amores: en mal sabor se conuiertan vuestros dulces plazeres: tornese lloro vuestra gloria trabajo vuestro descanso: las yeruas deleytosas donde tomays los hurtados solazes se conuiertan en culebras: los cantares se os tornen lloro: los sombrosos arboles del huerto se sequen con vuestra vista: sus flores olorosas se tornen de negra color. AREU.—calla por dios hermana: pon silencio a tus quexas: ataja tus lagrimas: limpia tus ojos: torna sobre tu vida: que quando vna puerta se cierra otra suele abrir la fortuna: y este mal avnque duro: se soldara e muchas cosas se pueden vengar: que es impossible remediar: y esta tiene el remedio dudoso: e la venganza en la mano. ELIC.—de quien se ha de hauer enmienda? que la muerta / y los matadores me han acarreado esta cuyta: no menos me fatiga la punicion de los delinquentes: que el yerro cometido: que mandas que haga: que todo carga sobre mi: pluguiera a dios que fuera yo con ellos: e no quedara para llorar a todos: y de lo que mas dolor siento es ver que por esso no dexa aquel vil de poco sentimiento: de ver y visitar festejando cada noche a su estiercol de Melibea: y ella muy vfana: en ver sangre vertida por su seruicio. AREU.—si esso es verdad: de quien mejor se puede tomar venganza? de manera que quien lo comio aquel lo escote. Dexame tu: que si yo les caygo en el rastro: quando se veen: e como / por donde / e a que hora. no me ayas tu por hija de la pastellera vieja: que bien conosciste: si no hago que les amarguen los amores. e si pongo en ello a aquel con quien me viste que renia: quando entrauas: si no / sea el peor verdugo para Calisto: que Sempronio de Celestina. pues que gozo auria agora el en que le pusiesse yo en algo por mi seruicio: que se fue muy triste: de verme que le trate mal: e veria el los cielos abiertos: en tornalle yo a hablar e mandar. por ende hermana: dime tu de quien pueda yo saber el negocio como passa: que yo le hare armar vn lazo: con que Melibea llore: quanto agora goza. ELIC.—yo conozco amiga otro companero de Parmeno: mozo de cauallos que se llama Sosia: que le acompana cada noche: quiero trabajar de se lo sacar todo el secreto: e este sera buen camino para lo que dizes. AREU.—mas hazme este plazer: que me embies aca esse Sosia: yo le halagare: e dire mill lisonjas e offrescimientos: hasta que no le dexe en el cuerpo cosa de lo hecho e por hazer. despues a el: e a su amo hare reuessar el plazer comido. E tu Elicia alma mia: no recibas pena: passa a mi casa tu ropa e alhajas: e vente a mi compania que estaras muy sola: e la tristeza es amiga de la soledad. con nueuo amor: oluidaras los viejos. vn hijo que nasce: restaura la falta de tres finados: con nueuo sucessor se pierde la alegre memoria e plazeres perdidos del passado: de vn pan que yo tenga: ternas tu la meytad. mas lastima tengo de tu fatiga que de los que te la ponen. Verdad sea que cierto duele mas la perdida de lo que hombre tiene: que da plazer la esperanza de otro tal: avnque sea cierta. Pero ya lo hecho es sin remedio: e los muertos irrecuperables. E como dizen. Mueran / e biuamos. A los biuos me dexa a cargo: que yo te les dare tan amargo xarope a beuer: qual ellos a ti han dado. Ay prima / prima / como se yo quando me ensano reboluer estas tramas: avnque soy moza: e de al me vengue dios: que de Calisto Centurio me vengara. ELIC.—cata que creo: que avnque llame el que mandas: no haura effecto lo que quieres. Porque la pena de los que murieron por descobrir el secreto: porna silencio al biuo para guardarle. Lo que me dizes de mi venida a tu casa te agradesco mucho: E dios te ampare e alegre en tus necessidades que bien muestras el parentesco e hermandad no seruir de viento: antes en las aduersidades aprouechar: Pero avnque lo quiera hazer por gozar de tu dulce compania: no podra ser por el dano que me vernia: La causa no es necessario dezir: Pues hablo con quien me entiende: que alli hermana soy conoscida. Alli estoy aparrochada: jamas perdera aquella casa el nombre de Celestina: que dios aya: Siempre acuden alli mozas conoscidas e allegadas: medio parientas de las que ella crio. Alli hazen sus conciertos de donde se me seguira algun prouecho. E tambien essos pocos amigos: que me quedan: no me saben otra morada. Pues ya sabes quan duro es dexar lo vsado. e que mudar costumbre es a par de muerte: e piedra mouediza que nunca moho la cobija. alli quiero estar: siquiera porque el alquile de la casa esta pagado por ogano: no se vaya embalde / assi que avnque cada cosa no abastasse por si juntas aprouechan e ayudan. ya me paresce que es hora de yrme: de lo dicho me lleuo el cargo: dios quede contigo que me voy.

ARGUMENTO DEL DECIMOSESTO AUTO.

Pensando Pleberio e Alisa tener su hija Melibea en don de la virginidad conseruado. lo qual segun ha parescido esta en contrario y estan razonando sobre el casamiento de Melibea: e en tan gran quantidad le dan pena las palabras que de sus padres oye: que embia a Lucrecia: para que sea causa de su silencio: en aquel proposito.

PLEBERIO. ALISA. LUCRECIA. MELIBEA.

PLEB.—Alisa amiga: el tiempo segun me parece se nos va: como dizen entre las manos: corren los dias como agua de rio. no hay cosa tan ligera para huyr como la vida. la muerte nos sigue: e rodea: de la qual somos vezinos: e hazia su vandera nos acostamos: segun natura esto vemos muy claro si miramos nuestros yguales, nuestros hermanos: e parientes en derredor: todos los come ya la tierra: todos estan en sus perpetuas moradas: e pues somos inciertos quando auemos de ser llamados, viendo tan ciertas senales, deuemos echar nuestras baruas en remojo: e aparejar nuestros fardeles para andar este forzoso camino: no nos tome improuisos / ni de salto aquella cruel boz de la muerte: ordenemos nuestras animas con tiempo: que mas vale preuenir que ser preuenidos: demos nuestra hazienda a dulce sucessor: acompanemos nuestra vnica hija con marido qual nuestro estado requiere: porque vamos descansados e sin dolor deste mundo: lo qual con mucha diligencia deuemos poner desde agora por obra: e lo que otras vezes auemos principiado en este caso agora aya execucion; no quede por nuestra negligencia: nuestra hija en manos de tutores pues parescera ya mejor en su propia casa: que en la nuestra. quitarla hemos de lenguas de vulgo. porque ninguna virtut ay tan perfecta que no tenga vituperadores e maldizientes: no ay cosa con que mejor se conserue la limpia fama en las virgines: que con temprano casamiento; quien rehuyria nuestro parentesco en toda la ciudad? quien no se hallara gozoso de tomar tal joya en su compania? en quien caben las quatro principales cosas que en los casamientos se demandan. conuiene a saber lo primero discricion / honestidad / e virginidad. segundo hermosura. lo tercero el alto origen e parientes. lo final / riqueza / de todo esto la doto natura. qualquiera cosa que nos pidan hallaran bien complida. ALI.—dios la conserue mi senor Pleberio: porque nuestros desseos veamos complidos en nuestra vida: que antes pienso que faltara ygual a nuestra hija segun tu virtut: e tu noble sangre: que no sobraran muchos que la merezcan. pero como esto sea officio de los padres: e muy ageno a las mugeres: como tu lo ordenares / sere yo alegre / e nuestra hija obedecera. segun su casto biuir: e honesta vida e humildad. LUCR.—avn si bien lo supiesses rebentarias / ya / ya / perdido es lo mejor: mal ano se os apareja a la vejez. lo mejor Calisto lo lleua. no ay quien ponga virgos: que ya es muerta: que ya es muerta Celestina.: tarde acordays: mas auiades de madrugar / escucha / escucha / senora Melibea. MELIB.—que hazes ay escondida loca? LUCR.—llegate aqui senora: oyras a tus padres la priessa que traen por te casar. MELIB.—calla por dios que te oyran / dexalos parlar / dexalos deuaneen. vn mes ha que otra cosa no hazen / ni en otra cosa entienden / no parece sino que les dize el corazon el gran amor que a Calisto tengo: e todo lo que con el vn mes ha he passado: no se si me han sentido? no se que se sea? aquexarles mas agora este cuydado que nunca. pues mandoles yo trabajar en vano que por demas es la citola en el molino: quien es el que me ha de quitar mi gloria? quien apartarme mis plazeres? Calisto es mi anima / mi vida / mi senor / en quien yo tengo toda mi speranza. conozco del que no biuo enganada: pues el me ama: con que otra cosa le puedo pagar. todas las debdas del mundo: resciben compensacion en diuerso genero: el amor no admite sino solo amor por paga. en pensar en el me alegro / en verlo / me gozo / en oyrlo / me glorifico / haga e ordene de mi a su voluntad; si passar quisiere la mar / con el yre / si rodear el mundo / lleueme consigo. si venderme en tierra de enemigos: no rehuyre su querer. dexenme mis padres gozar del: si ellos quieren gozar de mi. no piensen en estas vanidades / ni en estos casamientos: que mas vale ser buena amiga: que mala casada. dexenme gozar mi mocedad alegre: si quieren gozar su vejez cansada / si no / presto podran aparejar mi perdicion e su sepultura. no tengo otra lastima: sino por el tiempo que perdi de no gozarlo: de no conoscerlo: despues que a mi me se conoscer. no quiero marido: no quiero ensuziar los nudos del matrimonio / ni las maritales pisadas de ageno hombre repisar: como muchas hallo en los antiguos libros que ley / o que hizieron mas discretas que yo: mas subidas en estado e linaje. las quales algunas eran de la gentilidad tenidas por diosas: assi como Venus: madre de Eneas. e de Cupido: el dios del amor: que siendo casada corrompio la prometida fe marital. E avn otras de mayores fuegos encendidas: cometieron nefarios / e incestuosos yerros como Mirra con su padre: Semiramis con su hijo, Canasce con su hermano. e avn aquella forzada Thamar: hija del rey Dauid. Otras avn mas cruelmente traspassaron las leyes de natura: como Pasiphe: muger del rey Minos: con el toro. Pues reynas eran: e grandes senoras. debaxo de cuyas culpas: la razonable mia podra passar sin denuesto. mi amor fue con justa causa requerida e rogada: catiuada de su merescimiento: aquexada por tan astuta maestra como Celestina, seruida de muy peligrosas visitaciones: antes que concediesse por entero en su amor. y despues vn mes ha como has visto: que jamas noche ha faltado sin ser nuestro huerto escalado como fortaleza: e muchas auer venido embalde. e por esso no me mostrar mas pena ni trabajo. muertos por mi sus seruidores: perdiendose su hazienda: fingiendo absencia: con todos los de la ciudad. todos los dias encerrado en casa: con esperanza de verme a la noche. Afuera afuera la ingratitud, afuera las lisonjas: e el engano con tan verdadero amador: que ni quiero marido ni quiero padre ni parientes. faltandome Calisto: me falte la vida, la qual, porque el de mi goze: me aplaze. LUCR.—calla senora / escucha, que todavia perseueran. PLEB.—pues, que te parece, senora muger? deuemos hablarlo a nuestra hija? deuemos darle parte de tantos como me la piden: para que de su voluntad venga: para que diga qual le agrada? Pues en esto las leyes dan libertad a los hombres: e mugeres: avnque esten so el paterno poder: para elegir. ALI.—que dizes? en que gastas tiempo? quien ha de yrle con tan grande nouedad a nuestra Melibea que no la espante? como: e piensas que sabe ella que cosa sean hombres? si se casan / o que es casar? o que del ayuntamiento de marido e muger se procreen los hijos? piensas que su virginidad simple le acarrea torpe desseo de lo que no conosce / ni ha entendido jamas? piensas que sabe errar: avn con el pensamiento? no lo creas senor Pleberio, que si alto o baxo de sangre o feo o gentil de gesto le mandaremos tomar, aquello sera su plazer: aquello aura por bueno: que yo se bien lo que tengo criado en mi guardada hija. MELIB.—Lucrecia, Lucrecia, corre presto: entra por el postigo en la sala: y estoruales su hablar, interrumpeles sus alabanzas con algun fingido mensaje, si no quieres que vaya yo dando bozes como loca, segun estoy enojada del concepto enganoso que tienen de mi ignorancia. LUCR.—ya voy, senora.

ARGUMENTO DEL DECIMOSEPTIMO AUTO.

Elicia caresciendo de la castimonia de Penelope: determina de despedir el pesar e luto: que por causa de los muertos trae: alabando el consejo de Areusa: en este proposito. la qual va a casa de Areusa. Adonde viene Sosia: al qual Areusa con palabras fictas: saca todo el secreto: que esta entre Calisto e Melibea.

ELICIA. AREUSA. SOSIA

ELIC.—Mal me va con este luto / poco se visita mi casa / poco se passea mi calle / ya no veo las musicas de la aluorada / ya no las canciones de mis amigos / ya no las cuchilladas ni ruydos de noche por mi causa. e lo que peor siento: que ni blanca / ni presente veo entrar por mi puerta: de todo esto me tengo yo la culpa: que si tomara el consejo de aquella que bien me quiere. de aquella verdadera hermana: quando el otro dia le lleue las nueuas deste triste negocio: que esta mi mengua ha acarreado: no me viera agora entre dos paredes sola: que de asco ya no ay quien me vea. el diablo me da tener dolor por quien no se si yo muerta lo tuuiera. a osadas que me dixo ella a mi lo cierto: nunca hermana traygas / ni muestres mas pena por el mal ni muerte de otro: que el hiziera por ti. Sempronio holgara yo muerta: pues porque loca me peno yo por el degollado? e que se / si me matara a mi / como era acelerado e loco: como hizo a aquella vieja que tenia yo por madre. Quiero en todo seguir su consejo de Areusa: que sabe mas del mundo que yo: e verla muchas vezes: e traer materia como biua. O que participacion tan suaue: que conuersacion tan gozosa e dulce. no embalde se dize. Que vale mas vn dia del hombre discreto: que toda la vida del nescio / e simple. quiero pues deponer el luto: dexar tristeza / despedir las lagrimas: que tan aparejadas han estado a salir. pero como sea el primer officio que en nasciendo hazemos llorar: no me marauilla ser mas ligero de comenzar: e de dexar mas duro. mas para esto es el buen seso viendo la perdida al ojo: viendo que los atauios hazen la muger hermosa: avnque no lo sea: tornan de vieja moza: e a la moza mas. no es otra cosa la color: e aluayalde: sino pegajosa [liga] en que se trauan los hombres: ande pues mi espejo: e alcohol: que tengo danados estos ojos: anden mis tocas blancas / mis gorgueras labradas / mis ropas de plazer. quiero aderezar lexia para estos cabellos: que perdian ya la ruuia color. y esto hecho: contare mis gallinas / hare mi cama: porque la limpieza alegra el corazon barrere mi puerta / e regare la calle porque los que passaren: vean que es ya desterrado el dolor. Mas primero quiero yr a visitar mi prima: por preguntarle si ha ydo alla Sosia: e lo que con el ha passado: que no lo he visto: despues que le dixe como le querria hablar Areusa: quiera dios que la halle sola: que jamas esta desacompanada de galanes: como buena tauerna de borrachos. cerrada esta la puerta: no deue estar alla hombre; quiero llamar. tha. tha. AREU.—quien es? ELIC—abreme amiga: Elicia soy. AREU.—entra hermana mia: veate dios que tanto plazer me hazes en venir:como vienes mudado el habito de tristeza. agora nos gozaremos juntas. agora te visitare. vernos hemos en mi casa: y en la tuya: quiza por bien fue: para entrambas la muerte de Celestina. que yo ya siento la mejoria mas que antes. Por esto se dize que los muertos abren los ojos de los que biuen. a vnos con haziendas / a otros con libertad como a ti. ELIC.—a tu puerta llaman: poco espacio nos dan para hablar: que te querria preguntar si auia venido aca Sosia. AREU.—no ha venido; despues hablaremos: que porradas que dan: quiero yr abrir: que o es loco / o priuado quien llama. SOS.—abreme senora / Sosia soy / criado de Calisto. AREU.—por los santos de dios: el lobo es en la conseja. escondete hermana tras esse paramento: e veras qual te lo paro lleno de viento de lisonjas: que piense quando se parta de mi / que es el / e otro no / e sacarle he lo suyo e lo ageno del buche con halagos: como el saca el poluo con la almohaza a los cauallos. Es mi Sosia: mi secreto [amigo]? el que yo me quiero bien: sin que el lo sepa? el que desseo conoscer por su buena fama: el fiel a su amo: el buen amigo de sus companeros? Abrazarte quiero amor: que agora que te veo creo que ay mas virtudes en ti: que todos me dezian: andaca entremos a assentarnos que me gozo en mirarte: que me representas la figura del desdichado de Parmeno: con esto haze oy tan claro dia: que auias tu de venir a uerme. Dime senor conosciasme antes de agora? SOS.—senora la fama de tu gentileza: de tus gracias e saber buela tan alto por esta ciudad: que no deues tener en mucho ser de mas conoscida que conosciente. porque ninguno habla en loor de hermosas: que primero no se acuerde de ti: que de quantas son. ELIC.—o hideputa el pelon e como se desasna: quien le ve yr al agua con sus cauallos en cerro: e sus piernas de fuera en sayo: e agora en verse medrado con calzas e capa: salenle alas e lengua. AREU.—ya me correria con tu razon si alguno estuuiesse delante: en oyrte tanta burla: como de mi hazes. pero como todos los hombres traygays proueydas essas razones: essas enganosas alabanzas tan comunes: para todas hechas de molde: no me quiero de ti espantar: pero hagote cierto Sosia: que no tienes dellas necessidad: sin que me alabes te amo: y sin que me ganes de nueuo: me tienes ganada. Para lo que te embie a rogar que me vieses: son dos cosas. las quales sin mas lisonja / o engano en ti conozco: te dexare de dezir:

avnque sean de tu prouecho. SOS.—senora mia no quiera dios: que yo te haga cautela: muy seguro venia de la gran merced que me piensas hazer e hazes: no me sentia digno para descalzarte: guia tu mi lengua: responde por mi a tus razones: que todo lo aure por rato e firme. AREU.—amor mio ya sabes quanto quise a Parmeno: e como dizen quien bien quiere a Beltran / a todas sus cosas ama / todos sus amigos me agradauan / el buen seruicio de su amo: como a el mismo me plazia donde via su dano de Calisto le apartaua. Pues como esto assi sea: acorde dezirte lo vno que conozcas el amor que te tengo: e quanto contigo: e con tu visitacion siempre me alegraras: e que en esto no perderas nada si yo pudiere: antes te verna prouecho. lo otro e segundo que pues yo pongo mis ojos en ti e mi amor e querer / auisarte / que te guardes de peligros e mas de descobrir tu secreto a ninguno. pues ves quanto dano vino a Parmeno e a Sempronio de lo que supo Celestina: porque no querria verte morir mallogrado: como a tu companero: harto me basta auer llorado al vno: porque has de saber que vino a mi vna persona: e me dixo que le auias tu descubierto los amores de Calisto e Melibea: e como la auia alcanzado: e como yuas cada noche a le acompanar: e otras muchas cosas. que no sabria relatar. Cata amigo que no guardar secreto es propio de las mugeres / no de todas / sino de las baxas / e de los ninos. Cata que te puede venir gran dano. que para esto te dio dios dos oydos / e dos ojos / e no mas de vna lengua: porque sea doblado lo que vieres e oyeres que no el hablar. Cata no confies que tu amigo te ha de tener secreto de lo que le dixeres. Pues tu no le sabes a ti mismo tener: quando ouieres de yr con tu amo Calisto a casa de aquella senora no hagas bullicio: no te sienta la tierra: que otros me dixeron que yuas cada noche dando bozes como loco: de plazer. SOS.—o como son sin tiento: e personas desacordadas las que tales nueuas senora te acarrean: quien te dixo que de mi boca lo hauia oydo no dize verdad. Los otros de verme yr con la luna de noche: a dar agua a mis cauallos holgando e auiendo plazer: diziendo cantares por oluidar el trabajo: e desechar enojo. y esto antes de las diez sospechan mal y de la sospecha hazen certidumbre: affirman lo que barruntan: si que no estaua Calisto loco: que a tal hora auia de yr a negocio de tanta affrenta sin esperar que repose la gente: que descansen todos en el dulzor del primer sueno / ni menos auia de yr cada noche: que aquel officio no zufre cotidiana visitacion. y si mas clara quieres senora ver su falsedad: como dizen que toman antes al mentiroso que al que coxquea: en vn mes no auemos ydo ocho vezes: y dizen los falsarios reboluedores que cada noche. AREU.—pues por mi vida amor mio: porque yo los acuse y tome en el lazo del falso testimonio: me dexes en la memoria los dias que aueys concertado de salir: e si yerran estare segura de tu secreto y cierta de su leuantar. porque no siendo su mensaje verdadero: sera tu persona segura de peligro: e yo sin sobresalto de tu vida: pues tengo esperanza de gozarme contigo largo tiempo. SOS.—senora no alarguemos los testigos: para esta noche en dando el relox las doze esta hecho el concierto de su visitacion por el huerto: manana preguntaras lo que han sabido. de lo qual si alguno te diere senas: que me tresquilen a mi a cruzes. AREU.—e por que parte alma mia? porque mejor los pueda contradezir: si anduuieren errados vacilando? SOS.—por la calle del vicario gordo a las espaldas de su casa. ELIC.—tienente don handrajoso: no es mas menester. Maldito sea el que en manos de tal azemilero se confia: que desgoznarse haze el badajo. AREU.—hermano Sosia esto hablado basta: para que tome cargo de saber tu innocencia e la maldad de tus aduersarios. vete con dios que estoy ocupada en otro negocio: y he me detenido mucho contigo. ELIC.—o sabia muger / o despidiente propio qual le merece el asno: que ha vaziado su secreto tan de ligero. SOS.—graciosa e suaue senora perdoname si te he enojado con mi tardanza: mientra holgares con mi seruicio jamas hallaras quien tan de grado auenture en el su vida. E queden los angeles contigo. AREU.—dios te guie. Alla yras azemilero / muy vfano vas por tu vida. Pues toma para tu ojo vellaco e perdona que te la doy de espaldas. A quien digo? hermana sal aca: que te parece qual le embio? assi se yo tratar los tales? assi salen de mis manos los asnos apaleados / como este / e los locos corridos: e los discretos espantados / e los deuotos alterados / e los castos encendidos. pues prima aprende: que otra arte es esta que la de Celestina: avnque ella me tenia por boua: porque me queria yo serlo. E pues ya tenemos deste hecho sabido: quanto desseauamos / deuemos yr a casa de aquellotro cara de ahorcado: que el jueues eche delante de ti baldonado de mi casa: e haz tu como que nos quieres fazer amigos: e que rogaste que fuesse a verlo.

ARGUMENTO DEL DECIMOOCTAUO AUTO.

Elicia determina de fazer las amistades: entre Areusa: e Centurio por precepto de Areusa: e vanse a casa de Centurio: onde ellas le ruegan que ayan de vengar las muertes / en Calisto / e Melibea. El qual lo prometio delante dellas. E como sea natural a estos: no hazer lo que prometen. escusare como en el processo paresce.

CENTURIO. ELICIA. AREUSA

ELIC.—Quien esta en su casa? CENT.—mochacho corre: veras quien osa entrar sin llamar a la puerta. torna torna aca: que ya he visto quien es. No te cubras con el manto senora: ya no te puedes esconder: que quando vi adelante entrar a Elicia: vi que no podia traer consigo mala compania / ni nueuas que me pesassen: sino que me auian de dar plazer. AREU.—no entremos por mi vida mas adentro: que se estiende ya el vellaco pensando que le vengo a rogar. que mas holgara con la vista de otras como el: que con la nuestra: boluamos por dios: que me fino en ver tan mal gesto: parescete hermana que me traes por buenas estaciones: e que es cosa justa venir de bisperas y entrarnos a uer vn desuellacaras que ay esta? ELIC.—torna por mi amor no te vayas: si no en mis manos dexaras el medio manto. CENT.—tenla por dios senora tenla no se te suelte. ELIC.—marauillada estoy prima de tu buen seso: qual hombre ay tan loco e fuera de razon que no huelgue de ser visitado: mayormente de mugeres? llegate aca senor Centurio que en cargo de mi alma: por fuerza haga que te abrace: que yo pagare la fruta. AREU.—mejor lo vea yo en poder de justicia: e morir a manos de sus enemigos: que yo tal gozo le de. ya / ya / hecho ha conmigo para quanto biua: e por qual carga de agua le tengo de abrazar / ni ver a esse enemigo? porque le rogue estotro dia que fuesse vna jornada de aqui en que me yua la vida: e dixo de no. CENT.—mandame tu senora cosa que yo sepa hazer: cosa que sea de mi officio: vn desafio con tres juntos: e si mas vinieren que no huya por tu amor / matar vn hombre / cortar vna pierna / o brazo / harpar el gesto de alguna que se aya ygualada contigo: estas tales cosas antes seran hechas que encomendadas: no me pidas que ande camino / ni que te de dinero: que bien sabes que no dura conmigo: que tres saltos dare sin que se me cayga blanca: ninguno da lo que no tiene: en vna casa biuo qual vees: que rodara el majadero por toda ella sin que tropiece. las alhajas que tengo es el axuar de la frontera: vn jarro desbocado: vn assador sin punta: la cama en que me acuesto esta armada sobre aros de broqueles / vn rimero de malla rota por colchones / vna talega de dados por almohada que avnque quiero dar collacion: no tengo que empenar. sino esta capa harpada que traygo acuestas. ELIC.—assi goze que sus razones me contentan a marauilla: como vn santo esta obediente: como angel te habla / a toda razon se allega: que mas le pides? por mi vida que le hables e pierdas enojo: pues tan de grado se te offresce con su persona. CENT.—offrescer dizes? senora: yo te juro por el sancto martilogio de pe a pa: el brazo me tiembla de lo que por ella entiendo hazer: que contino pienso como la tenga contenta: e jamas acierto. la noche passada sonaua que hazia armas en vn desafio: por su seruicio: con quatro hombres: que ella bien conosce: e mate al vno: e de los otros que huyeron: el que mas sano se libro: me dexo a los pies vn brazo yzquierdo. Pues muy mejor lo hare despierto de dia: quando alguno tocare en su chapin. AREU.—pues aqui te tengo: a tiempo somos: yo te perdono con condicion: que me vengues de vn cauallero que se llama Calisto: que nos ha enojado a mi e a mi prima. CENT.—o reniego de la condicion. dime luego si esta confessado? AREU.—no seas tu cura de su anima. CENT.—pues sea assi: embiemosle a comer al infierno sin confession. AREU.—escucha / no atajes mi razon: esta noche lo tomaras. CENT.—no me digas mas: al cabo estoy: todo el negocio de sus amores se. e los que por su causa ay muertos. e lo que os tocaua a vosotras. por donde va: e a que hora: e con quien es. Pero dime quantos son los que le acompanan. AREU.—dos mozos. CENT.—pequena presa es essa: poco ceuo tiene ay mi espada: mejor ceuara ella en otra parte esta noche: que estaua concertada. AREU.—por escusarte lo hazes: a otro perro con esse huesso: no es para mi essa dilacion: aqui quiero ver si dezir e hazer si comen juntos a tu mesa. CENT.—si mi espada dixesse lo que haze: tiempo le faltaria para hablar. Quien sino ella puebla los mas cimenterios? quien haze ricos los cirujanos desta tierra? quien da contino quehazer a los armeros? quien destroza la malla muy fina? quien haze riza de los broqueles de Barcelona? quien reuana los capacetes de Calatayud sino ella? que los caxquetes de Almazen assi los corta como si fuessen hechos de melon. Veynte anos ha que me da de comer. Por ella soy temido de hombres: e querido de mugeres sino de ti. Por ella le dieron Centurio por nombre a mi abuelo / e Centurio se llamo mi padre: e Centurio me llamo yo. ELIC.—pues que hizo el espada porque gano tu abuelo esse nombre? dime por ventura fue por ella capitan de cient hombres? CENT.—no / pero fue rufian de cient mugeres. AREU.—no curemos de linaje / ni hazanas viejas / si has de hazer lo que te digo sin dilacion determina: porque nos queremos oyr. CENT.—mas desseo ya la noche: por tenerte contenta: que tu por verte vengada. e porque mas se haga todo a tu voluntad escoge que muerte quieres que le de. alli te mostrare vn reportorio: en que ay sietecientas e setenta species de muertes: veras qual mas te agradare. ELIC.—Areusa por mi amor: que no se ponga este fecho en manos de tan fiero hombre; mas vale que se quede por hazer: que no escandalizar la ciudad, por donde nos venga mas dano de lo passado. AREU.—calla hermana: diganos alguna que no sea de mucho bullicio. CENT.—las que agora estos dias yo vso: e mas traygo entre manos son espaldarazos sin sangre / o porradas de pomo de espada / o reues manoso: a otros agujero como harnero a punaladas / tajo largo / estocada temerosa / tiro mortal. Algun dia doy palos por dexar holgar mi espada. ELIC.—no passe por dios adelante; dele palos: porque quede castigado e no muerto. CENT.—juro por el cuerpo santo de la letania no es mas en mi brazo derecho dar palos sin matar: que en el sol dexar de dar bueltas al cielo. AREU.—hermana no seamos nosotras lastimeras. haga lo que quisiere: matele como se le antojare. llore Melibea como tu has hecho: dexemosle. Centurio da buena cuenta de lo encomendado: de qualquier muerte holgaremos. Mira que no se escape sin alguna paga de su yerro. CENT.—perdonele dios si por pies no se me va: muy alegre quedo senora mia: que se ha ofrecido caso avnque pequeno: en que conozcas lo que yo se hazer por tu amor. AREU.—pues dios te de buena manderecha: e a el te encomiendo que nos vamos. CENT.—el te guie: e te de mas paciencia con los tuyos. Alla yran estas putas atestadas de razones: agora quiero pensar como me escusare de lo prometido: de manera que piensen que puse diligencia: con animo de executar lo dicho: e no negligencia por no me poner en peligro: quierome hazer doliente. Pero que aprouecha: que no se apartaran de la demanda quando sane. Pues si digo que fue alla: e que les hize huyr: pedirme han senas de quien eran: e quantos yuan: y en que lugar los tome: e que vestidos lleuauan. yo no las sabre dar: helo todo perdido. Pues que consejo tomare: que cumpla con mi seguridad: e su demanda? quiero embiar a llamar a Traso el coxo e a sus dos companeros: e dezirles que porque yo estoy occupado esta noche en otro negocio: vaya a dar vn repiquete de broquel a manera de leuada: para oxear vnos garzones que me fue encomendado: que todo esto es passos seguros: e donde no consiguiran ningun dano mas de fazerlos huyr: e boluerse a dormir.

ARGUMENTO DEL DECIMONONO AUTO.

Yendo Calisto: con Sosia / e Tristan / al huerto de Pleberio: a visitar a Melibea: que lo estaua esperando: e con ella Lucrecia. Cuenta Sosia lo que le acontecio con Areusa. estando Calisto dentro del huerto con

Melibea. viene Traso / e otros / por mandado de Centurio a complir lo que auia prometido a Areusa: e a Elicia. a los quales sale Sosia: e oyendo Calisto desde el huerto onde estaua con Melibea: el ruydo que trayan quiso salir fuera: la qual salida fue causa que sus dias peresciessen: porque los tales este don resciben por galardon. E por esto han de saber desamar los amadores.

SOSIA. TRISTAN. CALISTO. MELIBEA. LUCRECIA.

SOS.—Muy quedo para que no seamos sentidos: desde aqui al huerto de Pleberio te contare hermano Tristan lo que con Areusa me ha passado oy: que estoy el mas alegre hombre del mundo. Sabras que ella por las buenas nueuas que de mi auia oydo estaua presa de amor: y embiome a Elicia: rogandome que la visitasse: e dexando aparte otras razones de buen consejo que passamos: mostro al presente ser tanto mia: quanto algun tiempo fue de Parmeno. rogome que la visitasse siempre que ella pensaua gozar de mi amor por tiempo. Pero yo te juro por el peligroso camino en que vamos hermano: e assi goze de mi que estuue dos o tres vezes por me arremeter a ella: sino que me empachaua la verguenza de verla tan hermosa e arreada: e a mi con vna capa vieja ratonada. echaua de si en bulliendo vn olor de almizque: yo hedia al estiercol que lleuaua dentro en los zapatos: tenia vnas manos como la nieue: que quando las sacaua de rato en rato de vn guante: parecia que se derramaua azahar por casa; assi por esto como porque tenia vn poco ella de hacer se quedo mi atreuer para otro dia. E avn porque a la primera vista todas las cosas no son bien tratables: e quanto mas se comunican mejor se entienden en su participacion. TRIST.—Sosia amigo otro seso mas maduro y esperimentado que no el mio era necessario para darte consejo en este negocio. pero lo que con mi tierna edad e mediano natural alcanzo al presente te dire. Esta muger es marcada ramera segun tu me dixiste: quanto con ella te passo has de creer que no caresce de engano; sus offrecimientos fueron falsos. e no se yo a que fin. porque amarte por gentil hombre: quantos mas terna ella desechados: si por rico: bien sabe que no tienes mas de poluo que se te pega del almohaza. Si por hombre de linaje: ya sabra que te llaman Sosia: e a tu padre llamaron Sosia nascido e criado en vna aldea quebrando terrones con vn arado: para lo qual eres tu mas dispuesto: que para enamorado. mira Sosia e acuerdate bien si te queria sacar algun punto del secreto deste camino que agora vamos. para con que lo supiesse reboluer a Calisto e Pleberio de embidia del plazer de Melibea:

cata que la embidia es vna incurable enfermedad donde assienta: huesped que fatiga la posada en lugar de galardon. siempre goza del mal ageno. pues si esto es assi / o como te quiere aquella maluada hembra enganar con su alto nombre: del qual todas se arrean: con su vicio ponzonoso: queria condenar el anima por complir su apetito. reboluer tales casas por contentar su danada voluntad. O arufianada muger: e con que blanco pan te daua zarazas: queria vender su cuerpo a trueco de contienda / oyeme / e si assi presumes que sea: armale trato doble qual yo te dire: que quien engana al enganador ya me entiendes. e si sabe mucho la raposa: mas el que la toma: contraminale sus malos pensamientos: escala sus ruyndades quando mas segura la tengas: e cantaras despues en tu establo: vno piensa el vayo: e otro el que lo ensilla. SOS.—o Tristan discreto mancebo. mucho mas me has dicho que tu edad demanda. astuta sospecha has remontado: e creo que verdadera. pero porque ya llegamos al huerto: e nuestro amo se nos acerca / dexemos este cuento: que es muy largo: para otro dia. CAL.—poned mozos la escala e callad: que me paresce que esta hablando mi senora de dentro: sobire encima de la pared: y en ella estare escuchando por ver si oyre alguna buena senal de mi amor en absencia. MELIB.—canta mas por mi vida Lucrecia: que me huelgo en oyrte mientra viene aquel senor: e muy passo entre estas verduricas que no nos oyran los que passaren.

LUCR.—o quien fuesse la ortelana de aquestas viciosas flores. por prender cada manana: al partir a tus amores: vistanse nueuas collores: los lirios y el azucena: derramen frescos olores: quando entre por estrena.

MELIB.—o quan dulce me es oyrte: de gozo me deshago. no cesses por mi amor.

LUCR.—alegre es la fuente clara: a quien con gran sed la vea: mas muy mas dulce es la cara de Calisto a Melibea. pues avnque mas noche sea: con su vista gozara / o quando saltar le vea: que de abrazos le dara. saltos de gozo infinitos: da el lobo viendo ganado: con las tetas los cabritos: Melibea con su amado: nunca fue mas desseado: amado de su amiga / ni huerto mas visitado / ni noche mas sin fatiga.

MELIB.—quanto dizes amiga Lucrecia se me representa delante: todo me parece que lo veo con mis ojos. procede que a muy buen son lo dizes: e ayudarte he yo.

Dulces arboles sombrosos: humillaos quando veays: aquellos ojos graciosos del que tanto desseays. estrellas que relumbrays norte e luzero del dia: por que no le despertays: si duerme mi alegria.

MELIB.—oyeme tu por mi vida: que yo quiero cantar sola.

papagayos ruysenores: que cantays al aluorada: lleuad nueua a mis amores: como espero aqui asentada: la media noche es passada: e no viene sabedme si ay otra amada que lo detiene.

CAL.—vencido me tiene el dulzor de tu suaue canto: no puedo mas suffrir tu penado esperar. O mi senora e mi bien todo: qual muger podia auer nascida: que despriuasse tu gran merecimiento / o salteada melodia / o gozoso rato / o corazon mio e como no podiste mas tiempo sufrir: sin interrumper tu gozo: e complir el desseo de entrambos. MELIB.—o sabrosa traycion / o dulce sobresalto: es mi senor de mi alma es el? no lo puedo creer: donde estauas luziente sol? donde me tenias tu claridad escondida auia rato que escuchauas: por que me dexauas echar palabras sin seso al ayre con mi ronca boz de cisne? todo se goza este huerto con tu venida. mira la luna quan clara se nos muestra. mira las nuues como huyen. oye la corriente agua desta fontezica: quanto mas suaue murmurio zurrio lleua: por entre las frescas yeruas. escucha los altos cipresses como se dan paz vnos ramos con otros: por intercession de vn templadico viento que los menea. mira sus quietas sombras quan escuras estan: e aparejadas para encobrir nuestro deleyte. Lucrecia que sientes amiga: tornaste loca de plazer: dexamele, no me le despedaces: no le trabajes sus miembros con tus pesados abrazos. Dexame gozar lo que es mio: no me ocupes mi plazer. CAL.—pues senora e gloria mia si mi vida quieres: no cesse tu suaue canto: no sea de peor condicion mi presencia con que te alegras: que mi absencia que te fatiga. MELIB.—que quieres que cante amor mio? como cantare? que tu desseo era el que regia mi son: e hazia sonar mi canto. pues conseguida tu venida: desapareciose el desseo: destemplose el tono de mi boz. y pues tu senor eres el dechado de cortesia / e buena crianza / como mandas a mi lengua hablar: e no a tus manos que esten quedas? por que no oluidas estas manas: mandalas estar sossegadas e dexar su enojoso vso e conuersacion incomportable. cata angel mio que assi como me es agradable tu vista sossegada: me es enojoso tu riguroso trato: tus honestas burlas me dan plazer: tus deshonestas manos me fatigan quando passan de la razon. dexa estar mis ropas en su lugar: e si quieres ver si es el habito de encima de seda / o de pano: para que me tocas en la camisa? pues cierto es de lienzo: holguemos e burlemos de otros mill modos: que yo te mostrare: no me destroces ni maltrates como sueles: que prouecho te trae danar mis vestiduras? CAL.—senora el que quiere comer el aue quita primero las plumas. LUCR.—mala landre me mate si mas los escucho: vida es esta? que me este yo deshaziendo de dentera: y ella esquiuandose: porque la rueguen? ya / ya / apaziguado es el ruydo: no ouieron menester despartidores. pero tambien me lo haria yo si estos necios de sus criados me fablassen entre dia: pero esperan que los tengo de yr a buscar. MELIB.—senor mio quieres que mande a Lucrecia traer alguna colacion. CAL.—no ay otra colacion para mi sino tener tu cuerpo e belleza en mi poder: comer e beuer donde quiera se da por dinero: en cada tiempo se puede auer: e qualquiera lo puede alcanzar. pero lo no vendible: lo que en toda la tierra no ay ygual que en este huerto. como mandas que se me passe ningun momento que no goze. LUCR.—ya me duele a mi la cabeza descuchar: e no a ellos de hablar / ni los brazos de retozar / ni las bocas de besar: andar ya callan: a tres me parece que va la vencida. CEL.—jamas querria senora que amanesciesse: segun la gloria e descanso que mi sentido recibe de la noble conuersacion de tus delicados miembros. MELIB.—senor yo soy la que gozo: yo la que gano: tu senor el que me hazes con tu visitacion incomparable merced. SOS.—assi vellacos rufianes veniades a asombrar a los que no os temen? pues yo juro que si esperarades: que yo os hiziera yr como mereciades. CAL.—senora, Sosia es aquel que da bozes: dexame yr a valerle no le maten: que no esta sino vn pajezico con el; dame presto mi capa: que esta debaxo de ti. MELIB.—o triste de mi ventura: no vayas alla sin tus corazas: tornate a armar. CAL.—senora lo que no haze espada e capa e corazon: no lo fazen corazas e capacete e couardia. SOS.—avn tornays? esperadme; quiza venis por lana. CAL.—dexame por dios senora: que puesta esta el escala. MELIB.—o desdichada yo: e como vas tan rezio: e con tanta priessa: e desarmado a meterte entre quien no conosces. Lucrecia ven presto aca que es ydo Calisto a vn ruydo: echemosle sus corazas por la pared: que se quedan aca. TRIST.—tente, senor no baxes que ydos son: que no era [sino] Traso el coxo e otros vellacos que passauan bozeando: que ya se torna Sosia. tente tente senor con las manos al escala. CAL.—o valame Santa Maria muerto soy / confession. TRIST.—llegate presto Sosia: que el triste de nuestro amo es caydo del escala e no habla ni se bulle. SOS.—senor senor / a essotra puerta tan muerto es como mi abuelo / o gran desuentura."

LUCR.—escucha: escucha: gran mal es este. MELIB.—que es esto que oygo? amarga de mi. TRIST.—o mi senor e mi bien muerto. o mi senor e nuestra honrra despenado. O triste muerte e sin confession. Coge, Sosia, essos sesos de essos cantos: juntalos con la cabeza del desdichado amo nuestro. O dia de aziago. o arrebatado fin. MELIB.—o desconsolada de mi! que es esto? Que puede ser tan aspero contescimiento como oygo? Ayudame a sobir, Lucrecia, por estas paredes: vere mi dolor: si no hundire con alaridos la casa de mi padre. Mi bien e plazer todo es ydo en humo. mi alegria es perdida. consumiosse mi gloria. LUCR.—Tristan, que dizes, mi amor? que es esso que lloras tan sin mesura? TRIST.—lloro mi gran mal. lloro mis muchos dolores. Cayo mi senor Calisto del escala, e es muerto: su cabeza esta en tres partes: sin confession perecio. Diselo a la triste e nueua amiga: que no espere mas su penado amador. Toma tu, Sosia, dessos pies; lleuemos el cuerpo de nuestro querido amo donde no padezca su honrra detrimento: avnque sea muerto en este lugar; vaya con nosotros llanto: acompanenos soledad: siganos desconsuelo: visitenos tristeza: cubranos luto e dolorosa xerga. MELIB.—o la mas de las tristes triste. tan tarde alcanzado el plazer: tan presto venido el dolor? LUCR.—senora no rasgues tu cara: ni meses tus cabellos: agora en plazer: agora en tristeza. que planeta houo que tan presto contrario su operacion? que poco corazon es este. leuanta, por dios, no seas hallada de tu padre en tan sospechoso lugar: que seras sentida. Senora, senora, no me oyes? no te amortezcas: por dios, ten esfuerzo para sofrir la pena: pues touiste osadia para el plazer. MELIB.—oyes lo que aquellos mozos van hablando? oyes sus tristes cantares? Rezando lleuan con responso mi bien todo. muerta lleuan mi alegria. No es tiempo de yo biuir. como no goze mas del gozo? como tuue en tan poco la gloria que entre mis manos toue? O ingratos mortales: jamas conosces vuestros bienes: sino quando dellos caresceys. LUCR.—abiuate: abiua: que mayor mengua sera hallarte en el huerto: que plazer sentiste con la venida: ni pena con ver que es muerto. Entremos en la camara, acostarte as: llamare a tu padre e fingiremos otro mal: pues este no es para poderse encobrir.

ARGUMENTO DEL VEYNTENO AUTO.

Lucrecia llama a la puerta de la camara de Pleberio. Preguntale Pleberio lo que quiere. Lucrecia le da priessa que vaya a uer a su hija Melibea. Leuantado Pleberio: va a la camara de Melibea. Consuelala, preguntando que mal tiene. Finge Melibea dolor de corazon. Embia Melibea a su padre por algunos estrumentos musicos. sube ella e Lucrecia en vna torre. Embia de si a Lucrecia. Cierra tras ella la puerta. Llegase su padre al pie de la torre. Descubrele Melibea todo el negocio que hauia passado. En fin dexase caer de la torre abaxo.

PLEBERIO. LUCRECIA. MELIBEA.

PLEB.—Que quieres, Lucrecia? que quieres tan presurosa? que pides con tanta inportunidad e poco sosiego? que es lo que mi hija ha sentido? que mal tan arrebatado puede ser que no aya yo tiempo de me vestir? ni me des avn espacio a me leuantar? LUCR.—senor, apresurate mucho si la quieres ver viua: que ni su mal conozco de fuerte: ni a ella ya de desfigurada. PLEB.—"vamos presto: anda alla / entra adelante / alza essa antepuerta e abre bien essa ventana: porque le pueda ver el gesto con claridad." Que es esto, hija mia: que dolor e sentimiento es el tuyo? Que nouedad es esta? que poco esfuerzo es este? Mirame que soy tu padre: fabla comigo. cuentame la causa de tu arrebatada pena. que has? que sientes? que quieres? hablame, mirame. dime la razon de tu dolor: porque presto sea remediado. no quieras embiarme con triste postrimeria al sepulcro. ya sabes que no tengo otro bien sino a ti. Abre essos alegres ojos e mirame. MELIB.—ay dolor!. PLEB.—que dolor puede ser: que yguale con ver yo el tuyo? Tu madre esta sin seso en oyr tu mal: no pudo venir a verte de turbada. Esfuerza tu fuerza. abiua tu corazon. arreziate de manera que puedas tu comigo yr a visitar a ella. Dime, anima mia, la causa de tu sentimiento. MELIB.—perecio mi remedio. PLEB.—hija, mi bienamada e querida del viejo padre: por dios, no te ponga desesperacion el cruel tormento desta tu enfermedad e passion: que a los flacos corazones el dolor los arguye. Si tu me cuentas tu mal: luego sera remediado. Porque ni faltaran medicinas: ni medicos: ni faltaran siruientes para buscar tu salud: agora consista en yeruas: o en piedras / o en palabras / o este secreta en cuerpos de animales. Pues no me fatigues mas. no me atormentes. no me hagas salir de mi seso: e dime, que sientes? MELIB.—vna mortal llaga en medio del corazon: que no me consiente hablar. no es ygual a los otros males. menester es sacarle para ser curada: que esta en lo mas secreto del.

PLEB.—temprano cobraste los sentimientos de la vegez. La mocedad toda suele ser plazer e alegria: enemiga de enojo. Levantate de ay: vamos a ver los frescos ayres de la ribera. Alegrarte has con tu madre: descansara tu pena. Cata, si huyes de plazer: no ay cosa mas contraria a tu mal. MELIB.—vamos donde mandares. subamos, senor, al azotea alta: porque desde alli goze de la deleytosa vista de los nauios: por ventura afloxara algo mi congoxa. PLEB.—subamos: e Lucrecia con nosotros. MELIB.—mas si a ti plazera, padre mio, mandar traer algun instrumento de cuerdas con que se sufra mi dolor / o taniendo / o cantando: de manera que avnque aquexe por vna parte la fuerza de su acidente: mitigarlo han por otra los dulces sones e alegre armonia. PLEB.—esso, hija mia, luego es fecho: yo lo voy "a mandar" aparejar. MELIB.—Lucrecia, amiga, muy alto es esto: ya me pesa por dexar la compania de mi padre. baxa a el, e dile que se pare al pie desta torre: que le quiero dezir vna palabra que se me oluido que fablasse a mi madre. LUCR.—ya voy, senora. MELIB.—de todos soy dexada; bien se ha aderezado la manera de mi morir. algun aliuio siento: en ver que tan presto seremos juntos yo e aquel mi querido e amado Calisto. Quiero cerrar la puerta: porque ninguno suba a me estoruar mi muerte. no me impidan la partida: no me atajen el camino: por el qual en breue tiempo podre visitar en este dia al que me visito la passada noche. Todo se ha hecho a mi voluntad. buen tiempo terne para contar a Pleberio mi senor la causa de mi ya acordado fin. Gran sinrazon hago a sus canas. gran ofensa a su vegez. grand fatiga le acarreo con mi falta. en gran soledad le dexo. "y caso que por mi morir a mis queridos padres sus dias se diminuyessen: quien dubda que no aya auido otros mas crueles contra sus padres? Bursia rey de Bitinia sin ninguna razon: no aquexandole pena como a mi: mato su propio padre. Tolomeo rey de Egypto a su padre e madre e hermanos e muger: por gozar de vna manceba. Orestes a su madre Clistenestra. El cruel emperador Nero a su madre Agripina: por solo su plazer hizo matar. Estos son dignos de culpa. estos son verdaderos patricidas que no yo que con mi pena / con mi muerte / purgo la culpa / que de su dolor se me puede poner. Otros muchos crueles ouo que mataron hijos e hermanos debaxo de cuyos yerros el mio no parescera grande. Philipo rey de Macedonia; Herodes rey de Judea. Constantino emperador de Roma. Laodice reyna de Capadocia. e Medea la nigromantesa. Todos estos mataron hijos queridos e amados: sin ninguna razon. quedando sus personas a saluo. Finalmente me ocurre aquella gran crueldad de Phrates rey de los Parthos: que porque no quedasse sucessor despues del: mato a Orode su viejo padre: e a su vnico hijo: e treynta hermanos suyos. Estos fueron delictos dignos de culpable culpa: que guardando sus personas de peligro: matauan sus mayores e descendientes e hermanos. verdad es: que avnque todo esto assi sea: no auia de remediarlos en lo que malhizieron." Pero no es mas en mi mano. tu, Senor, que de mi habla eres testigo: ves mi poco poder: ves quan catiua tengo mi libertad: quan presos mis sentidos de tan poderoso amor del muerto cauallero: que priua al que tengo con los biuos padres. PLEB.—hija mia Melibea, que hazes sola? que es tu voluntad dezirme? quieres que suba alla? MELIB.—padre mio, no pugnes ni trabajes por venir adonde yo esto: que estoruaras la presente habla que te quiero fazer. Lastimado seras breuemente con la muerte de tu vnica fija: mi fin es llegado. Llegado es mi descanso e tu passion. llegado es mi aliuio e tu pena. llegada es mi acompanada hora e tu tiempo de soledad. No hauras, honrrado padre, menester instrumentos para aplacar mi dolor: sino campanas para sepultar mi cuerpo. si me escuchas sin lagrimas: oyras la causa desesperada de mi forzada e alegre partida. No la interrumpas con lloro ni palabras: si no quedaras mas quexoso en no saber por que me mato: que doloroso por verme muerta. Ninguna cosa me preguntes, ni respondas: mas de lo que de mi grado dezirte quisiere. porque quando el corazon esta embargado de passion: estan cerrados los oydos al consejo. e en tal tiempo las frutuosas palabras, en lugar de amansar, acrecientan la sana. Oye, padre viejo, mis vltimas palabras: e si como yo espero las recibes: no culparas mi yerro. Bien vees e oyes este triste e doloroso sentimiento: que toda la cibdad haze. Bien vees este clamor de campanas: este alarido de gentes: este aullido de canes: este grande estrepito de armas: de todo esto fuy yo la causa. Yo cobri de luto e xergas en este dia quasi la mayor parte de la cibdadana caualleria. Yo dexe oy muchos siruientes descubiertos de senor. Yo quite muchas raciones e limosnas a pobres e enuergonzantes. Yo fuy ocasion que los muertos touiessen compania del mas acabado hombre que en gracia nascio. Yo quite a los viuos el dechado de gentileza: de inuenciones galanas: de atauios e bordaduras: de habla: de andar: de cortesia: de virtud. Yo fuy causa que la tierra goze sin tiempo el mas noble cuerpo e mas fresca juuentud: que al mundo era en nuestra edad criada. E porque estaras espantado con el son de mis no acostumbrados delitos: te quiero mas aclarar el hecho. Muchos dias son passados, padre mio: que penaua por mi amor vn cauallero que se llamaua Calisto: el qual tu bien conosciste. Conosciste assimismo sus padres, e claro linaje. sus virtudes e bondad a todos eran manifiestas. Era tanta su pena de amor: e tan poco el lugar para hablarme que descubrio su passion a vna astuta e sagaz muger: que llamauan Celestina. La qual, de su parte venida a mi, saco mi secreto amor de mi pecho: descobria a ella lo que a mi querida madre encubria. Touo manera como gano mi querer. ordeno como su desseo e el mio houiessen efeto. Si el mucho me amaua: no viuia enganado. Concerto el triste concierto de la dulce e desdichada execucion de su voluntad. Vencida de su amor, dile entrada en tu casa. Quebranto con escalas las paredes de tu huerto. quebranto mi proposito. perdi mi virginidad. "del qual deleytoso yerro de amor gozamos quasi vn mes: e como esta passada noche viniesse segun era acostumbrado," a la buelta de su venida: como de la fortuna mudable estouiesse dispuesto e ordenado segun su desordenada costumbre: como las paredes eran altas: la noche escura: la escala delgada: los siruientes que traya no diestros en aquel genero de seruicio. "e el baxaua pressuroso a uer vn ruydo que con sus criados sonaua en la calle: con el gran impetu que leuaua:" no vido bien los pasos: puso el pie en vazio e cayo: e de la triste cayda sus mas escondidos sesos quedaron repartidos por las piedras e paredes. cortaron las hadas sus hilos. cortaronle sin confession su vida. cortaron mi esperanza. cortaron mi gloria. cortaron mi compania. Pues, que crueldad seria, padre mio: muriendo el despenado, que biuiesse yo penada? Su muerte combida a la mia. combidame, e fuerza que sea presto sin dilacion, muestrame que ha de ser despenada: por seguille en todo: no digan por mi a muertos e a ydos. E assi contentarle he en la muerte: pues no tuue tiempo en la vida. O mi amor e senor Calisto, esperame. ya voy; detente, si me esperas. No me incuses la tardanza que hago: dando esta vltima cuenta a mi viejo padre: pues le deuo mucho mas. O padre mio muy amado, ruegote: si amor en esta passada e penosa vida me has tenido: que sean juntas nuestras sepulturas. juntas nos hagan nuestras obsequias. Algunas consolatorias palabras te diria antes de mi agradable fin: coligidas e sacadas de aquellos antiguos libros: que tu por mas aclarar mi ingenio, me mandauas leer: sino que ya la danada memoria con la grand turbacion me las ha perdido: e avn porque veo tus lagrimas malsofridas dezir por tu arrugada haz. Saludame a mi cara e amada madre. Sepa de ti largamente la triste razon porque muero. Gran plazer lleuo de no la ver presente. Toma, padre viejo, los dones de tu vegez: que en largos dias largas se sufren tristezas. Rescibe las arras de tu senetud antigua. rescibe alla tu amada hija. Gran dolor lleuo de mi: mayor de ti: muy mayor de mi vieja madre. Dios quede contigo e con ella: a el ofrezco mi alma: pon tu en cobro este cuerpo que alla baxa.

ARGUMENTO DEL "VEYNTE E VN" E ULTIMO AUTO.

Pleberio, tornado a su camara con grandissimo llanto: preguntale Alisa su muger la causa de tan supito mal. Cuentale la muerte de su hija Melibea: mostrandole el cuerpo della todo hecho pedazos: e haziendo su planto concluye.

ALISA. PLEBERIO.

ALI.—Que es esto, senor Pleberio: por que son tus fuertes alaridos? sin seso estaua adormida del pesar que oue quando oy dezir que sentia dolor nuestra hija. Agora oyendo tus gemidos: tus vozes tan altas: tus quexas no acostumbradas: tu llanto e congoxa de tanto sentimiento: en tal manera penetraron mis entranas: en tal manera traspasaron mi corazon: assi abiuaron mis turbados sentidos: que el ya rescebido pesar alance de mi. Vn dolor saco otro: vn sentimiento otro. Dime la causa de tus quexas: porque maldizes tu honrrada vegez? porque pides la muerte? porque arrancas tus blancos cabellos? porque hieres tu honrrada cara? es algun mal de Melibea? por dios, que me lo digas. porque si ella pena no quiero yo viuir. PLEB.—ay. ay. noble muger! nuestro gozo en el pozo. nuestro bien todo es perdido. no queramos mas biuir. E porque el incogitado dolor te de mas pena todo junto sin pensarle: porque mas presto vayas al sepulcro. porque no llore yo solo la perdida dolorida de entramos. Ves alli a la que tu pariste e yo engendre, hecha pedazos. La causa supe della: mas la he sabido por estenso desta su triste siruienta. Ayudame a llorar nuestra llagada postremeria. O gentes que venis a mi dolor. O amigos e senores, ayudame a sentir mi pena. O mi hija e mi bien todo: crueldad seria que viua yo sobre ti. Mas dignos eran mis sesenta anos de la sepultura: que tus veynte. Turbose la orden del morir: con la tristeza que te aquexaua. O mis canas, salidas para auer pesar: mejor gozara de vosotras la tierra: que de aquellos ruuios cabellos que presentes veo. fuertes dias me sobran para viuir. quexarme he de la muerte? incusarla he su dilacion? quanto tiempo me dexare solo despues de ti. falteme la vida, pues me falto tu agradable compania. O muger mia! leuantate de sobre ella: e si alguna vida te queda, gastala comigo en tristes gemidos: en quebrantamiento e sospirar. E si por caso tu espiritu reposa con el suyo: si ya has dexado esta vida de dolor: porque quesiste que lo passe yo todo? en esto tenes ventaja las hembras a los varones: que puede vn gran dolor sacaros del mundo sin lo sentir. o a lo menos perdeys el sentido: que es parte de descanso. O duro corazon de padre: como no te quiebras de dolor? Que ya quedas sin tu amada heredera. Para quien edifique torres? para quien adquiri honrras? para quien plante arboles? para quien fabrique nauios? O tierra dura, como me sostienes? adonde hallara abrigo mi desconsolada vegez? O fortuna variable, ministra e mayordoma de los temporales bienes: porque no executaste tu cruel yra? tus mudables ondas? en aquello que a ti es subjeto? porque no destruyste mi patrimonio? porque no quemaste mi morada? porque no asolaste mis grandes heredamientos? dexarasme aquella florida planta, en quien tu poder no tenias. Dierasme, fortuna flutuosa: triste la mocedad con vegez alegre: no peruertieras la orden. Mejor sufriera persecuciones de tus enganos en la rezia e robusta edad: que no en la flaca postremeria. O vida de congoxas llena. de miserias acompanada. O mundo, mundo! muchos mucho de ti dixeron. muchos en tus qualidades metieron la mano. A diuersas cosas por oydas te compararon. yo por triste esperiencia lo contare: como a quien las ventas e compras de tu enganosa feria no prosperamente sucedieron. como aquel que mucho ha fasta agora callado tus falsas propiedades: por no encender con odio tu yra. porque no me sacasses sin tiempo esta flor que este dia echaste de tu poder. Pues agora sin temor, como quien no tiene que perder. como aquel a quien tu compania es ya enojosa. como caminante pobre: que sin temor de los crueles salteadores va cantando en alta boz. Yo pensaua en mi mas tierna edad: que eras y eran tus hechos regidos por alguna orden. Agora visto el pro e la contra de tus bienandanzas: me pareces vn laberinto de errores. Vn desierto espantable. vna morada de fieras. juego de hombres que andan en corro. laguna llena de cieno. region llena de espinas. monte alto. campo pedregoso. prado lleno de serpientes. huerto florido e sin fruto. fuente de cuydados. rio de lagrimas. mar de miserias. trabajo sin prouecho. dulce ponzona. vana esperanza. falsa alegria. verdadero dolor. Ceuasnos, mundo falso, con el manjar de tus deleytes: al mejor sabor nos descubres el anzuelo. no lo podemos huyr: que nos tiene ya cazadas las voluntades. Prometes mucho: nada no cumples. Echasnos de ti: porque no te podamos pedir que mantengas tus vanos prometimientos. Corremos por los prados de tus viciosos vicios: muy descuydados, a rienda suelta. descubresnos la celada quando ya no ay lugar de boluer. Muchos te dexaron con temor de tu arrebatado dexar. bienauenturados se llamaran quando vean cl galardon que a este triste viejo has dado en pago de tan largo seruicio. Quiebrasnos el ojo: e vntasnos con consuelos el caxco. Hazes mal a todos: porque ningun triste se halle solo en ninguna aduersidad. Diziendo que es aliuio a los miseros como yo: tener companeros en la pena. Pues, desconsolado viejo, que solo estoy. Yo fui lastimado: sin hauer ygual companero de semejante dolor: avnque mas en mi fatigada memoria rebueluo presentes e passados. Que si aquella seueridad e paciencia de Paulo Emilio me viniere a consolar con perdida de dos hijos muertos en siete dias: diziendo que su animosidad obro que consolasse el al pueblo romano: e no el pueblo a el: no me satisfaze: que otros dos le quedauan dados en adobcion. Que compania me ternan en mi dolor? aquel Pericles, capitan ateniense: ni el fuerte Xenofon: pues sus perdidas fueron de hijos absentes de sus tierras. ni fue mucho no mudar su frente e tenerla serena. E el otro responder al mensajero, que las tristes albricias de la muerte de su hijo le venia a pedir: que no recibiesse el pena: que el no sentia pesar. que todo esto bien diferente es a mi mal. Pues menos podras dezir, mundo lleno de males, que fuimos semejantes en perdida aquel Anaxagoras e yo: que seamos yguales en sentir: e que responda yo, muerta mi amada hija: lo que el su vnico hijo: que dixo como yo fuesse mortal: sabia que hauia de morir el que yo engendraua: porque mi Melibea mato a si misma de su voluntad a mis ojos con la gran fatiga de amor que la aquexaua: el otro mataronle en muy licita batalla. O incomparable perdida. o lastimado viejo: que quanto mas busco consuelos, menos razon fallo para me consolar. Que si el profeta e rey Dauid al hijo que enfermo lloraua: muerto no quiso llorar. Diziendo que era quasi locura llorar lo irrecuperable: quedauanle otros muchos, con que soldase su llaga. E yo no lloro triste a ella muerta: pero la causa desastrada de su morir. Agora perdere contigo, mi desdichada hija, los miedos e temores: que cada dia me espauorecian. Sola tu muerte es la que a mi me haze seguro de sospecha. Que hare quando entre en tu camara e retraymiento: e la halle sola? que hare de que no me respondas si te llamo? quien me podra cobrir la gran falta que tu me hazes? ninguno perdio lo que yo el dia de oy. avnque algo conforme parescia la fuerte animosidad de Lambas de Auria, duque de los Athenienses: que a su hijo herido con sus brazos desde la nao echo en la mar: porque todas estas son muertes, que si roban la vida: es forzado complir con la fama. Pero quien forzo a mi hija a morir? sino la fuerte fuerza de amor. Pues, mundo halaguero, que remedio das a mi fatigada vegez? como me mandas quedar en ti, conosciendo tus falacias? tus lazos, tus cadenas e redes, con que pescas nuestras flacas voluntades. A do me pones mi hija? quien acompanara mi desacompanada morada: quien terna en regalos mis anos que caducan? O amor, amor: que no pense que tenias fuerza ni poder de matar a tus subjetos: herida fue de ti mi juuentud. Por medio de tus brasas passe: como me soltaste? para me dar la paga de la huyda en mi vegez? bien pense que de tus lazos me auia librado quando los quarenta anos toque: quando fui contento con mi conjugal companera: quando me vi con el fruto que me cortaste el dia de oy. No pense que tomauas en los hijos la venganza de los padres. ni se si hieres con hierro: ni si quemas con fuego. sana dexas la ropa. lastimas el corazon. hazes que feo amen e hermoso les parezca. Quien te dio tanto poder? quien te puso nombre que no te conuiene? si amor fuesses, amarias a tus siruientes. si los amasses, no les darias pena. si alegres biuiessen, no se matarian, como agora mi amada hija. en que pararon tus siruientes, e sus ministros? La falsa alcahueta Celestina murio a manos de los mas fieles companeros: que ella para su seruicio emponzonado jamas hallo. ellos murieron degollados. Calisto despenado. mi triste hija quiso tomar la misma muerte por seguirle: esto todo causas. Dulce nombre te dieron. amargos hechos hazes. No das yguales galardones. iniqua es la ley que a todos ygual no es. Alegra tu sonido. entristece tu trato. Bienauenturados los que no conociste / o de los que no te curaste. Dios te llamaron otros: no se con que error de su sentido traydos. Cata que dios mata los que crio: tu matas los que te siguen. Enemigo de toda razon: a los que menos te siruen das mayores dones: hasta tenerlos metidos en tu congoxosa danza. Enemigo de amigos: amigo de enemigos. Por que te riges sin orden ni concierto? Ciego te pintan: pobre e mozo. ponente vn arco en la mano, con que tiras a tiento. mas ciegos son tus ministros: que jamas sienten ni veen el desabrido galardon que se saca de tu seruicio. Tu fuego es de ardiente rayo: que jamas haze senal do llega. La lena que gasta tu llama son almas e vidas de humanas criaturas: las quales son tantas: que de quien comenzar pueda, apenas me ocurre. no solo de christianos, mas de gentiles e judios: e todo en pago de buenos seruicios. Que me diras de aquel Macias de nuestro tiempo, como acabo amando? cuyo triste fin tu fuiste la causa. Que hizo por ti Paris? que Elena? que hizo Ypermestra? que Egisto? por todo el mundo lo sabe. Pues a Sapho: Ariadna: Leandro: que pago les diste? Hasta Dauid e Salomon no quisiste dexar sin pena. Por tu amistad Sanson pago lo que merecio: por creerse de quien tu le forzaste a darle fe. Otros muchos que callo: porque tengo harto que contar en mi mal. Del mundo me quexo, porque en si me crio: porque no me dando vida, no engendrara en el a Melibea. no nascida, no amara. no amando, cessara mi quexosa e desconsolada postrimeria. O mi companera buena. o mi hija despedazada: porque no quesiste que estoruasse tu muerte? porque no houiste lastima de tu querida e amada madre? porque te mostraste tan cruel con tu viejo padre? porque me dexaste quando yo te hauia de dexar? porque me dexaste penado? porque me dexaste triste e solo? in hac lachrimarum valle.

"Concluye **el autor** aplicando la obra al proposito porque la acabo.

Pues aqui vemos quan mal fenescieron aquestos amantes: huygamos su danza amemos a aquel que espinas y lanza, azotes: y clauos su sangre vertieron: los falsos judios su haz escupieron vinagre con hiel fue su potacion porque nos lleue con el buen ladron de dos que a sus santos lados pusieron.

No dudes ni ayas verguenza lector narrar lo lasciuo que aqui se te muestra que siendo discreto veras ques la muestra por donde se vende la honesta lauor: de nuestra vil massa con tal lamedor consiente coxquillas de alto consejo con motes e trufas del tiempo mas viejo escriptas a bueltas le ponen sabor.

y assi no me juzgues por esso liuiano mas antes zeloso de limpio biuir zeloso de amar / temer / y seruir al alto senor y dios soberano: por ende si vieres turuada mi mano turuias con claras mezclando razones dexa las burlas ques paja e granzones sacando muy limpio dentrellas el grano."

Alonso de Proaza: corrector de la impression al lector.

La harpa de Orpheo: y dulce armonia forzaua las piedras venir a su son: abrie los palacios del triste Pluton: las rapidas aguas parar las hazia: ni aue bolaua. ni bruto pascia: ella assentaua en los muros troyanos las piedras: y froga sin fuerza de manos segun la dulzura con que se tania.

Prosigue y aplica.

Pues mucho mas puede tu lengua hazer lector con la obra. que aqui te refiero. que a vn corazon mas duro que azero bien la leyenda haras liquescer: haras al que ama. amar no querer: haras no ser triste al triste penado: al ques sin auiso haras auisado: asi que no es tanto las piedras mouer.

Prosigue.

No debuxo la comica mano de Neuio ni Plauto varones prudentes tan bien los enganos de falsos siruientes: y malas mugeres en metro romano. Cratino y Menandro: y Magnes anciano esta materia supieron apenas pintar en estilo primero de Athenas como este poeta en su castellano.

Dize el modo que se ha de tener leyendo esta "tragi"comedia.

Si amas y quieres a mucha atencion leyendo a Calisto mouer los oyentes. cumple que sepas hablar entre dientes: a vezes con gozo: esperanza: y passion a vezes ayrado con gran turbacion: finge leyendo mil artes: y modos: pregunta: y responde por boca de todos: llorando y riendo en tiempo y sazon.

Declara vn secreto que **el autor** encubrio en los metros que puso al principio del libro.

Ni quiere mi pluma: ni manda razon que quede la fama de aqueste grand hombre ni su digna gloria: ni su claro nombre cubierto de oluido por nuestra ocasion por ende juntemos de cada renglon de sus onze coplas la letra primera las quales descubren por sabia manera su nombre: su tierra: su clara nacion.

"Toca como se deuia la obra llamar Tragicomedia e no comedia.

Penados amantes jamas conseguieron dempressa tan alta tan prompta victoria como estos de quien recuenta la hystoria ni sus grandes penas tan bien succedieron: mas como firmeza nunca touieron los gozos de aqueste mundo traydor supplico que llores discreto lector el tragico fin que todos ouieron."

Descriue el tiempo "y lugar" en que la obra "primeramente" se imprimio "acabada".

El carro Phebeo despues de auer dado mill y quinientas bueltas en rueda: ambos entonce los hijos de Leda a Phebo en su casa tenien posentado: quando este muy dulce: y breue tratado despues de reuisto e bien corregido con gran vigilancia: puntado y leydo fue en Seuilla [Toledo, Salamanca] impresso y acabado. [A Dios gracias.]

"Tragicomedia de Calisto e Me- libea. Agora nueuamente reui- sta e corregida con los argu- mentos de cada auto en principio acabasse con diligencia studio im- pressa en la insigna ciudad de Valencia por Juan Joffre a. xxi. de febre- ro de. M. y. d. y. xiiij anos."

GLOSARIO Y NOTAS

__a muertos e a ydos_ **** "A muertos y a idos no hai amigos. Refr. que explica lo mucho que entibia el carino y amistad la separacion y la ausencia" (Aut. I, Tomo primero, 269)

__a punto_ **** (I, 248) "Modo adverb. que significa con la prevencion y disposicion necessaria, para que alguna cosa pueda servir al fin a que se destina… 'Teniendo la gente a punto para enviarsela, lo dexo de hacer por algunas alteraciones…'" (Aut III, Tomo quinto, 436); "pronto, dispuesto" (Corominas III, 923)

__a tres me parece…_ **** "a tres me parece que va la vencida": (Refran:) "a la tercera va la vencida" (Cejador II, 182)

__abad, abades_ **** sacerdote; "el abad de do canta de alli viste" (Refran): "el abad, de do canta, de alli yanta (come)" (Correas, 3).

__abarca_ **** abarcar: rodear con los brazos; "quien mucho abarca, poco suele apretar" (Proverbio): "Quien mucho abarcha (abarca) poco aprieta" (O'Kane 41: Seniloquium 387).

__abastada_ **** abastecer: proveer: provista

__abastasse_ **** abastase: abastar: bastar: ser suficiente

__abatido_ **** despreciable, decaido

__abatimiento_ **** desconsuelo

__abatiose_ **** abatir: derribar

__abaxada_ **** abajada: abajar: bajar

__abaxasse_ **** abajase: abajar: bajar

__abaxe_ **** abaje: abajar: bajar

__abaxes_ **** abajes: abajar: bajar

__abaxo_ **** abajo

__abezar, abezo, abezado_ **** avezar: acostumbrar, ensenar

__abito_ **** habito: vestido

__abiua_ **** aviva

__abiuan_ **** avivan

__abiuaron_ **** avivaron

__abiuate_ **** avivate

__ablande_ **** ablandar: mitigar

__abollado_ **** abollar: mellar, aplastar

__abrase_ **** abrasar: quemar

__abreuia_ **** abreviar: hacer breve

__abrie_ **** abria

__abrigasse_ **** abrigase

__abrojos_ **** dolores; plantas espinosas

__absencia_ **** ausencia

__absentarse, absentes_ **** ausentarse, ausentes

__absente_ **** ausente

__acabado, acabadas _ **** perfecto, cumplido

__acabar_ **** terminar; morir; acabar con: conseguir

__acabasse_ **** acabase

__acabaua_ **** acababa

__acaece_ **** acaecer: suceder

__acaescer, acaescieron_ **** acaecer, acaecieron

__acaescido, acaescida_ **** acaecido, acaecida

__acarrea_ **** trae; "la mocedad ociosa acarrea la vejez arrepentida e trabajosa" (Refran:) "Mocedad (La) holgada trae la vejez trabajada; o arrastrada" (Correas, 316).

__acarreado_ **** traido

__acarrean_ **** traen

__acarrear_ **** traer

__acarreara_ **** traera

__acarree_ **** traiga

__acarreo_ **** traigo

__acatada, acatando_ **** acatar: honrar, reverenciar, respetar; mirar con atencion

__acatamiento_ **** efecto de acatar (honrar, reverenciar, respetar; mirar con atencion)

__asechanzas_ **** enganos

__acechaua_ **** acechaba: acechar: observar

__acelerados, acelerada_ **** acelerar: dar prisa, apresurar

__aceleramiento, aceleramientos_ **** aceleramiento: apresurarse

__acepto_ **** agradable

__achaque, achaques_ **** pretexto, excusa; asunto, materia; indisposicion; causa; "en achaque de trama. &c" (Refran:) "Con achaque de trama, esta aca nuestra ama" (Correas, 122): "Metaforicamente significa ocasion, motivo, o pretexto para hacer alguna cosa, y fingir otra, o para no hacer lo que se pide." (Aut. I, Tomo primero, 49); "poco sabes de achaque de yglesia" (Refran): (Correas, 397).

__acidente_ **** accidente: suceso; pasion

__acion_ **** accion

__acoceando_ **** acocear: dar coces

__acoge_ **** acoger: aceptar

__acometer_ **** atacar

__acompanassen_ **** acompanasen

__acompanauala_ **** la acompanaba

__acontescido_ **** acontecido

__acontescimiento_ **** acontecimiento

__acordada_ **** cuerda, prudente

__acordado_ **** determinado

__acordaos_ **** acordarse: traer a la memoria

__acordarse ha_ **** se acordara

__acordays_ **** acordais

__acorde_ **** acordar: resolver

__acordele_ **** acordar

__acorre_ **** socorre

__acorrieron_ **** socorrieron

__acorro_ **** socorro

__acortaron_ **** disminuyeron

__acostarte as_ **** te acostaras

__acostaua_ **** acostaba: acostar: inclinarse

__acrescentaste_ **** acrecentaste: acrecentar: aumentar

__actiuo_ **** activo

__acto, actos_ **** hecho; en el acto: en seguida

__acuchillada_ **** cortada con el cuchillo

__acuerdaste_ **** te acuerdas

__acuerdo_ **** acordar: despertar; acuerdo: estar despierto

__acuesta_ **** acostar: inclinar

__acuestas_ **** a cuestas: sobre el hombro; sobre si

__aculla_ **** aqui, a la parte opuesta

__adalid_ **** caudillo; jefe

__Adam_ **** Adan

__adarga_ **** escudo de cuero

__addicion_ **** adicion

__adelgazaua_ **** adelgazaba; adelgazar: purificar

__aderece_ **** aderezar

__aderescen_ **** aderezar: guisar; arreglar; preparar

__adereza, aderezan, aderezado_ **** aderezar: guisar; arreglar; preparar; "en casa llena presto se adereza cena" (Refran): "En la casa llena, presto se guisa la cena; y en la vacia, mas aina" (Correas, 194); "En casa llena ayna se faze (fazen) cena" (O'Kane, 78: Santillana, Refranes 250) __adeuinas, adeuine, adeuinen_ **** adivinar: adivinas, adivine, adivinen

__adeuinos_ **** adivinos: personas que predicen el futuro

__admiracion_ **** sorpresa; entusiasmo

__adios paredes_ **** (Proverbio:) "A Dios, paredes; a Dios, paredes; hasta la vuelta," y "A Dios, paredes, que me voy a ser santo; e iba a ser ventero." (Correas, 11)

__ado_ **** adonde

__adobcion_ **** adopcion

__adormida_ **** dormida, entorpecida

__adotiuo_ **** adoptivo

__adrezado_ **** aderezar

__Adriano_ **** Emperador romano (117-38); nacio en Italica (Espana); "las que compuso aquel emperador e gran musico Adriano de la partida del anima: por sofrir sin desmayo la ya vezina muerte": "Adrianus Imperator tam vehementer musis intendebat: ut ne vicina morte lentesceret: versiculos de animae discessu aedidit" (Petrarca, De Rebus familiaribus, 110 B, citado en Deyermond, 40). "fue un letrado, un artista sobre el trono…El elegante adios a la vida que murmura algunos momentos antes de su muerte" 'Animula, vagula, blandula…' da la medida de su inteligencia." (Renan, 'Orig. crist.', pte. 6, c. 1, citado en Cejador I, 187) [Cf. Ernest Renan: Histoire des origines du christianisme, Paris: Michel Levy Freres, 1863; livre sixieme, chapitre premier, 4-5: "Comme Neron, ce fut un lettre, un artiste, sur le trone. Sa facilite pour la peinture, la sculpture, l'architecture etait etonnante, et il faisait de jolis vers; mais son gout n'etait pas pur; il avait ses auteurs favoris, des preferences singulieres. En somme, petit litterateur architecte theatral. Il n'adopta aucune religion ni aucune philosophie; mais el n'en niait aucune. Son esprit distingue se balanca tojours comme une girouette amusee a tous les vents; l'elegant adieu a la vie qu'il murmura quelques moments avant sa mort, 'Animula vagula, blandula,…' donne sa mesure."];

__aduersa_ **** adversa

__aduersario, aduersarios_ **** adversario; "El duro aduersario entibia las yras e sanas": (Refran): "Duro (El) adversario, amansa las furias del contrario" (Correas, 168).

__aduersidad_ **** adversidad

__aduersos, aduersas, aduersidades_ **** adversos, adversas, adversidades; "el cierto amigo…en las aduersidades se prueua. entonces se allega e con mas desseo visita la casa que la fortuna prospera desamparo… no ay cosa mas amada: ni mas rara". "Amici veri maxime in adversis haerent: et illas domos avidius frequentant quas fortuna deservit… Amico nihil charius: nihil rarius" (Petrarca, De Remediis Utriusque Fortunae, i. 19 D; i. 50 H, citado en Deyermond, 39); "las aduersidades con ygual animo se han de sofrir: e en ellas se prueua el corazon rezio o flaco": "Adversa aequo animo sunt toleranda… In adversis animus probatur" (Petrarca, De Rebus familiaribus, 19 AB, 42 in fin., citado en Deyermond, 39).

adulterios **** violacion de la fe matrimonial

__afanes_ **** afan: trabajo corporal

__afecto, afeto_ **** aficion

__afeyte cozido_ **** afeite cocido: "un cosmetico obtenido por fusion a calor suave de varios simples" (Laza Palacios, 87).

__afeytes_ **** afeites: cosmeticos

__affectos_ **** pasiones

__affirman_ **** afirman

__affirmaremos_ **** afirmaremos

__affligida_ **** afligida

__affrenta_ **** afrenta: peligro

__afistoles_ **** afistular: hacer que una llaga se convierta en fistula

__aflacar_ **** enflaquecer, debilitar

__afloxa, afloxara, afloxo_ **** afloja, aflojara, aflojo

__afloxar_ **** aflojar: perder fuerza

__afloxase_ **** aflojase

__aforro_ **** forro; aforrar: cubrir lo interior o exterior de una cosa

__afrentas_ **** peligros

__ageno, agena_ **** ajeno, ajena; "mal ageno de pelo cuelga" (Refran:) (Correas, 286), "Refr. que ensena lo presto que se olvida lo que no es de proprio interes: y lo poco que dura el cuidado o pena que es ajena" (Aut. I, Tomo segundo, 414); "malo es esperar salud en muerte agena" (Refran:) "Esperar salud en muerte ajena, se condena" (Correas, 211).

__agenos, agenas_ **** ajenos, ajenas: que pertenecen a otro

__agora_ **** ahora

__agradar_ **** complacer

__agradaua, agradauan_ **** agradaba, agradaban

__agradescemos_ **** agradecemos

__agradescer_ **** agradecer

__agradesco_ **** agradezco

__agras_ **** agrias

__agrauando_ **** agraviando: injuriando; agravar: agobiar; encarecer la gravedad de

__agraz_ **** uva sin madurar; "pon en las fistolas e encima panos en cumo de ruda e en agraz e en capitel" (Suma de la flor de cirugia [s. XV]; DETEMA I, 50); en agraz: antes de tiempo

__Agripina_ **** La madre del emperador Neron. Se caso tres veces, siendo su ultimo esposo el emperador Claudio. Convencio a Claudio que adoptara a Neron para que este fuera el proximo emperador, y despues mato a Claudio. Cinco anos despues Neron asesino a Agripina.

__agua de mayo_ **** "Rocio cogido en el mes de mayo…popularmente estimadisima;" tenia un "uso como filtro o elemento magico" (Laza Palacios, 88-89); "que sea cogido en el mayo o en la primavera" (Menor dano de medicina [s. XV]; DETEMA II, 1012).

__aguaduchos_ **** aguaducho: inundacion

__aguardaua_ **** aguardaba

__aguas fuertes_ **** "Agua Fuerte. Es la que se compone de vinagre, sal, y cardenillo, sacada al fuego. Es util para muchas cosas, y particularmente con su fortaleza dissuelve la plata, y otros metales, por cuya razon se llama agua fuerte." (Aut. I, Tomo primero, 124); "Lo que mas alinpia los dientes e los enblanquece de la primera vegada es el agua fuerte que fazen los alquimistas de caparros e alunbre e las otras sales" (Menor dano de medicina [s. XV]; DETEMA I, 52).

__agueros_ **** presagios, pronosticos

__agues_ **** aguar: turbar

__aguijar_ **** ir de prisa

__aguijon, aguijones_ **** pua, estimulo, incitacion

__agujetas_ **** agujeta: cinta para los vestidos

__aguzan_ **** aguzar: estimular

__aguzase_ **** se estimula

__ahijados_ **** "persona apadrinada de otra; protegida" (Larousse); "los que ha ayudado a nacer, como comadrona que Celestina era" (R- P, 186).

__ahito_ **** indigestion

__ahuyenta_ **** ahuyentar: hacer huir

__al_ **** otra cosa; otro

__alacran_ **** aracnido

__alahe_ **** a la fe

__alambiques_ **** alambique: "Aparato de metal, vidrio u otra materia, para extraer al fuego y por destilacion, el espiritu o esencia de cualquier sustancia liquida" (DETEMA I, 63); "destilla por alanbique sangre de omne sano bien e jouen e bien conplissionado" (Visita y consejo de medicos [s. XV]; DETEMA I, 63).

__alance_ **** alanzar: lanzar: arrojar: soltar; "alanzar es echar fuera" (Covarrubias, 64).

__alarde_ **** ostentacion

__alarga, alargar, alargarle_ **** prolongar; aumentar la cantidad; "no alarguemos los testigos": "Reminiscencia del refran 'El que quiere mentir alargue los testigos' o 'alarga los testigos: del que da testigos ausentes porque miente' (Correas, 181). Otra muestra profesional del abogado Rojas" (R-P, 275).

__alargasse_ **** alargase

__alarido, alaridos_ **** gritos lastimeros

__albarda_ **** silla de montar

__alboradas_ **** musica al amanecer

__albricias_ **** regalo; expresion de jubilo

__alcaduzes_ **** arcaduz: cangilon (vaso grande), de noria

__alcahueta, alcahuetas, alcahuete_ **** "Persona que solicita o sonsaca a una mujer para usos lascivos con un hombre, o encubre, concierta o permite en su casa esta ilicita comunicacion" (Real Acad.)

__alcahueteria_ **** oficio de alcahueta

__alcandara_ **** percha para aves

__alcanzar_ **** lograr, conseguir; llegar a percibir

__alcanzasse_ **** alcanzase

alcanzauamos **** alcanzabamos

__alcarauan_ **** alcaravan: ave zancuda. "La enjundia de este ave es remedio eficasisimo para cicatrizar las escrofulas o lamparones" (Laza Palacios, 91).

__alcese_ **** alzar: apartarse de

__Alcibiades_ **** (450-404 a. de J. C.) Politico y comandante de los atenienses en la Guerra del Peloponeso. "Lo referente a (su muerte anunciada), en Petrarca" (R-P 178, que se refiere a Deyermond, 1961:78-79, 143:) "Alcibiades occisus nullo miserante insepultus iacens amicae obvolutus est amiculo ut prius somniaverat": Asesinado, y sin estar enterrado (puesto que nadie se compadecio de el), Alcibiades fue cubierto por la capa de su amiga, tal como lo habia sonado el. (De Rebus memorandis, IV. iii. 29)

__alcohol__ **** "Polvo finisimo que como afeite usaron las mujeres, y que en Oriente usan todavia, para ennegrecerse los bordes de los parpados, las pestanas, las cejas o el pelo." (Real Acad.)

__alcoholada_ **** el pelo ennegrecido con alcohol; "Con los ojos pintados con alcohol...para aclarar la vista y poner negras las pestanas" (Laza Palacios, 93). "alcoholar...Ennegrecerse con alcohol los bordes de los parpados, las pestanas, las cejas o el pelo" "usa por ello ponjendo en los ojos muy sotilmente con vna aguja de plata commo la muger quando se alcofola" (El libro de recetas de Gilberto [s. XV]; DETEMA I, 70); "Lavar los ojos con alcohol o con otro colirio, para limpiarlos o curarlos" "humidad corre a la cornea e engendrase ay vn fumo e vna niebla e escurecese la vista e la cura consiste en purgar el cuerpo con pildoras aureas e alcoholen el ojo con fiel de falcon o gauilan" (Lilio de medicina, [1495]; DETEMA I, 70)

__aldaua_ **** aldaba: barra para asegurar las puertas

__alegrarte has_ **** te alegraras

__alegraua_ **** alegraba

__alegria_ **** "no me hallo de alegria": estoy muy contento (Cejador II, 79)

__aleluyas_ **** alegrias

__Aleto_ **** Alecto: una de las furias

__aleuosos_ **** alevoso: traidor; "a esse tal dos aleuosos": "A un traydor, dos alevosos" (Refran) (O'Kane 222: Santillana, 35): "Significa que, para vencer a un solo traidor (Parmeno), bastara ampliamente la astucia reunida de otros dos de la misma estirpe (Celestina y Sempronio)" (Russell, 286).

__Alexandre_ **** Llamado "Alejandro Magno", era Rey de Macedonia (336-323 a. de J. C.). Fue educado por Aristoteles. Se hizo rey a la edad de 20 anos, y por sus conquistas ayudo a diseminar la cultura griega por el Oriente y por Africa.

__alfocigos_ **** alfoncigo: arbol (pistacia vera): "su fruto...es confortativo del estomago... Quiza la tuvieran como afrodisiaco" (Laza Palacios, 93); "alfocigos son calientes e secos en medio del segundo grado y de gran nudrimiento" (Sevillana Medicina [1545]; DETEMA I, 73).

__algalia_ **** "Sustancia untuosa, de consistencia de miel, blanca, que luego pardea, de olor fuerte y sabor acre; se saca de la bolsa que cerca del ano tiene el gato de algalia" (DETEMA I, 73); "pongale en la boca de la madre quanto vna cabeza de alfilel de algalia fina" (Menor dano de medicina [s. XV]; DETEMA I, 73).

__alguazil, alguaziles_ **** alguacil: ministro de justicia

__alhajas_ **** "Lo que comunmente llamamos en casa colgaduras, tapizeria, camas, sillas, vancos, mesas" (Covarrubias, 87).

__alimpiarla_ **** alimpiar: limpiar

__alinde_ **** de alinde: de aumento; "espejo gruesso y concavo, que…sirve tambien de abultar las cosas que se miran por el" (Aut. I, Tomo primero, 215)

Alisa **** "nos trae a la memoria cierta fabula de la ninfa 'Cardiama' convertida en fuente por amores del gentil 'Aliso', que trae Juan Rodriguez del Padron en el 'Triunfo de las donas'" (Menendez y Pelayo, Origenes de la novela, III, xlvii).

__aliuia_ **** alivia

__aliuiado_ **** aliviado

__aliuiadora_ **** aliviadora

__aliuiar_ **** aliviar

__aliuio_ **** alivio: disminucion de fatigas

__aljofar_ **** perla pequena

__allega, allego_ **** llegar, juntarse, arrimarse; se allega: se acerca

__allegado_ **** cercano, recogido

allegados, allegadas **** parientes; "conocidas" (R-P, 310)

allegue **** allegar: recoger; anadir; procurar; llegar

allegarse, allegate **** llegar, juntarse, arrimarse; se allega: se acerca

allegasse **** allegase

allende **** ademas

alma **** salirsele a uno el alma: morir; "vna alma sola ni canta ni llora" (Refran): (Correas, 494)

almazen, almazenes **** almacen

Almazen **** Almazan? (prov. de Soria)

almizcladas **** almizcle: sustancia grasa, odorifera; "polla asada e lardada con clauos de girofre e rociada con agua rosada almizcada e vino" (Lilio de medicina, [1495]; DETEMA I, 82).

almizque, almizcles **** "Sustancia odorifera y medicinal, untuosa al tacto, de sabor amargo y color pardo rojizo, que se saca de la bolsa que el almizclero tiene en el vientre" (DETEMA I, 82).

almohaza **** instrumento de hierro para limpiar las caballerias

alquile **** alquiler

alta **** noble, elevada, dificil de alcanzar

alteracion, alteraciones **** alboroto, inquietud; estremecimiento; accion de alterar

alterados **** perturbados

alteras **** alterar: perturbar

alterasete **** se te altera

alteraua **** alteraba

altitud **** excelencia, merito

altiuo **** altivo: orgulloso

alto **** excelente

altramuzes **** altramuz: planta de la familia de las papilionaceas; purificativos del rostro; "vnta el rostro con semjente de rauano o con semjente de vruga o con farina de yeruos o con farina de entremuzes" (Tratado de patologia general [s. XV]; DETEMA I, 89).

alua **** alba

alualinos **** albo, blanco; "un afeite que usaban antiguamente las mujeres para blanquearse el rostro" (Laza Palacios, 96).

aluanares **** albanal: cloaca

aluayalde **** albayalde: carbonato de plomo, de color blanco: afeite para la cara, y remedio medicinal; "para quitar las malas manchas que quedan en fin despues de las viruelas que quedaron en la faz toma litargirio e aluayalde lauado" (Lilio de medicina, [1495]; DETEMA I, 65).

alumbre **** sulfato doble de alumina y potasa; se usaba para limpiar llagas, y para emblanquecer la cara; "los parpados laue con agua de alumbre y de sal" (Sumario de la medicina, [1498]; DETEMA I, 90); "fagan poluo de cascas de hueuos quemadas e de rasuras e de alunbre quemado e molido e fregue con estos poluos los dientes" (Menor dano de medicina [s. XV]; DETEMA I, 90); "esponjas mojadas en la lexia fuerte caliente en que sea alumbre e zufre e sal" (Tratado de cirugia [s. XV]; DETEMA I, 90).

aluorada **** alborada: alba

alzar **** levantar; "alzar el destierro, perdonarlo." (Covarrubias, 79).

alzasse **** alzase

alzauamos **** alzabamos

alzose **** alzar: llevarse algo

amaneciesse, amanesciesse **** amaneciese

amanesce **** amanece

amanescer **** amanecer: empezar a rayar el dia

amanesceria **** amaneceria

amanescio **** amanecio

amanojada **** amanojar: juntar en manojo

amansar, amansaria **** sosegar, apaciguar

amarga, amargo, amargas, amargos **** que esta afligida; aspero, desagradable

amargura **** pesar

amarguen, amargues **** amargar: causar pesar

amasses **** amases

amaua **** amaba

amays **** amais

ambar **** Tiene fama de estimulante y afrodisiaco; se usa en perfumeria; "si el dolor fuere frio…huela musgo o alanbar e todas buenas olores callentes" (Menor dano de medicina [s. XV]; DETEMA I, 97).

amen **** amar; "hazes que feo amen: e hermoso les parezca" (Refran): "Quien feo ama, hermoso le parece" (Covarrubias, 587).

amenaze **** amenace: amenazar

amenguada, amenguado, amenguadas **** infamado, disminuido *amenguas, amengue, amengues* **** amenguar: disminuir; infamar

amonesta **** amonestar: advertir

amonestacion, amonestaciones **** advertencia

amor **** por amor de: por causa de

amortescida **** amortecida: desmayada

amortescimientos **** amortecimientos: desmayos

amortezcas **** amortecer: desmayarse

amos **** ambos

ampare **** amparar: favorecer

anadones **** anadon: pato

Anaxagoras **** Filosofo griego (500-428 a. de J. C.). En Atenas fue maestro de Euripides, de Pericles, y quizas de Socrates. Fue el primero en explicar el eclipse solar; tambien propuso una teoria de los atomos. "muerta mi amada hija: lo que el su vnico hijo": "Y cuando recibio noticias de sus dos desgracias: su condena (en el tribunal), y la muerte de sus hijos: tocante a su condena, dijo: 'Hace mucho tiempo la naturaleza condeno a mis jueces y a mi a morir.' Pero con referencia a sus hijos, dijo: 'Yo sabia que mis hijos nacieron para morir.' Algunos, sin embargo, atribuyen estas palabras a Solon, y otros a Xenofon." (Diogenes Laercio, "Vidas de los filosofos eminentes")

andaca **** anda aca

andado **** transitado

andan a pares... **** quando andan a pares los diez mandamientos: para expresar abundancia (Cejador II, 31); es decir, "nunca".

andanza **** buena andanza: buena fortuna

andar **** ir de un lugar a otro; manera de proceder; emplear; a mas andar: muy rapido

andares **** andareis

andaua, andauan **** andaba, andaban

andouiera **** anduviera

andrajo **** jiron de la ropa; persona despreciable

anduuieren **** anduvieren

anelito **** anhelito: respiracion

anima, animas **** alma; en mi anima: juramento para aseverar algo

animalias **** animales

animes **** resina; "Es una lagrima o resina de cierto arbol muy a proposito para perfumar la cabeza" (Covarrubias, 122); "sy ayuntas el anjme entrego con el vjnagre en tal guisa mucho pisado todo esto se faga vno sepas que es muy prouechoso" (Macer herbolario [s. XV]; DETEMA I, 111).

animo **** alma

animosidad **** valor, esfuerzo

animosos **** valientes, resueltos

ano **** doce meses; mal ano: "Especie de interjeccion con la qual unas veces se da a entender displicencia, mal afecto, y en cierto modo se desea, o pide venga dano y perjuicio a alguno: como quando se dice: Mal ano y mala ventura para el, que es lo que desearle mala suerte." (Aut. I, Tomo primero, 317-18)

ansarones **** ansar: ganso, oca

ansi **** asi

ante **** antes

antepone **** anteponer: poner delante

antepuerta **** puerta interior; "El repostero o pano que se pone delante de la puerta, assi por el abrigo como por la decencia y recato que los de fuera no vean lo que se haze dentro del aposento" (Covarrubias, 124).

Antico **** Quizas Anfion, hijo de Zeus y Antiope. Segun la mitologia griega, recibio una lira del dios Hermes, y cuando la tocaba, las piedras se movieron para formar una muralla alrededor de la ciudad de Tebas. ("Aqui la errata 'Antico' cubre sin duda un 'Anfieo' (-f- leida como -t- y -e- como -c-), escrito asi por Rojas, por descuido o cruce con 'Orfeo'.") (Marciales II, 93); "aquel Antico: de quien se dize, que mouia los arboles e piedras con su canto": "Amphion arbores et saxa cantu movisse perhibetur" (Petrarca, De Rebus familiaribus 8 C, citado en Deyermond, 40).

antico, antigo **** antiguo

Antipater Sidonio **** Poeta griego; autor de varios epigramas. (130? a. de J. C.)

antoja **** parece

antojadizo **** frecuentemente tiene antojos

antojo **** deseo pasajero

anzuelo **** arponcillo de metal que sirve para pescar

aojando **** aojar: mirar; hacer mal de ojo

aosadas **** a osadas: ciertamente

apacentados **** apacentar: dar pasto a los ganados

apaciguanse **** apaciguar: desenojar

apaleados **** apalear: dar golpes con palo

apanes **** apanar: coger

aparejada, aparejado, aparejadas, aparejados **** apto, aceptable, preparado

aparejar **** preparar, vestir

aparejastes **** aparejasteis

aparejo, aparejos **** disposicion; objeto necesario

aparencia **** apariencia

aparrochada **** aparroquiada: establecida

apartado **** aposento aparte

apartar **** alejar: poner lejos

apartaua **** apartaba

apassionados **** apasionado: poseido de alguna pasion

apaziguado **** apaciguado: apaciguar: sosegar, poner en paz

apercebido, apercebida **** apercibir: preparar; "el hombre apercebido medio combatido": "Refr. que ensena, que el que se anticipa y previene lleva vencida la mitad del combate" (Aut. I, Tomo primero, 335)

apercibete, apercibense **** apercibir: preparar

apercibimiento **** efecto de apercibirse

aplacar **** aliviar

aplaze **** aplacer: agradar, contentar

aplazible **** aplacible: agradable

Apollo **** Apolo. En la mitologia clasica era hijo de Zeus y Leda. Entre los romanos representaba el Sol. Tambien fue visto como dios de las artes, medicina, musica y poesia. Tenia muchos amores.

aposentados **** aposentar: alojarse

aposentamiento **** aposento, posada

apremiar, apremiare **** oprimir, apretar; obligar

apremiaua **** apremiar: apremiaba

apretauas **** apretabas

apriesa, apriessa **** aprisa

apriscos **** parajes para el ganado; establos

aprouado, aprouados, aprouarlo **** aprobar: declarar por bueno

aprouecha **** aprovecha

aprouechado **** aprovechado

aprouechan **** aprovechan

aprouechandose **** aprovechandose

aprouechar **** aprovechar: servir de provecho; emplear utilmente; adelantar

aprouechara **** aprovechara

aprouecharas **** aprovecharas

aproueche **** aproveche

aprouechemonos **** aprovechemonos

aprouechemos **** aprovechemos

aprueuelo **** apruebelo

aprueuo, aprueuas, aprueua **** aprobar: apruebo, apruebas, aprueba

apto, apta **** habil

Apuleyo **** Filosofo romano del siglo ii. Escribio la novela, "El asno de oro," en la que el protagonista se convierte en asno.

apuneauamos **** apuneabamos: apunear: dar de punadas

apuntan **** apuntar: empezar a manifestarse

aquellotro **** aquel otro

aqueste, aquesto **** este, esto

aquestos, aquestas **** estos, estas

aquexa, aquexan **** aqueja, aquejan: aquejar: dar prisa; afligir; fatigar

aquexada **** aquejada

aquexale **** aquejale

aquexandole **** aquejandole

aquexarles **** aquejarles

aquexaua **** aquejaba

aquexes, aquexe **** aquejes, aqueje: aquejar: estimular, afligir

aqui **** en este lugar; ahora; de aqui alla: "'hasta llegar alla' o 'hasta que llegue ese momento'" (R- P, 227)

aquiriendo **** adquiriendo

aradas **** arada: tierra labrada

arado **** instrumento de agricultura para abrir surcos en la tierra

aradores **** arador: gusanillo subcutaneo; "sacar aradores a pala e azadon" (Refran:) (Correas, 441) "se usaba para comentar que se querian emplear metodos desmesurados con respecto al fin que se proponia" (Russell, 254).

arambre **** alambre (cobre)

arca **** armario, caja

arcadores **** arqueador: el que sacude y ahueca la lana

arcediano **** dignidad eclesiastica en el cabildo catedral

ardid **** astucia

are **** arar: remover la tierra

arepiso **** arrepentido

argentadas **** afeites para el rostro y el cabello

argumento, argumentos **** asunto, trama

arguye **** arguir: oponer; descubrir, dejar ver con claridad

Ariadna **** En la mitologia griega, Ariadna era la hija del rey Minos y Pasifae. Se enamoro de Teseo, y le ayudo a escapar del Laberinto de Creta. Varian los cuentos sobre el fin de su vida, pero generalmente son tragicos (Vease Homero, Plutarco, etc.).

Aristoteles, Aristotiles **** (384-322 a. de J. C.) Filosofo griego; fue estudiante de Platon. Notable por sus escritos sobre la logica, metafisica, etica, politica, etc. Una de sus obras mas importantes es la "Historia de los animales."

armar, armale **** organizar

arme **** organice

armeros **** armero: fabricante de armas

arnes **** armadura defensiva

aro, aros **** circulo de hierro

arrabales **** arrabal: los sitios extremos de una poblacion; afueras

arras **** ara: honor

arrastren **** arrastrar: llevar a una persona o cosa por el suelo; "que me arrastren: 'que me dejen vivir en la miseria'" (Russell, 347); arrastrado: pobre

arreada, arrean **** arrear: hermosear, adornar, engalanar

arrebatado, arrebatada **** impetuoso

arremango **** "el regazo de la saya" (Cejador II, 36); en tu arremango: dispuesta a hacer lo que tu quieras

arremeter **** meterse con impetu, acometer

arrendado **** atada por las riendas una caballeria

arrendar **** envidiar su suerte; atar por las riendas una caballeria; "no quiero arrendar tus esgamoches": "No arriendo tus escamochos. Phrase familiar, con que se da a entender el poco aprecio que se hace de lo que otro suele estimar" (Aut. II, Tomo tercero, 551)

arreo **** arrear: me arreo: "me visto y como" (Cejador I, 183); poner arreos (adornos)

arreziando **** arreciando (haciendo mas violento)

arreziate **** arreciar: hacerse mas fuerte

arrezio **** se arrecio (se hizo mas violento)

arriendo **** "no le arriendo la ganancia" (Refran): no envidio su suerte

arrima **** arrimar: acercar, acogerse a la proteccion de algo; "quien a buen arbol se arrima": "Quien a buen arbol se arrima, buena sombra le cobija" (Refran).

arrobas **** arroba: medida de liquidos

arrollada **** arrollar: envolver

arteros **** astutos; "la esperiencia e escarmiento haze los hombres arteros": (Refran): "De los escarmentados se fazen los arteros" (O'Kane, 110: Hist. Troyana 19, Cifar 261)

artifice **** artista

artificio **** arte, ingenio, habilidad; disimulo, astucia

arto **** harto, harta: bastante, sobrado

aruejas **** arveja: planta leguminosa; se usa en medicina popular "como emoliente y resolutiva la harina de sus semillas" (Laza Palacios, 100); "las malenconjcas semjllas que se comen a menudo en mucha de las villas como fabas e mjjo e lantejas e panjzo e lubja e arbejas como se usa en la cibdat alexandrina" (Cirugia rimada [1493]; DETEMA I, 156)

arufianada **** arrufianada: parecida al rufian

as **** has

asaz **** bastante, mucho; "asaz es senal mortal no querer sanar" (Refran): (Correas, 67).

Ascanica **** "Se refiere a la treta de Venus en la 'Eneida', cuando la diosa causa que la amada de Eneas,

Dido (o Elisa) se enamore de Cupido en forma de Ascanio" (Severin, 251). Ascanio = hijo de Eneas.

asco **** repugnancia

ascuras **** a oscuras

assentar **** sentar; colocar

asestara **** apuntara

asiento **** sitio donde esta fundado un pueblo o edificio

asna **** hembra del asno

asno **** "sean fecho poluos de la vnna de asno e sean echados por canuto en la madriz de la fenbra parira luego" (El libro de recetas de Gilberto [s. XV]; DETEMA I, 162); "caera de su asno": "Phrase que se aplica, y dice de los necios y porfiados, que obran por su mero capricho, y con tenacidad siguen su parecer, sin querer tomar consejo de los que se le pueden dar: y despues por el sucesso contrario que han tenido, conocen haver errado." (Aut. I, Tomo primero, 433); "no ay lugar tan alto que vn asno cargado de oro no le suba" (Refran): "Un asno cargado de oro, sube ligero por una montana" (Cejador I, 137); "Asno con oro, alcanzalo todo" (Correas, 68); "Nullum inexpugnabilem locum esse: in quem asellus onustus auro possit ascendere" (Petrarca, De Remediis Utriusque Fortunae, i. 35 B 2-3, citado en Deyermond, 59).

asnos **** burros

asolaste **** asolar: destruir

asombrar **** asustar

aspado **** hecho madeja el hilo

asperece **** esperezar: despertarse, exitarse; "no ay tan manso animal que con amor / o temor de sus hijos no asperece": "Nullum tam mite animal quod non amor sobolis ac metus exasperet" (Petrarca, De Remediis Utriusque Fortunae, ii, Praef. G, citado en Deyermond, 40).

assador, asadores **** asador: varilla en que se pone al fuego lo que se quiere asar

assaz **** asaz: bastante, muy

assegurando **** asegurando

assentada **** asentada

assentadas **** asentadas

assentaos **** asentaos

assentarnos **** asentarnos

assentaua, assentauan **** asentaba, asentaban

assente **** asente

assentemonos **** asentemonos

assi **** asi

assi mesmo **** asimismo

assi mismo, asi mismo **** asimismo

assienta **** asienta

assiento **** asiento

assimesmo, assimismo **** asimismo

astillas **** astilla: fragmento de madera que se rompe violentamente

asueta **** asueto: acostumbrado

ataja, atajas, atajen, atajes, atajo **** atajar: interrumpir; detener el curso

atajasolazes **** atajasolaz: "espantagustos. Persona de mal caracter que turba la alegria de los demas" (Acad. Real)

atamientos **** atamiento: obligacion; ligamento; "maleficios, hechicerias" (Severin, 250)

atan **** tan

atauio **** atavio: compostura, esmero

atauios **** atavio: adorno, vestido

atemorizados **** atemorizar: causar temor

Atenas **** La capital de Atica, y el centro de la cultura griega en el siglo V a. de J. C.

ateniense **** perteneciente a Atenas

atesores **** atesorar: acumular y guardar; ahorrar

atestadas **** repletas, llenas

Athenas **** Atenas; la ciudad mas importante de la Grecia antigua

Athenienses **** Ateniense: natural de Atenas

atiende **** atender: cuidar, esperar

atizan **** atizar: avivar

atreua **** atreva

atreuer **** atrever: arriesgar; ofender

atreues **** atreves

atreuido **** atrevido

atreuimiento, atreuimientos **** atrevimiento

atreuio **** atrevio

atreuo **** atrevo

atribulados **** atormentados

auantaja **** ventaja

auaricia **** avaricia

auarienta, auariento **** avarienta, avariento; "quando pobre, franca: quando rica, auarienta" (Refran) (Correas, 140).

aucto **** acto: division de una obra teatral; accion

auctor **** autor

auctoridad **** autoridad

aue **** ave

auemos **** hemos

auentaja **** aventaja: aventajar: exceder

auenturado **** aventurado: arriesgado

auenturauan **** aventuraban; arriesgaban

auenture **** aventurar: arriesgar

auer **** haber, tener

auerte **** haberte

aues **** aves; habeis

aueys **** habeis

auia, auias, auian **** habia, habias, habian

auiades **** habiais

auiame **** me habia

auiaseme **** se me habia

auido **** habido, tenido

auiendo **** habiendo, teniendo

auisada **** avisada

auisado **** avisado

auisale **** avisale

auisar, auisos **** avisar, avisos; me auiso: observo

auisarte **** avisarte

auisauate **** te avisaba

auise **** avise

auiso **** aviso

auisote **** te aviso

auiuadora **** avivadora: que aviva

auiuas **** avivas: avivar: animar, encender

aullido **** voz triste y prolongada del perro, etc.

auras **** habras

aure **** haber, tener: habre, tendre

auremos **** habremos, tendremos

auria **** habria, tendria

auto, autos **** acto: division de una obra teatral; accion

autorizada **** respetada

autorizantes **** de lustre, de importancia

aviniendo **** avenir: efectuarse, concertar

avn **** aun

avnque **** aunque

axiensos **** ajenjo: planta amarga y aromatica; se ha usado como tonico

axuar **** ajuar: los bienes; (Refran:) "Tres terrazas y una estera, el axuar de la Frontera. Refr. que el Comendador Griego dice explicandole, que esta Frontera fue una moza de Cantaro, que se caso por amores, cuyo axuar consistia en tres jarros (que esso significa terrazas) y una estera vieja… Otros dan distinta explicacion a este refran, y sienten que alude al axuar del soldado que esta en frontera, el qual se reduce por lo regular a semejantes trastos" (Aut. I, Tomo primero, 508)

ay **** alli, hay

aya, ayas, ayamos, ayan **** haber: haya; tener: tenga

ayna **** aina: pronto

ayrada, ayrado, ayrados **** airada, airado, airados

ayraste **** airaste

ayre, ayres **** aire, aires

ayudame **** ayudame, ayudadme

ayudarte he **** te ayudare

ayuna **** que no ha comido

ayunara **** ayunar: privarse, abstenerse

ayunas **** en ayunas: sin haber desayunado

ayuntamiento, ayuntamientos **** junta; copula carnal

ayuso **** abajo, ademas; "de Dios en ayuso": despues de Dios

azadonada **** golpe con el azadon; "a la segunda azadonada saco agua" (Refran): "A la primera azadonada quereis sacar agua" (Correas, 23)

azafran **** "planta de hojas angostas, raiz gruesa y redonda y flores moradas; las hebras, de color rojo anaranjado, que nacen en medio de la flor, se usan en medicina y como condimento" (DETEMA I, 185);

"Empero en todo tiempo quier caliente quier frio es buena esta recepta de pilloras de mirra azafran aloe azucri" (Tratado de la epidemia e de la pestilencia, [1475]; DETEMA I, 185); "yema de huebo e vnto de galljna maznados con azafran es mjtigante melezina" (Cirugia rimada, [1493]; DETEMA I, 186).

azahar **** flor del naranjo, del limonero y del cidro; de esta flor se hacia un agua "para esforzar la virtud vital, principalmente de las recien paridas" (Laguna: "Comentario", citado en Laza Palacios, 102)

azemilero, azemileros **** acemilero: el que cuida a las mulas

azero **** acero

azeyte, azeytes **** aceite

aziago **** aciago: desgracia

azofeyfas **** azufaifa: fruta del azufaifo (arbol ramnaceo); se usaba como remedio medicinal; "Recipe agua vn azumbre de ceuada limpia tres onzas azofeyfas" (Compendio de Cirugia, [1481]; DETEMA I, 188).

azogado **** azogar: contraer la enfermedad producida por la absorcion de los vapores de azogue (mercurio)

azotea **** plataforma en el tejado de un edificio

azucarado **** dulce

azumbre, azumbres **** medida de capacidad para liquidos equivalente a mas de dos litros

badajadas **** golpe del badajo en la campana

badajo **** pieza con que se golpean las campanas para hacerlas sonar; "Al necio que sabe poco llaman badajo, porque es gordo de entendimiento, como el estremo del badajo de la campana, contrario del agudo" (Covarrubias, 182)

balando **** balar: dar balidos: voz del cordero

balanza **** juicio

balde **** de balde: gratis;
en balde: en vano;
"los dias no se van en balde" (Refran): "los anos no se van de balde" (Correas, 274).

baldon **** palabra afrentosa; "cata que es muy rara la paciencia que agudo baldon no penetre e traspasse": "Rara patientia est quam non penetret acutum convitium" (Petrarca, Contra Medicum, iv. 11 E in fin., "This last entry does not, however, occur in the text at the point stated," citado en Deyermond, 44).

baldonado **** injuriado de palabra

balsamo **** liquido resinoso y aromatico

baptista **** bautista

barbiponiente **** joven que empieza a tener barba

barra **** pieza de hierro; tirando barra: "genero de diversion que para exercitar la robustez y agilidad suelen tener los mozos: y es desde un puesto senalado despedirla de diferentes modos y maneras, y gana el que mas adelanta su tiro" (Aut. I, Tomo primero, 563).

barrancos **** barranco: precipicio, dificultad

barreras **** obstaculos

barriga **** vientre, abdomen

barrilejos **** barrilejo: barril

barriles **** barril: "Vaso de barro, panzudo y de cuello angosto" (DETEMA I, 199); "tirenlo del fuego e lancenlo en vn barrenno o barril" (Recetas [s. XV]; DETEMA I, 199).

barro **** lodo

barruntado **** presentido

barrunto, barruntas, barruntan **** barruntar: presentir

barua, baruas **** barba, barbas; copo para hilar

baruuda **** barbuda, i.e. Celestina

basilisco **** animal fabuloso que mataba con la mirada

basta **** bastar: abundar

bastasse **** bastase

bastaua **** bastaba

baxa, baxas, baxes **** baja, bajas, bajes

baxame **** bajame

baxarme **** bajarme

baxaua **** bajaba

baxo **** bajo: abajo; vulgar

beldad **** belleza

Beltran **** "quien bien quiere a Beltran / a todas sus cosas ama" (Refran:) "Quien bien quiere a Beltran, bien quiere a su can. Refr. que se dixo, porque el que ama fielmente a otro, y es su amigo, quiere y estima todas las cosas, que son dependientes y proprias del que quiere bien" (Aut. I, Tomo segundo, 104).

bermellon **** cinabrio en polvo, de color rojo; "Minium frio e seco y es el bermellon de los pintores" (Tratado de cirugia [s. XV]; DETEMA I, 210).

Bernardo **** Segun Severin (246), "San Bernardo de Claraval, cisterciense, que predico la segunda cruzada en el siglo XII." Segun Russell (225) "la alusion es… a un pasaje misogino en la 'Epistola de cura rei familiaris' de Bernardo Silvestre de Tours, cosmografo del siglo XII, documento erroneamente atribuido a San Bernardo durante la Edad Media, y despues." Segun R-P (117), "se trata de un nombre y de un exemplum tomados…del 'Corbacho':…se trata del caballero aragones Bernat de Cabrera, consejero de Pedro IV 'el Ceremonioso', y protagonista de una tormentosa historia de amor."

bestias **** bestia: animal de carga: mula, etc.

beua **** beba

beuemos **** bebemos

beuen **** beben

beuer **** beber

beuia **** bebia

beuiendo **** bebiendo

beuo **** bebo

bexiga **** vejiga: saco membranoso que retiene la orina

bien quisto **** bienquisto: estimado

bienandante **** feliz, afortunado

bienandanzas **** bienandanza: suerte, fortuna

bienauenturado, bienauenturada **** bienaventurado, bienaventurada

bienauenturados, bienauenturadas **** bienaventurados, bienaventuradas; "bienauenturados son los pacificos: que fijos de dios seran llamados" (Mateo, 5.9); "bienauenturados eran los que padescian persecucion por la justicia. que aquellos posseerian el reyno de los cielos" (Mateo 5, 10).

bienauenturanza **** bienaventuranza: felicidad; "que en poco espacio de tiempo no cabe gran bienauenturanza": "parvo temporis in spacio non stat magna foelicitas" (Petrarca, De Remediis Utriusque Fortunae, i. I E 11, citado en Deyermond, 58).

bisperas **** visperas: vispera: hora del oficio divino

Bitinia **** Reino anciano del noroeste de Asia Menor.

biua **** viva

biuamos **** vivamos; "Mueran / e biuamos": "Expresion proverbial sin duda emparentada con el refran todavia en uso de 'El vivo al bollo y el muerto al hoyo'" (R-P, 265).

biui **** vivi

biuiera, biuieran_ **** viviera, vivieran

biuiesse, biuiessen **** viviese, viviesen

biuir, biuo, biuimos, biuen **** vivir, vivo, vivimos, viven

biuora, biuoras **** vibora: serpiente venenosa; "dize el Auicena que la carne de la biuora o del tiri e aquella cosa en el qual es la virtud del es de las mejores melezinas" (Tratado de cirugia; s. XV; DETEMA II, 1655); "son tan ponzonosas que al que muerden estan en condicion de perder el cuerpo o de cortar el mjenbro en que fuere mordido porque no cura el venjno enponzonado por todo el cuerpo. Esto es porque pocas son las cryaturas que a la mordedura de la vivora aprovecha" (Suma de la flor de cirugia [s. XV]; DETEMA, II, 1655); "mas seguro me fuera huyr desta venenosa biuora que tomalla": "Animalia venenosa tutius est vitare quam capere" (Petrarca, De Remediis Utriusque Fortunae, ii. 30 C, citado en Deyermond, 41).

biuos, biuas **** vivos, vivas

blanca **** moneda de bajo valor

blanco **** objeto sobre el que se tira; de color de nieve; "no es todo blanco aquello que de negro no tiene semejanza" (Refran): "veanse las variantes en Correas, p. 347" (Russell, 397).

blanquean **** blanquear: poner blanca una cosa

blason **** escudo de armas

bocado **** herida; ponzonoso bocado

bodegones **** bodegon: taberna

bodigo **** panecillo que uno lleva a la iglesia por ofrenda

bofetada **** golpe

bohonero **** buhonero: el que vende baratijas, como botones, agujas, cintas; "cada bohonero alaba sus agujas" (Refran:) "da a entender, que cada uno alaba sus obras, y sus trabajos" (Aut. I, Tomo primero, 131).

bolando **** volando

bolantes **** volantes: que vuelan

bolar **** volar

bolaua **** volaba

boleo **** voleo; del primer boleo: rapidamente

bollicio **** bullicio: ruido

bolsa **** el dinero de una persona; "cierre la boca e comience abrir la bolsa" (Refran): (Correas, 112).

boluer, boluamos, bolued **** volver, volvamos, volved; "mala senal es de amor huyr e boluer la cara": "Mala senal de amor, huir y volver los ojos" (Refran): (Correas, 286).

boluera **** volvera

boluerse **** volverse

boluia **** volvia

boluieron **** volvieron

bonanza **** tiempo sereno en el mar

borbollones **** a borbollones: atropelladamente

bordaduras **** bordadura: labor de relieve ejecutada en tela con aguja y diferentes hilos

borzeguies **** borcegui: calzado, zapato

bota **** botar: salir corriendo

botas **** sin punto

bote **** vasija

bouas, bouos **** bobas, bobos

bouilla **** bobilla, boba

bouo, boua **** bobo, boba

boyzuelo **** boyezuelo: bueyezuelo: buey (dim.); boezuelo: "Figura que representa un buey y que se usa en la caza de perdices" (Acad Real).

boz, bozes **** voz, voces; "si la locura fuesse dolores: en cada casa auria bozes" (Refran) (O'Kane 145: "Si la locura fuese dolores / en cada casa daria (darian) vozes" Canc. Herberay (publicado por B. J. Gallardo en el 'Ensayo de una biblioteca espanola…, Madrid, 1865, I, 451-567) 561; Santillana, Refranes 661)

bozeador **** voceador: pregonero: oficial publico que da los pregones

bozeando **** voceando: dando gritos

bozear, bozeas **** vocear, voceas: dar gritos

bragas **** calzones; "yo digole que se vaya e abaxasse las bragas" (Refran:) "Digole que se vaya, y el descalzase las bragas" (Correas, 156), (O'Kane, 137: Santillana, Refranes 723).

bragueta **** abertura de los pantalones por delante

bramar, bramando **** gritar

brasas **** brasa: carbon encendido

braua, brauos, brauas **** brava, bravos, bravas

braueza **** braveza, bravura

breue, breuedad, breuemente **** breve, brevedad, brevemente

breuissima **** brevisima

brocado **** seda tejida con hilos de oro o plata

broquel, broqueles **** escudo

bruxa **** bruja

buche **** estomago, pecho; sacarle del buche: desembuchar: soltar todo lo que uno sabe de una cosa

buela, buelan **** vuela, vuelan; "vna perdiz sola por marauilla buela: mayormente en verano" (Refran): "Una perdiz sola por maravilla vuela sin otra" (Correas, 494).

buelo **** vuelo

buelta **** vuelta; de buelta: estar de vuelta: saber de antemano

bueltas **** a bueltas de: a vueltas de: ademas de

buelto **** vuelto: rio vuelto: rio trastornado;
volver: mezclar;
"a rio buelto, ganancia de pescadores" (Refran):
(Correas, 65)

buelue **** vuelve

bueluen, bueluas, buelues **** vuelven, vuelvas, vuelves

buenas noches **** quedarse a buenas noches: a oscuras, sin conocimiento, abandonado

buey **** "A donde yra el buey que no are?" (Refran): "A do ira el buey que no are? A la carniceria" (Correas, 12)

bujelladas **** "antiguo afeite para el rostro" (Laza Palacios, 108); "Vaso o pomo pequeno pulidamente labrado, en que se suelen poner algunos liquores, o cosas aromaticas para traher en las faldriqueras: y tambien se llama assi la caxita en que se guardan" (Aut. I, Tomo primero, 722-23, 'buxeta'). "echen y los poluos de las melezinas sobredichas e bueluanlo bien e ponlo en sus buxetas" (Tesoro de los remedios [s. XV]; DETEMA I, 232).

bulle, bulla **** bullir: moverse

bullendote, bulliendo **** bullir: moverse

bullicio **** ruido, alboroto

bulto **** tamano

burdeles **** burdel: casa de mujeres publicas

burleme **** "si te vi, burleme, &c.": "Si me viste, burleme, sino, calleme: Refr. que se dice contra algunos ladroncillos, o maliciosos, que si son cogidos en el hurto, dicen, y se excusan con que era burla, o chanza, y si no son cogidos callan, y se aprovechan de la ocasion" (Aut. I, Tomo primero, 719).

Bursia **** "Bursia (o Prusia), rey de la Bitinia, en Asia Menor (siglo ii a. JC.), no 'mato su propio padre', sino que murio asesinado por su hijo Nicomedes." (R-P 295, y se refiere a Marciales:) "El texto de Petrarca ('De rem.' I.52) trae claramente: 'Nicomedes Prusiam, Bithyniae regem, suum patrem… vita privavit'." (Marciales, II, 256).

buscasse **** buscase

buytrera **** buitrera: lugar donde los cazadores dejan el cebo al buitre

cabe **** cerca de

cabecera **** parte de la cama donde se pone la cabeza

cabo, cabos **** cabo: lado, borde, fin;
lugar, parte;
cerca de;
a cada cabo: adondequiera;
"en mi cabo": sola, sin ayuda;
"al cabo estoy": entiendo bien

cabra **** caber: tener lugar; pertenecerle a uno alguna cosa

cabrillas **** las Pleyades (astronomia)

cabron **** macho de la cabra; "seuo de cabron media onza" (Compendio de medicina [s. XV]; DETEMA I, 240); "si la verga del baron fuere vntada con fiel de carnero o de cabron da grand voluntad e deleitacion a dormjr con muger" (El libro de recetas de Gilberto [s. XV]; DETEMA I, 240).

cacarear **** voces repetidas del gallo

caducan **** caducar: gastarse; acabarse por viejo

caer de su asno **** convencerse uno del error de su opinion

caer en **** venir en conocimiento

calado **** calar: penetrar, comprender

Calatayud **** ciudad de Espana (Zaragoza)

calcanar **** parte posterior de la planta del pie

caldereros **** calderero: el que hace o vende vasijas de metal

calderuela **** vasija en que los cazadores llevan la luz para deslumbrar las perdices

Calisto **** "Calisto es nombre griego...pulcherrimus" (Covarrubias, 401).

callaua **** callaba

callejeras **** las que andan de calle en calle

callenta **** calienta

calleys **** callar: calleis

calzada **** camino empedrado

calzas **** prenda que cubre desde la cintura hasta las rodillas

calzas de Villadiego **** "tomar calzas de Villadiego" (Refran): huir impensadamente

calzo **** calzar: poner los zapatos

camara **** habitacion

camellos **** "La leche de camello es...purgativa y sirve para la hidropesia, la dureza de higado y bazo, y la obturacion de matriz," etc. (Utilidades 17.); "el meollo de la cabeza del camello seco e poluorizado e beujdo sana" (El libro de recetas de Gilberto [s. XV]; DETEMA I, 255).

camino **** de camino: de paso: al ir a otra parte

campo **** tierra fuera de poblado; terreno ocupado por un ejercito; quedar el campo por uno: quedar uno senor del campo: haber ganado la batalla

can, canes **** perro, perros

canas **** cana: cabello blanco

Canasce **** En la mitologia clasica, una de las hijas de Eolo y Enarete. Cometio incesto con su hermano Macareo, luego se suicido por mandato de su padre.

cancion **** "otra cancion cantaran los ricos" (Refran) (O'Kane, 73).

cancre **** ulcera, cancer

candados **** cerraduras

candelillas **** candela: vela

cantays **** cantais

cantos **** piedras

capa de pecadores **** noche de pecadores

capa del justo **** "El refran alude al reparto de las vestiduras de Cristo que los soldados romanos hicieron al crucificarle, y sobre las que altercaron… Esto es, 'altercar sobre algo ajeno'" (R-P, 249)

capacete, capacetes **** armadura que cubria la cabeza

Capadocia **** Reino anciano y provincia romana de Asia Menor, al oeste de Armenia.

capilla **** capucha prendida al cuello de las capas

capital **** muy grande

captar **** atraer

caramillo **** chisme, enredo, embuste

carceres **** carceles

careciessen **** careciesen

caresceys **** careceis

carescia, caresce **** carecer: carecia, carece

caresciendo **** careciendo

carga **** obligacion; cosa que hace peso; cargar: aumentar; cargar sobre: hacer a uno responsable por defectos ajenos; "ninguna carga rehusa": "Amicitia nullum pondus recusat" (Petrarca, De Rebus familiaribus 49 B, citado en Deyermond, 143).

carga de agua **** "Por qual carga de agua?": "Phrase vulgar, que equivale a por que razon, o por que recompensa se ha de hacer alguna cosa, en que no ha precedido motivo alguno para haverla merecido" (Aut. I, Tomo segundo, 174).

cargado **** cargar: comer o beber demasiado; "cargado de hierro e cargado de miedo": (Refran) "da a entender, que el que hace ostentacion de valiente y anda mui prevenido de armas, por lo regular no lo es, ni tiene valor" (Aut. I, Tomo segundo, 178))

cargo **** obligacion; a mi cargo: aseguro que; en cargo te es: es tu deudor

carillas **** (palabra desconocida); "cierto tipo de unturas para la piel" (R-P 310)

carnero **** oveja

carraca **** barco antiguo

carrasca **** encina; "con culantro e fojas de carrasca camphora e con cortezas de granadas" (Tratado de la epidemia e de la pestilencia [1475]; DETEMA I, 277).

casa **** ser de casa: tener familiaridad; de su casa: de su propio ingenio

casallas **** casarlas

caso **** suceso; casualidad, acaso; puesto caso: poner caso: dar por supuesta alguna cosa; por caso: "por acaso" (Russell, 237)

caso que **** en caso de que

castidad **** virtud

castigar **** imponer pena; ensenar

castigos **** avisos, consejos, ensenanzas

castimonia **** castidad

casto, castos **** puro, honesto

cata, catale **** catar: mirar

catan **** catar: ver, examinar

catiuada **** cautivada: cautivar, seducir

catiuadola ha **** la ha cautivado

catiuan **** cativar: cautivar: atraer

catiuo, catiua, catiuos **** cautivo: prisionero; cativo: malo, desgraciado *catiuome, catiuanse* **** me cautivo, se cautivan

catorze **** catorce

caualleria **** caballeria

cauallero, caualleros **** caballero, caballeros

cauallos **** caballos; "Cuando se coge sudor de caballo, se mezcla con leche de yegua y se administra a una mujer embarazada, aborta alli mismo... La pezuna de caballo, cuando se la quema y disuelve en electuario, y la lleva puesta una mujer en un copo de lana, hace salir al nino del utero, incluso si estuviese muerto," etc. (Utilidades 19-20.); "toma vnto de tasugo o de oso e de cavallo e de leon" (Suma de la flor de cirugia [s. XV]; DETEMA I, 235).

causa **** razon

cautela, cautelas **** astucia para enganar

cautelosa **** que obra con cautela

cautiuaste **** cautivar: aprisionar, ser hecho prisionero

cautiuo **** cativo: malo, desgraciado

cautiuo, catiuo **** aprisionado en la guerra; malo, desgraciado

caxco **** casco: cabeza

caxquete, caxquetes **** casquete: armadura que cubre el casco de la cabeza

caxquillo **** casquillo: hierro de la flecha

caxuela **** cajuela: caja

cay, caydo, cayda, caydas **** caer: cai, caido, caida, caidas

caya **** caiga; caya muerto: no tener donde caerse muerto: ser muy pobre

cayado **** palo de los pastores

cayan **** caian

cayaras **** caeras

cayda **** caida; ruina; de cayda vamos: ir uno de capa caida: padecer gran decadencia en su fortuna, etc.

caydas **** caidas

caygo, caygas, cayga, caygan **** caigo, caigas, caiga, caigan

cazadas **** prendidas, cautivadas

ce **** voz para pedir atencion a una persona

cebolla albarrana **** planta medicinal (liliacea); "farina de yeros e mjel e cebolla aluarrana abren toda exidura" (Cirugia rimada [1493]; DETEMA I, 293).

celada, celadas **** engano

celar, celo **** encubrir, ocultar

celebros **** cerebros

Celestina **** "El nombre de Celestina...ocurre en el 'Tristan (de Leonis', x. XIV): 'Dize la historia que quando Lanzarote fue partido de la doncella, ella se aparejo con mucha gente, e fuese con ella su tia Celestina'" (Castro, 150); "No hay que excluir la posibilidad de que se trate de un uso ironico que parodia el termino c[a]elestis, 'perteneciente al cielo', 'celestial' (Russell, 208).

celos **** pedir celos: "hacer cargo a la persona amada de haber puesto su carino en otra" (Real Acad.)

cena **** escena; comida que se toma por la noche

cencerrar **** sonar insistentemente una campana pequena

cenidero **** cinta, cordel

cenido **** cenir: rodear a la cintura; atar

centellas **** centella: rayo; chispa

centeno **** trigo; "otrosy toma de la farina del centeno libra media" (Suma de la flor de cirugia [s. XV]; DETEMA I, 298).

Centurio **** del latin, centurio: comandante de una centuria, una division de cien soldados en el ejercito romano; "Probablemente la idea de llamar 'Centurio' a un rufian ha sido sugerida por (la comedia el 'Eunuco' de Terencio) en que se pregunta por un centurio llamado Sanga: 'Vbi centurio est Sanga, manipulus furum'". (Menendez y Pelayo, Origenes de la novela, III, xlvii).

cepacauallo **** planta de la familia de las compuestas; "un buen hemostatico" (Laza Palacios, 114).

cera **** "no terna cera en el oydo" (Refran): no tendra nada, sera pobre (Vease Correas, 622).

cerca **** cerca de, acerca de

cerco **** cerco supersticioso que trazan los hechiceros; asedio que pone un ejercito

cerdas **** cerda: pelo grueso y largo de la cola y crines de la caballeria

cerillas **** cera; "Massilla de cera compuesta con otros ingredientes, de que usaban las mugeres para afeitarse" (Aut. I, Tomo segundo, 283).

cerro **** en cerro: en pelo: sin montura

certenidad **** certeza, certidumbre: obligacion de cumplir algo

ceruiz **** dura cerviz: indomito; "al varon que con dura ceruiz al que le castiga menosprecia: arrebatado quebrantamiento le verna, e sanidad ninguna le consiguira": cf Proverbios, 29.1: "El hombre que reprendido endurece la cerviz, de repente sera quebrantado, y no habra para el medicina".

cessa **** cesa

cessar **** cesar

cessara **** cesara

cessasse **** cesase

cesse, cesses, cessen **** cese, ceses, cesen

cesso **** ceso

cesto **** "coger agua en cesto" (Refran) (O'Kane, 44: "agua en canastillo," "agua en cesta," etc.)

ceuara, ceuan **** cebar: alimentar

ceuasnos **** nos enganas (R-P, 311)

ceuo **** cebo: comida para los animales para alimentarlos o atraerlos

chapin **** "Calzado proprio de mugeres sobrepuesto al zapato, para levantar el cuerpo del suelo, y por esto el assiento es de corcho, de quatro dedos, o mas de alto, en que se assegura al pie con unas correguelas o cordones. La suela es redonda... En lo antiguo era trage ordinario, y adorno mugeril, para dar mas altura al cuerpo, y mas gala y aire al vestido" (Aut. I, Tomo segundo, 306).

chapinazos **** chapinazo: golpe dado con el chapin

cherriadores **** chirriador: chirriar: dar un sonido agudo

choza sin rama **** choza sin techo

christiano, christianos **** cristiano, cristianos

Christo **** Cristo

cibdad, cibdades **** ciudad, ciudades

cibdadana **** ciudadana

cicatrizar **** curar completamente

cieno **** lodo

cient **** cien

cieruo **** ciervo; huessos de corazon de cieruo: "Cervus elaphus": los antiguos "de el obtenian medicinas, venenos y tambien amuletos." (Laza Palacios, 143-44); "Tomen...muerdago de roble huesso de corazon de cieruo de cada vno vna ochaua" (Regimiento contra la peste, [1500]; DETEMA I, 311).

ciguena **** ave zancuda

cimentador **** fundador

cimenterio, cimenterios **** cementerio

cimera **** adorno sobre el yelmo

cincha **** cuero para asegurar la silla sobre la cabalgadura

cinta **** cintura

cipresses **** cipreses

citola **** tarabilla; tablilla que golpea continuamente contra la piedra del molino: "Es una cierta tablilla que cuelga de una cuerda sobre la rueda del molino, y sirve de que en no sonando, echan de ver que el molino esta parado; de donde nacio el proverbio:" (Covarrubias, 427): "por demas es la citola en el molino cuando el molinero es sordo; o por demas es la taravilla, si el molinero es sordo" (Correas, 400).

claridad **** luz

clarimientes **** "Especie de agua compuesta o afeite, de que usan las mugeres para lavar el rostro, y componerle" (Aut. I, Tomo segundo, 368); "Electuario apropiado para la vista" (DETEMA I, 318): "el letuario que ha nonbre clarimente hase de comer cada mannana e en la noche" (Propiedades del romero [s. XV]; DETEMA I, 318).

claro, clara **** recibe mucha luz, ilustre; insigne; evidente, lucido; limpio; de claro en claro: del principio al fin

claror **** resplandor, claridad

clauellinas **** clavel; "con la lexia de las cenizas de clauellinas e vn poco de vinagre" (Tratado de cirugia [s. XV]; DETEMA I, 320).

clauo, clauos **** clavo; "Temperancia, que pocas vezes lo molesto sin molestia se cura: e vn clauo con otro se espele: e vn dolor con otro." (Refran): "Un clavo saca a otro" (Correas, 495), (O'Kane, 84)); "Dolor dolore: clavus clavo pellitur: ut antiquo dicitur proverbio: Vix molestum aliquid sine molestia curatur" (Petrarca, De Remediis Utriusque Fortunae, ii. 84 C 5-6, citado en Deyermond, 62); "Vn dolor saco otro: vn sentimiento otro." Cf. "Un clavo saca otro clavo" (O'Kane, 84, citado en R-P, 219 y 299)

clerezia **** clerecia

clientula **** cliente

Clistenestra **** Clitemnestra. En la mitologia griega, era esposa de Agamenon; madre de Orestes, Ifigenia y Electra. En el drama de Esquilo, "Agamenon," Clitemnestra y su amante, Egisto, matan a Agamenon; despues su hijo (Orestes) los mata a ellos.

cobdicia, cobdiciando **** codicia, codiciando; "Assi que aquiriendo cresce la cobdicia: e la pobreza cobdiciando. e ninguna cosa haze pobre al auariento, sino la riqueza": "Alioquin et quaerendo cupiditas crescit et paupertas cupiendo: Ita fit ut nihil magis inopem faciat quam avari opes" (Petrarca, De Remediis Utriusque Fortunae, i. 36 B 2-3, citado en Deyermond, 59).

cobdicio **** codicio

cobdicioso, cobdiciosa **** codicioso, codiciosa

cobdiciosos **** codiciosos

cobertura **** encubrimiento

cobija **** cobijar: cubrir

cobrallo **** cobrarlo

cobrar **** recuperar, recoger

cobri **** cubri

cobrir; cobrire **** cubrir, llenar, disimular; cubrire

cobro **** cuidado, precaucion; lugar donde se guarda una cosa; ponerse en cobro: acogerse

codornizes **** codorniz: ave gallinacea parecida a la perdiz; "Sus plumas sirven para dar humo a narices a las mujeres, cuando se les sube la madre y las ahoga y para esto aprovechan mucho las gomas hidiondas, como la asafetida y el opopanaco" (Arciniega, 'Animales', citado en Cejador I, 251); "La carne de codorniz estrine y vale para el ataque… de flema" (Utilidades 81); "coma carnes de capones e de pollos e faysanes e de perdizes e de codornjzes" (Compendio de Cirugia, [1481]; DETEMA I, 327).

colgara **** dependiera

confradias **** cofradia: union de personas

cogiessen **** cogiesen

cogitaciones, cogitacions **** meditaciones

col **** planta hortense, comestible; "entre col e col lechuga" (Refran): "ansi plantan los hortelanos. Dicese cuando el trabajo se toma algun alivio o se mezclan cosas diversas" (Correas, 201).

colacion **** "El agasajo que se da por las tardes para beber, que ordinariamente consta de dulces, y algunas veces se extiende a otras cosas comestibles: como son ensaladas, fiambres, pasteles, &c." Tambien "se suele llamar qualquier genero de dulce confitado" (Aut. I, Tomo segundo, 404).

colcha **** cobertura de la cama

coligen **** colegir: juntar; deducir

coligidas **** (colligidas - en Toledo 1500 y Sevilla 1501); "colegir. Es juntar en uno las cosas que estan sueltas y esparzidas… De muchas y diversas cosas que hemos oydo, visto o leydo, hazemos una suma, y aquello es colegir… Mas propiamente se dize coligir que colegir" (Covarrubias, 336); "colegidas, sacadas" (R-P, 311)

collacion **** colacion: merienda, comida ligera

collores **** colores

color, colores **** pretexto; color artificial con que las mujeres pintan las mejillas y los labios; "E si no crees en dolor / cree en color" (Refran:) "Es decir, 'si no quieres dolor, toma color', o placer, con sentido puramente sexual aqui" (R-P, 190); "la verdad no es necessario abundar de muchas colores": "Non oportet veritatem rerum fictis adumbrare coloribus" (Petrarca, De Rebus familiaribus 12 A, citado en Deyermond, 145).

coloradas, colorados **** colorado: que tiene color mas o menos rojo

colorasse **** colorase: colorar: colorear: cohonestar: dar semejanza de bueno a algo malo

comadres **** "Rinen las comadres, y dicense las verdades, o descubrense los hurtos. Refranes que se dixeron, porque la mujer enojada no sabe guardar secreto." (Aut. I, Tomo segundo, 425); "mal me quieren mis comadres &c": "mal me quieren mis comadres, porque (les) digo las verdades" (O'Kane, 228-229: Santillana, Refranes 413, Seniloquium 263).

combida, combidan **** convida, convidan

combidada **** convidada

combidame **** me convida

combidar **** convidar

combidasses **** convidases

combidauan **** convidaban

combide **** convidar: convide

comenzauas **** comenzabas

comiesses **** comieses

comigo **** conmigo

como **** a semejanza de; de que modo; por que motivo

comparacion **** "toda comparacion es odiosa" (Refran): (Correas, 480); "Comparationes non carent odio" (Petrarca, De Rebus memorandis III. ii. 44 D, citado en Deyermond, 144).

compassion **** compasion

compelia **** compeler: obligar

complaze **** complace

complazer **** complacer: agradar, tratar de ser agradable

complazerte **** complacerte

complesion **** complexion

complida, complido **** cumplida, cumplido

complidos, complidas **** cumplidos, cumplidas, largas

complir **** cumplir: hacer uno lo que debe; realizar

complira, compliras **** cumplira, cumpliras

compliran **** cumpliran, terminaran

compliste **** cumpliste

comportable **** soportable

comun **** en comun: en general

comunicable, comunicables **** que se puede comunicar

comunicar **** informar; dar parte de algo

comunicaua **** comunicaba

conbites **** convite: funcion, banquete

concebido **** proyectado

concebir **** formar

concediesse **** conceder: concediese

concediste **** conceder: asentir; hacer merced

concejo **** ayuntamiento, publico; "tresquilanme en concejo: e no lo saben en mi casa": "Trasquilenme en Concejo y no lo sepan en mi casa. Refr. que reprehende a los que no se les da nada de estar infamados y vilipendiados de toda la Republica, como no lo sepan en su casa y parentela" (Aut. I, Tomo segundo, 470).

concertauan **** concertaban

concerto **** concertar: arreglar

concession **** concesion: cesion: acto de ceder

conciertame **** conciertame essos amigos: adobame esos candiles (senala una contradiccion)

concierto **** convenio; acuerdo; disposicion

concluydas, concluydo **** concluidas, concluido

concluyr **** concluir

concurren **** concurrir: juntarse

conde **** "Viuiendo con el conde, que no matase el hombre" (Refran): "En hoto (en confianza) del conde no mates al hombre, que morira el conde y pagaras el hombre" (Correas, 137, ed. de Louis Combet: Institut D'Etudes Iberiques et Ibero-Americaines de L'Universite de Bordeaux, 1967.)

condemnada **** condenada

condenar **** declarar culpable; reprobar; incurrir en la pena eterna

conejo **** "Utilidades de la liebre:.. Si se seca el corazon de liebre y se administra en ayunas a las mujeres que tengan dolores de matriz, es de utilidad… Si se pulverizan (sus testiculos) despues de secados y se beben con vino, la mujer concibe un varon", etc. (Utilidades 30-32); "meollo de conejo e aluayalde todo bien encorporado" (Menor dano de medicina [s. XV]; DETEMA I, 363).

confaciones **** medicamentos

confecionar **** confeccionar: hacer compuestas; preparar medicamentos

confederacion **** union; asociacion

conferir **** hablar

confessado **** confesado

confessar **** confesar

confession **** confesion; Cf. "No hay puta ni ladron que no tenga su devocion" (Correas, 352).

confessor **** confesor

conficionados **** confeccionados

confiessas **** confiesas

confiesso **** confieso

conforme **** acorde con otro; igual

conformidad **** unidad

congoxa, congoxas **** congoja: angustia, afliccion

congoxes **** congojar: congojes

congoxoso, congoxosa **** congojoso, congojosa

congrua **** conveniente

conjecturar **** conjeturar

conjugal **** conyugal

conjuro **** conjurar: rogar encarecidamente; hacer una imprecacion con invocaciones supersticiosas

conocer **** darse cuenta, comprender

conoces **** conoces, conoceis

conociessen **** conociesen

conocimiento **** entendimiento, inteligencia; trato

conosce **** conoce; "el cierto amigo en la cosa incierta se conosce": ""Amicus certus in re incerta cernitur" (Petrarca, De Remediis Utriusque Fortunae, i. 50 B, citado en Deyermond, 143).

conoscer **** conocer; "conoscer el tiempo e vsar el hombre de la oportunidad haze los hombres prosperos" (Cf. O'Kane, 219: "Siga el tiempo quien se quiere bien, sino hallarse a solo y sin argen").

conosceras **** conoceras

conoscerlo **** conocerlo

conoscerte **** conocerte

conosces **** conoces, conoceis; "O ingratos mortales: jamas conosces vuestros bienes: sino quando dellos caresceys": "Ingratissimi mortales bona vestra vix aliter quam perdendo cognoscitis" (Petrarca, De Remediis Utriusque Fortunae, i. 4 A 2-3, citado en Deyermond, 58).

conoscia, conoscias **** conocia, conocias

conosciasme **** me conocias

conoscida **** conocida

conoscido **** conocido

conoscidos, conoscidas **** conocidos, conocidas

conosciendo **** conociendo

conosciente **** conociente: que conoce

conosciesses **** conocieses

conoscimiento **** conocimiento, sabiduria, gratitud

conoscio **** conocio

conosciste **** conociste

conozcays **** conozcais

conplidamente **** complidamente: cumplido: lleno

conplir **** cumplir

conque **** con que

conseguieron **** consiguieron

conseja **** fabula, cuento; "el lobo es en la conseja" (Refran:) "Se dice…quando se murmura de alguno, que sin haverlo advertido esta presente, o viene luego" (Aut. I, Tomo segundo, 524).

consejate **** toma consejo

consejaua **** aconsejaba

consejo **** parecer; modo; acuerdo; tribunal; "al tiempo el consejo" (O'Kane 89: M. Luria: 'Judeo-Spanish Proverbs of the Monastir Dialects (Yugoeslavia), Revue Hispanique, LXXXI [1930] 23.)

consequencia **** consecuencia: traer a consecuencia: "ponerla en consideracion para que aumente o disminuya la estimacion o valor de lo que se trata" (Acad. Real).

conserua **** conserva: carne, legumbres, etc. conservados

conseruado **** conservado

conseruar, conserue **** conservar, conserve; "no ay cosa con que mejor se conserue la limpia fama en las virgines: que con temprano casamiento": "Virgineam castitatem nulla arte melius quam maturo coniugio praeservabis" (Petrarca, De Remediis Utriusque Fortunae, i. 84 C in fin., citado en Deyermond, 146).

considerasse **** considerase

consientes, consienten **** permites, permiten

consiguira, consiguiran **** conseguira, conseguiran

consintientes **** consintiente: el que consiente

consintiesse **** consentir: creer

consolasse **** consolase

consolatorias **** consoladoras

consta **** constar: ser cierta y manifiesta una cosa

Constantino **** Constantino I el Grande (272-337). El primer emperador cristiano de Roma. "Traslado la capital del Imperio a Bizancio, que tomo el nombre de Constantinopla." (Larousse). En 325, por razones nada claras, ordeno la muerte de su hijo mayor Crespo y de su segunda esposa Fausta.

constelacion **** a constelacion: por las estrellas, por destino

constituydas **** constituidas

consumiosse **** se consumio

contar **** calcular

contarte he **** te contare

contecido **** acontecido

contemplasse **** contemplase

contemplaua **** contemplaba

contentamiento **** contento

contentar **** reconciliarse

contentardes **** contentareis

contentarle he **** le contentare

conterraneos **** de la misma tierra

contescimiento, contescimientos **** acontecimiento

contezca **** contecer: acontecer: efectuarse un hecho

contienda **** batalla

contienden **** pelean

contingibles **** contingentes, posibles, transitorias

contino **** continuo, continuamente; "mayormente que no ay hora cierta / ni limitada / ni avn vn solo momento: deudores somos sin tiempo: contino estamos obligados a pagar luego": "Mortis nullum praefinitum est tempus: sine termino debitores sumus" (Petrarca, De Rebus familiaribus 12 B, citado en Deyermond, 146).

continuo, continua **** ordinario y perseverante; pronto

contradezir, contradize **** contradecir, contradice

contraminale **** contraminar: "averiguar lo que uno quiere hacer, para que no consiga su intento" (Real Acad.),

contrariar **** contradecir

contray **** pano fabricado en Contray, de Flandes

conualesce **** convalecer: fortificar; recobrar las fuerzas

conuencion **** convencion: concierto

conuenibles **** convenible: conveniente

conueniente **** conveniente

conuersacion **** conversacion; "trato carnal, amancebamiento" (Real Acad.)

conuersar **** conversar: tratar

conuertido **** convertido

conuertir, conuertio **** convertir, convirtio

conuiene **** conviene

conuiene a saber **** conviene a saber: esto es

conuierta, conuiertan, conuierte **** convierta, conviertan, convierte; "flaca es la fidelidad que temor de pena la conuierte en lisonja" (Refran): (Correas, 217).

conuiniente **** conveniente

copia **** abundancia, cantidad

coplas **** versos

copo **** porcion

corazas **** armadura metalica

corazon **** organo muscular; animo, espiritu

cordelejos **** (palabra desconocida aqui); "'cordelejo' era, segun Covarr., p. 357, 'cordel delgado' que usaban las mujeres para (depilarse las cejas)" (Russell, 355).

corderica **** cordera pequena; "corderica mansa que mama su madre e la ajena": "Corderilla mega, mama a su madre y a la ajena. Refr. que ensena que la apacibilidad y agrado se vencen las dificultades, y se logra lo que se desea." (Aut. II, Tomo quarto, 531)

cordero **** hijo de la oveja; "tan presto, senora, se va el cordero como el carnero" (Refran): "ensena que no hai que fiarse en la mocedad, porque tan presto muere el mozo como el viejo" (Aut. I, Tomo segundo, 594)

cordon **** cinta, cuerda

cornudo, cornudos **** el marido de quien la mujer ha faltado a la fidelidad conyugal

corona **** aureola, honor, resplandor

coronas **** tonsuras

coronillas **** coronilla: meliloto: especie de trebol; usadas para aromaticas; "abaxe el rostro al bafo [baso?] de agua caliente que fue cocho en ella camamjlla e enello e coronela e lo quel semeja" (Tratado de patologia general [s. XV]; DETEMA I, 405).

correas **** correa: tira de cuero

corredora **** la que asiste a los mercaderes

corregieres **** corrigieres

correlarios **** corolarios

correria **** correr: avergonzar

corrido **** correr; me ha corrido: me ha correspondido, me ha tocado

corridos **** avergonzados

corriendo **** correr: tomar parte en una carrera

corriesse **** corriese

corro **** coro: danza

corromper, corrumpas **** alterar; echar a perder; pervertir

cortedad **** escasez; mezquindad

corteza **** parte exterior y dura del pan; "ya comia yo pan con corteza": "se dice para dar a entender que alguno ha passado de la edad de nino, y tiene bastante experiencia de las cosas" (Aut. III, Tomo quinto, 104)

cortezon **** corteza

corzo **** animal de la familia de los cervidos

cosa **** no me agrada cosa: no me agrada nada

cosillas **** cosas

coso **** plaza donde se corren y lidian toros

cossario **** cosario: pirata; "de cossario a cossario: no se pierden sino los barriles": (Refran) "'No se pierden sino los barriles'. Cuando barajan dos iguales" (Correas, 621).

costado **** "a cada costado consintio vn ladron"; En Toledo (1500) dice: "a cada santo lado consintio vn ladron"

costo **** "nunca mucho costo poco" (Refran): (Correas, 367).

costasse **** costase

Cota **** Rodrigo de Cota (siglo xv). Poeta espanol, autor del "Dialogo entre el amor y un viejo".

couarde **** cobarde; Nunca huyendo huyo la muerte al couarde: "Huyendo el cobarde, nunca huyo de el la muerte" (Cejador I, 194)

couardia **** cobardia

coxo, coxa **** cojo, coja

coxquea **** cojea; "toman antes al mentiroso que al que coxquea": (Refran:) "Mas aina toman al mentiroso que al cojo" (Correas, 293), (Cf. O'Kane 159).

coxqueas, coxqueays **** cojeas, cojeais; se de que pie coxqueas (coxqueays): yo se tus (vuestros) propositos

coxquillas **** cosquillas

coxquillosicas **** cosquillosas: muy delicadas; "quisquillosas" (Severin, 249).

cozes **** coz: golpe; "tirar coces contra el aguijon" (Refran:) obstinarse en resistir a fuerza superior

cozina **** cocina

Cratino **** Poeta ateniense de la vieja comedia; murio en 422 a. JC. a la edad de 97 anos; fue atacado por Aristofanes por su falta de mesura.

Crato **** "Crato o Craton…medico, aparece…dos veces en…Celso ('De Medicina')" (R-P, 112)). Otros criticos han visto errores en el texto: Eras y Crato - Hipocrates e Galeon; Erasistrato.

creerse **** creerse de uno: darle credito

Cremes **** "Tres viejos de Terencio ('Andria', 'Heautontimorumenos', 'Phormio') y un adolescente ('Eunuchus') tienen el nombre de Chremes" (Menendez y Pelayo, III, xlvii).

cresce, crescen **** crece, crecen; "O dios, e como cresce la necessidad con la abundancia": "Cum divitiis necessitas crescit." (Petrarca, De Rebus familiaribus 98 C, citado en Deyermond, 144)

crescer **** crecer

crescidas **** crecidas

crescido, crescidos **** crecido, crecidos

cresciendo **** creciendo

crescimientos **** crecimientos

crespos **** rizados

cresta **** carnosidad roja que tienen los gallos sobre la cabeza; cima

creydo **** creido

crimines **** crimenes

crinados **** crinar: peinar

crio **** criar: crear; "Cata que dios mata los que crio" (Refran andaluz): "Dios que los crio, Dios que los mate" (Americo Castro: Espana en su historia, (pag. 636), citado por Singleton pag. 282). Cf. Job 1:21 "Jehova dio, y Jehova quito; sea el nombre de Jehova bendito".

Crito **** "El nombre de Crito se repite tres veces en Terencio ('Andria', 'Heautontimorumenos' y 'Phormio')" (Menendez y Pelayo, Origenes de la novela, III, xlvii). "Crito, kristes, judex, arbiter" (Aribau, xiv).

cruda, crudas, crudo, crudos **** cruel, crueles

cruel **** que hace sufrir

cruzes **** cruces

cubriesse **** cubriese

cuchillada **** herida de un cuchillo

cuelga **** colgar: depender

cuenta **** dar cuentas: dar razones; dar buena cuenta: corresponder bien a un encargo; hacer cuenta: figurarse; cuentas: las bolitas del rosario

cuento **** relacion de un suceso; calculo

cuerdo, cuerda **** prudente; que esta en su juicio; "avnque es algo loco, la pena le hara cuerdo": (Refran:) "El loco por la pena es cuerdo. Refr. con que se explica, que el castigo corrige los vicios, aun en los incapaces de razon" (Aut. II, Tomo quarto, 428).

cuero, cueros **** piel

cueruo **** cuervo; "crie cueruo: que me sacasse el ojo" (Refran): "Cria el cuervo, (e) sacararte ha el ojo." (O'Kane 95: Santillana, Refranes, 154; Seniloquium 66.)

cuesta **** terreno en pendiente

cueze **** cuece (cocer); no cocersele a uno el pan (expresa inquietud)

culantrillo **** planta medicinal; "fagase pues el perfumar…con culantro e fojas de carrasca camphora e con cortezas de granadas" (Tratado de la epidemia e de la pestilencia, [1475]; DETEMA I, 440).

culebra **** "La vertebra de la espina dorsal de la serpiente, machacada y disuelta, y extendida sobre la verruga del parpado que sucede en la manos por las que corra sangre, las seca y dispersa. Y si una mujer embarazada se inclina sobre ella, aborta… 'La negra. La camisa': si se cortan su cabeza y su rabo…, se pone en un cacharro de cobre y se echa sobre el un arrelde de aceite y dos arreldes de agua dulce, y se cuece hasta que se vaya el agua y se quede el aceite, y se unta con este al alopecico, le hace salir pelo. Con permiso de Dios Altisimo", etc. (Utilidades, 125); "toma la culebra de los montes e tajados amos los cabos quatro dedos de parte de la cabeza e otros tantos de parte de la cola desy matala en agua caliente e descuerala" (Cirugia, [1440-1460]; DETEMA I, 441).

culpeys **** culpeis

cumpliesse **** cumpliese

Cupido **** En la mitologia romana, el dios del Amor; hijo de Venus. Generalmente se representa como un nino con alas, llevando arco y flecha; a veces tiene los ojos vendados. Identificado con el dios griego, Eros.

cupiesse **** cupiese: caber: tener parte en algo

cura **** medicina; cuidado; sacerdote

curar **** curar de: cuidar de, poner atencion en; tener cuidado; sanar

curaua, curauas **** curaba, curabas

curays **** curais

curso **** camino

cuydado, cuydados **** cuidado, cuidados

cuydosa **** cuidosa: angustiosa

cuyta, cuytas **** cuita: afliccion, ansia

cuytada, cuytado **** ansiosa, ansioso

cuytadillas **** afligidas

cuz **** voz para llamar a los perros; "A perro viejo no cuz, cuz." (Refran) (Correas, 57): "Refr. que da a entender que al que tiene practica y experiencia de las cosas, no es facil enganarle con los agasajos o apariencia de utilidad" (Aut. I, Tomo segundo, 713).

daca **** da aca, trae

dadiua, dadiuas **** dadiva: regalo, don

dados **** dado: cubo pequeno con uno hasta seis puntos que sirve para varios juegos.

dalli **** de alli

danado, danada **** malo, perverso; corte danada: corte de los condenados

danauan **** danaban

dano **** perjuicio, agravio

dante **** que da

daqui **** de aqui

dar **** sonar en el reloj las campanadas correspondientes a la hora

darnos ha **** nos dara

darte han **** te daran

darte he **** te dare

daua **** daba

daua, dauan **** daba, daban

daualo **** lo daba

Dauid **** En la Biblia, el segundo rey de Israel y Judah (1010?- 975? a. de J. C.). Poeta y profeta. Sedujo a Betsabe la esposa de Urias, y luego lo mando a asesinar. De esta union nacio un hijo, el cual se murio por mandato de Dios, a causa de los pecados de David.

days **** dar: dais

de mas **** ademas

de tras **** detras

debaxo **** debajo

debda, debdas **** deuda, deudas

debdo **** deudo, pariente, parentesco

debdores **** deudores: los que deben algo

debuxo **** dibujo

decender **** descender

dechado **** ejemplo, modelo

deciende **** desciende

decimooctauo **** decimoctavo

decir **** bajar (Cejador, II, 198, n.14)

declina **** declinar: inclinarse hacia abajo o hacia un lado

declinauan **** declinaban

Dedalo **** En la mitologia griega, el artista e inventor que edifico el Laberinto de Creta para el rey Minos. Luego el y su hijo, Icaro, fueron aprisionados dentro de este laberinto, de donde escaparon con alas de cera y plumas que hizo Dedalo (Icaro perecio durante su vuelo).

deesas **** diosas

defendays **** defendais

defender **** proteger; mantener; prohibir

defendiole **** le prohibio

defension **** proteccion

defensiuas **** defensivas

deferimos, diferirias **** diferir: ser diferente; dilatar, retardar

defeto **** defecto

degollado, degollados **** cortado el cuello

degollaron **** cortaron el cuello o la garganta

del, dellos, della, dellas **** de el, de ellos, de ella, de ellas

delectable **** deleitable

deleytables **** deleitables

deleytan **** deleitan

deleyte, deleytes **** deleite, deleites; "Pero ya sabes que el deleyte de la venganza dura vn momento: y el de la misericordia para siempre": "Ultionis momentanea delectatio est: misericordia sempiterna" (Petrarca, De Remediis Utriusque Fortunae, i. 101 B, citado en Deyermond, 147)

deleytosa **** deleitosa

deleytosas, deleytoso **** deleitosas, deleitoso

deliberacion **** considerar detenidamente

deliberar **** pensar, meditar

delibre **** delibrar: deliberar: liberar: libertar: poner en libertad

delicto, delictos **** delito, delitos: culpa, crimen

delinquente, delinquentes **** delincuente: el que comete delito

dello **** de ello

demanda **** intento; peticion

demandar **** pretender; desear; pedir, rogar

demandaua **** demandaba

demas **** ademas; por demas: inutil; "por demas es ruego a quien no puede hauer misericordia" (Refran:) "por demas es el ruego a quien no puede haber misericordia ni mover duelo" (Correas, 400).

demasias **** excesos

demos **** demos tras el: dar tras uno: perseguirle

dempressa **** de empresa

demude **** demudar: mudar, alterar

dende **** desde, despues de; de alli

denominacion **** designacion

denostado, denostada, denostadas **** injuriado, infamado

dentera **** sensacion desagradable en los dientes; envidia, gran deseo

dentre **** de entre

dentrellas **** de entre ellas

denuestan **** insultan

denuesto, denuestos **** insulto, infamia

departen **** departir: conversar, hablar

deponer **** dejar

derechas **** a derechas: con acierto

derecho **** segund derecho: segun derecho: como razonable, por cierto; justo

derramaua **** derramaba

derredor **** en derredor: en contorno, alrededor

derrocar **** deshacer, derribar

desabrido, dessabrido **** persona sin cortesia; aspero, malhumorado, desagradable

desacordada, desacordadas **** fuera de sentido; perdida la memoria

desadormescieron **** desadormecer: despertar

desafio **** duelo, combate

desagradescen **** desagradecen

desalabauas **** desalababas: desalabar: menospreciar

desalinada **** negligente

desamar **** dejar de amar

desamor **** falta de amor

desamparan, desamparo **** desamparar: abandonar

desamparasse **** desamparase; "no hizo dios a quien desamparasse" (Proverbio) (Covarrubias, 475)

desasna **** hacer perder a uno la rudeza por medio de la instruccion.

desastrado, desastrada **** (deriv. de astre: mala estrella) desgraciado

desatacados **** desabrochados los pantalones

desatinado **** que no tiene juicio

desatino **** locura, necedad

desauenires **** desavenir, desconvenir

desauentura **** desaventura: desventura

desauenturada, desauenturadas **** desventurada, desventuradas

desauenturado **** desventurado

desayudo **** desayudar: estorbar; "jamas al esfuerzo desayudo la fortuna" (Refran): (Correas, 31, 35)

desbauando **** desbabando: desbabar: echar baba

desbocado **** jarro desbocado: jarro desportillado

desbraue **** desbravar: amansar, desahogarse

descabullir **** huir de una dificultad

descaescimiento **** debilidad, falta de fuerzas; desmayo

descaezcas **** descaecer: perder poco a poco la salud; decaer de animo; desmayar

descalabrados **** heridos (en la cabeza)

descalzar **** quitar el calzado

descanso **** alivio

descargo **** excusa; satisfaccion de la obligacion de justicia

descasaua **** descasaba: descasar: anular el matrimonio; "descasaua mill casados: alusion al empleo de la magia para hacer las llamadas 'ligaduras' o 'ataduras' cuyo fin era, mediante la impotencia masculina, crear desamor entre los casados" (Russell, 303).

descobria **** descubria

descobrir **** descubrir

descobrire **** descubrire

descobriria **** descubriria

desconciertan **** desconcertar: desarreglar

desconciertos **** turbacion, desorden

desconfiaua **** desconfiaba

desconoscido **** desconocido: ingrato

desconsolado, desconsolada **** privado de consuelo; triste

descontentamiento, descontentamientos **** disgusto, falta de contento

descrece **** decrece

descriue **** describe

descubierto **** visible

descubiertos **** descubierto: deficit: falta

descubren **** descubrir: darse a conocer una persona; divulgar

descubriesse **** descubriese

descubrillo **** descubrirlo

descuchar **** de escuchar

desculpa **** disculpa

desculparte **** disculparte

descuydado, descuydados **** descuidado

descuydar **** descuidar

desdore **** desdorar: quitar el dorado de una cosa; deslustrar; mancillar la reputacion

deseasse **** desease

desechados **** rechazados

desechalla **** desecharla

desechar, desecha, desechan, desechas **** rechazar, despreciar; desechar el pelo malo: pelechar: medrar, mejorar de fortuna

desemboltura **** desenvoltura: desembarazo

desembuelta **** desenvuelta: atrevida

desempenado **** desempenar: libertar a uno de sus deudas

desenconan **** mitigan; "las lagrimas e sospiros mucho desenconan el corazon dolorido" (Refran): (Correas, 258).

desenojaros **** desenojarse: distraerse

desentido **** insensible, loco, necio

desflorar **** quitar la novedad

desfuzia **** fucia: confianza; desfucia: desconfianza

desgoznarse, desgozne **** desgoznar: quitar los goznes

desgraciada **** boca desgraciada: que no tiene gracia

desgrenado **** despeinado

deshago; deshaze **** deshacer: consumirse, estar muy inquieto; descompone

deshaziendo **** deshaciendo: deshacer: estar sumamente impaciente

deshonestos, deshonestas **** indecorosos, indecorosas

deslenguamiento **** deslenguar: desvergonzarse

desmanda **** desmandar: desordenarse

desmengua, desmengue **** desmenguar: disminuir

desnudaua **** desnudaba; "ya me desnudaua para acostar. CEL.—con las gallinas, hija?": "'Acostarse con las gallinas' es frase proverbial todavia en uso" (R-P, 188)

deso, desos **** de eso, de esos

desonrra **** deshonra

desonrrado **** deshonrado

despacha **** despachar: darse prisa; concluir un negocio

desparte **** despartir: separar; "pequena causa desparte conformes amigos" (Refran): (Correas, 389).

despartidores **** despartidor: el que pone paz entre los que rinen

despartir **** separar, apartar

despedazaua **** despedazaba

despedir **** alejar de si a uno

despega, despegarse **** despegar: apartar

despegado **** "No vee la hora (que hauer despegado)": (Celestina esta muy impaciente por salir.)

despenado, despenada **** arrojado de un lugar alto

despensa **** lugar donde se guardan las cosas comestibles

despenseros **** despensero: persona encargada de la despensa

despereza **** se despereza: se pasma? (Cf. Singleton, 280)

desperezos **** desperezo: "pasmo, extremo" (Corominas III, 743).

despertays **** despertais

despidays **** despidais

despidiente **** despediente: expediente, medio, recurso

despoja, despojes **** despojarse: quitarse el manto; quitarse las vestiduras; "avnque muda el pelo la raposa, su natural no despoja" (Refran:) (Correas, 73).

desposada **** novia

despriuasse **** desprivase: desprivar: hacer caer de la privanza, hacer caer del primer lugar

despuelas **** mozo despuelas: mozo de espuelas: mozo que va junto a la caballeria de su amo

desque **** desde que

dessa, dessas **** de esa, de esas

desse **** de ese

dessea **** desea

desseado **** deseado

dessean **** desean

dessear **** desear

dessearla **** desearla; "gran parte de la salud es dessearla" (Refran:) (Correas, 224).

desseas **** deseas

desseauamos **** deseabamos

desseays **** deseais

dessee **** desee

desseo, desseos **** deseo, deseos

desseoso **** deseoso

desso, dessos **** de eso, de esos

destar **** de estar

destas, destos **** de estas, de estos

deste, desto, desta **** de este, de esto, de esta

destemplado **** sin armonia

destemplose **** destemplar: destruir la armonia

desterrar **** exilar; alejar

desenterraua **** desenterraba

destorcieron **** destorcer: deshacer lo retorcido, enderezar

destotra **** de esta otra

destroza, destroces **** destrozar: hacer pedazos alguna cosa; maltratar

destruya **** destruir: destruia

destruycion **** destruccion

destruyr **** destruir

destruyras **** destruiras

destruyrlo **** destruirlo

destruyste **** destruiste

desuariado, desuariados **** que delira; fuera de regla

desuariar **** decir locuras

desuarios **** desvarios: locuras

desuellacaras **** persona desvergonzada, descarada

desuentura **** desventura: desgracia

desuergonzada **** desvergonzada

desuergonzado, desuergonzadas **** desvergonzado, desvergonzadas

desuerguenza **** desverguenza

desuia **** desvia: desviar: apartar

desuiados **** desviados: alejados

desuio, desuios **** desvio: desagrado, frialdad, indiferencia

determina **** determinar: indicar con precision; fijar; tomar una resolucion

determinacion **** decision

determinasse **** determinase

detrimento **** destruccion

detuue **** detuve

detuuiesse **** detuviese

deuanea **** devanea

deuaneando **** devaneando

deuanear **** devanear: decir disparates, delirar

deuaneen **** devanear: devaneen

deue **** debe

deuemos **** debemos

deuen **** deben

deues **** debes

deueys **** debeis

deuia **** debia

deuido, deuida **** debido, debida

deuo **** debo

deuocion, deuociones **** devocion, devociones

deuoto, deuota **** devoto, devota

deuotos, deuotas **** devotos, devotas

deuria **** deber: deberia

dexa, dexan, dexas **** deja, dejan, dejas

dexada, dexadas, dexado **** dejada, dejadas, dejado

dexala, dexale, dexalo, dexalos, dexame, dexamele **** dejala, dejale, dejalo, dejalos, dejame, dejamele

dexamos **** dejamos

dexando, dexandola **** dejando, dejandola

dexaos **** dejaos

dexar **** dejar; abandono

dexaras, dexare **** dejaras, dejare

dexarasme, dexarle he **** me dejaras, le dejare

dexaron **** dejaron

dexarse **** dejarse

dexate **** dejate

dexase **** se deja

dexaste, dexastes **** dejaste, dejasteis

dexaua, dexauas, dexauan **** dejaba, dejabas, dejaban

dexe **** deje

dexemos, dexemosle **** dejemos, dejemosle

dexemplo **** de ejemplo

dexen, dexenme **** dejen, dejenme

dexes **** dejes

dexo **** dejo

deydad **** deidad

dezia, dezias, dezian **** decia, decias, decian

deziades **** decir: deciais

dezidme **** decidme

dezildes **** decir: decidles

dezir; se dize **** decir; se llama "dezir e hazer si comen juntos" (Refran): "Cf. el moderno 'dicho y hecho'" (R-P, 279); 'caer',...del lat. decidere, 'caer', 'caer de' (Russell, 590);

dezirles **** decirles

dezirme **** decirme

dezirte he **** te dire

dezirtelo he **** te lo dire

dezis **** decis

diablo **** "vaya el diablo para ruyn" (Refran): "Vayase el diablo para ruin y quedese en casa Martin" (Correas, 500): se dice para indicar que reinara la paz.

diacitron **** acitron: fruta llamada cidra, confitada

Diana **** En la mitologia romana, diosa de la caza

dias **** cumpleanos

dichas **** "son hablillas, esto es, que no siempre es verdad" (Cejador I, 106)

dichos **** dicho: frase; llamado

Dido **** Segun la mitologia romana, Dido (o Elisa) fue una princesa tiria que fundo Cartago, y vivio alli como reina. Segun "La Eneida" de Virgilio, se enamoro de Eneas y se suicido cuando este la abandono.

dientes **** hablar entre dientes: murmurar

diesse, diessen **** dar: diese, diesen

diestro, diestros **** listo, habil, entendido, experto

diezmos **** diezmo: parte de los frutos que los fieles dan a la Iglesia

diezocho **** diez y ocho

differencia, differencias **** diferencia

differentes **** diferentes

difficultad **** dificultad

dificile **** dificil; "siempre lo oy dezir: que es mas dificile de sofrir la prospera fortuna que la aduersa": "Fortunae prosperae regimen difficilius est quam adversae" (Petrarca, De Remediis Utriusque Fortunae, i, Praef. F, citado en Deyermond, 144).

dignidades **** dignidad: cargo, oficio

dignos, dignas **** digno: merecedor; honrado

dilacion **** retraso, detencion

dilatar **** prolongar, diferir; "no se pierde lo que se dilata" (Refran): (Correas, 361).

diligente **** cuidadoso, pronto

diminucion **** disminucion

diminuiendo **** disminuyendo

diminutos **** disminuidos

diminuya **** disminuya

diminuyelas **** disminuyelas

diminuyessen **** diminuyesen

dinero **** " sobre dinero no ay amistad": (Refran:) "Sobre dinero no hay companero" (Correas, 463); "todo lo puede el dinero" (Refran): (Correas, 158)

dineros **** "A dineros pagados, brazos quebrados" (Refran) (Correas, 11): "Que recibida la paga, se trabaja con menos brio que antes." (Cejador I, 127)

dionos **** nos dio

dirame **** decir: me dira

dirasle **** decir: le diras

dires **** decir: direis

direte **** decir: te dire

discerneys **** discerneis

discorda **** discordar: estar en desacuerdo

discricion **** discrecion

discurrimos **** discurrir: reflexionar

disfamar **** difamar

disfauor **** disfavor

disparze **** desparcir: esparcir: dispersar

disponer **** determinar

dispusicion **** disposicion

dissension, dissensiones **** disension

dissimula **** disimula

dissimulaciones **** disimulaciones

dissimulado, dissimulando **** disimulado, disimulando

dissimular **** disimular: esconder; disfrazar

dissonos **** disono: disonante: que no es regular; "desacuerdos" (Russell, 202)

distraydo **** distraido

Dite **** Hades: dios griego de los Infiernos

diuersidad **** diversidad: variedad

diuerso **** diverso

diuersos, diuersas **** diversos, diversas

diuina **** divina; "por la diuina boca fue dicho: contra aquel infernal tentador: que no de solo pan viuiremos" (San Mateo 4,4 y San Lucas 4,4 que citan a Deuteronomio 8, 3).

diuisible **** divisible: que puede dividirse

diuision **** division

dixe, dixiste, dixo **** decir: dije, dijiste, dijo

dixele **** dijele

dixera **** dijera

dixere, dixeres **** dijere, dijeres

dixeron **** dijeron

dixesen **** dijesen

dixesse, dixessen **** dijese, dijesen

dixiere **** dijere

dixiessen **** dijesen

dixiesses **** dijeses

dize **** dice

dizen, dizes, diziendo **** dicen, dices, diciendo; "a quien dizes el secreto, das tu libertad" (Refran): "A quien dices tu secreto, das tu libertad y estas sujeto" (Correas, 60).

diziendole **** diciendole

do **** donde; doy

do quiera **** dondequiera

doblar **** hacer doble

doblas **** monedas de oro

doblega **** doblegar: ceder

dobles **** doble: pano doble: de mas cuerpo

doctos **** docto: sabio

doliente **** enfermo

doloriosas **** dolorosas: doloroso: triste

doman **** domar: hacer docil, sujetar

dominio **** superioridad sobre otra persona

don, dones **** regalo, gracia especial

donayre, donayres **** donaire: gracia

donde no **** en caso contrario

dondyr **** donde ir

donosa **** oportuna (ironico)

donoso **** gracioso

donzella, donzellas **** doncella, doncellas

dormiendo **** durmiendo

dormieron **** durmieron

dormilones **** muy inclinados a dormir

dormiriemos **** dormiriamos

dos **** dos a dos, de dos en dos: apareados; "Seremos dos a dos": "dos a dos es jugar cuatro, dos contra dos, o renir con padrinos, y dicese del ser parejos sin ventaja de la parte contraria" (Cejador I, 90).

dotados, dotasse, doto **** dotar: adornar, proveer

doze **** doce

dozena, dozenas **** docena

dozeno **** doceno

drago **** dragon: "Reptil del orden de los saurios, caracterizado por las expansiones de su piel, que forma a los lados del abdomen una especie de alas, o mejor paracaidas, que ayudan a los saltos del animal" (Real Acad.); "Animal fabuloso al que se atribuye figura de serpiente muy corpulenta, con pies y alas, y de extrana fiereza y voracidad" (DETEMA I, 562); "serpientes…ay algunos que se llaman tiros de los quales se compone la atriaca e otros se llaman dragones e otros aspides e otros basiliscos e este genero es peor entre todos los animales porque con la vista e con el tacto matan" (Lilio de medicina [1495]; DETEMA I, 562).

dubda, dubdas **** duda, dudas

dubdoso, dubdosa **** dudoso, dudosa

duelos **** penas

dulzor, dulzores **** calidad de dulce

e **** y

ea **** interjeccion para animar

eburneo **** marfil

echalla **** echarla, "considerarla" (R-P, 312)

echasse **** echase

echaua **** echaba

echeneis **** "Rojas toma esta historia del 'echeneis' de Hernan Nunez, 'Glosa sobre las Trezientas del famoso poeta Juan de Mena, que tambien cita a Lucano: 'No falta alli el pez dicho echeneis, que detiene las fustas en metad del mar quando el viento Euro estiende las cuerdas.' Es nota a la c. 242 del 'Laberinto' (ed. Blecua): 'Alli es mesclada grand parte de echino, / el qual, aunque sea muy pequeno pez, / muchas vegadas e non una vez / retiene las fustas que van su camino.' Cf. Castro Guisasola (1924:23), Deyermond (1961:56-57)" (R-P, 105).

efeto, effecto, efetos **** efecto; con efecto: en realidad

eficacemente **** eficazmente; "e lo duro con duro se ablanda mas eficacemente. E dizen los sabios, que la cura del lastimero medico dexa mayor senal": "Dura duris efficacius leniuntur: et saepe medici mollioris deformior est cicatrix" (Petrarca, De Remediis Utriusque Fortunae, ii. 43 B 1-2, citado en Deyermond, 61).

eficacia **** actividad

Egisto **** Amante de Clitemnestra. Burgos (1499): "Que Egisto? Todo el mundo lo sabe." Toledo (1500): "que Egisto por todo el mundo lo sabe."

Egypto **** Egipto; los de Egipto: egiptanos: los gitanos

elado, elada **** helado, helada

Elena **** En la mitologia griega, la hija de Zeus y Leda. La mujer mas hermosa de sus tiempos. 27 principes de Grecia querian casarse con ella, y ella escogio a Menelao, rey de Esparta. Paris rapto a Elena, causando la guerra de Troya.

Elisa **** Vease "Dido."

embalde **** en balde: en vano

embarazo **** obstaculo

embarga, embargado **** embargar: embarazar: suspender, paralizar

embaxada, embaxador **** embajada, embajador

embaymientos **** embaimientos: enganos

embeuecimiento **** embebecimiento: encanto, rapto

embia **** envia

embiado **** enviado

embiar **** enviar: despachar; "tambien me faltara agua si a la mar me embiara" (O'Kane 155: "Si a la mar va, agua no topa": A. Danon:

Proverbes judeo-espagnols de Turquie, 'Zeitschrift fur romanische Philologie', Halle, 1877-1939, XXVII [1903] 84).

embiara **** enviara

embiarme **** enviarme

embiarte **** enviarte

embiauan **** enviaban

embidia **** envidia

embidiar **** envidiar

embidias **** envidias

embidioso **** envidioso

embidiosos, embidiosas **** envidiosos, envidiosas

embie **** envie

embiemosle **** enviemosle

embies, embio **** enviar: envies, envio

embiome **** me envio

embiude **** enviude

embotado **** embotar: desafilar; debilitar

embuelto, embuelta **** envuelto, envuelta

embueltos, embueltas **** envuelto: metido en un asunto; cubierto; "por ventura estaran embueltas": la edicion de Valencia de 1514 dice: "por ventura estan rebueltas"

embueluas **** envuelvas: envolver

emendada **** enmendada: corregida

emendar, emendarse **** enmendar: reparar, corregir

emienda, enmienda **** correccion; satisfaccion

empachado **** avergonzado

empachaua **** empachaba; estorbaba

empache **** empachar: estorbar

empacho **** turbacion, verguenza

empecer, empece **** danar; ofender; "no es Sempronio, verdadera fuerza ni poderio danar e empecer": "Posse nocere non est vera magnitudo nec verum robur" (Petrarca, Epistolae sine Titulo, 2 F, citado en Deyermond, 144); "a la firme verdad: el viento del vulgo no la empece": "Veritatem solidam vulgaris aura non concutit" (Petrarca, Vita solitaria, II. iii. 7 A, citado en Deyermond, 145).

empecible **** empecedero: que puede danar; que causa perjuicio; "No ay cierto cosa mas empecible: quel incogitado enemigo": "Hoste inexpectato nil nocentius" (Petrarca, De Rebus familiaribus 5 D in fin., citado en Deyermond, 146); "no se dize en vano: que el mas empecible miembro del mal hombre o muger es la lengua": "pessimum nocentissimumque mali hominis membrum lingua est" (Petrarca, De Remediis Utriusque Fortunae, i. 9 E 7-9, citado en Deyermond, 59).

empediria **** impediria

empenar **** dar una cosa en prenda para seguridad

empicotaron **** empicotar: poner a uno en la picota ("Rollo o columna de piedra o de fabrica, que habia a la entrada de algunos lugares, donde se exponian las cabezas de los ajusticiados, o los reos a la verguenza" [Real Acad.])

emplumenla, emplumada **** emplumar: ponerle miel y plumas: castigo para los alcahuetes

empos **** despues, detras de

empresa **** accion dificultosa; simbolo que denota una prenda

enbalde **** en balde: en vano

encandelado **** encandilar: deslumbrar

encaneci **** encanecer: ponerse cano

encarecen **** exageran

encaxado **** encajar: meter una cosa, decir una cosa oportuna o inoportunamente

encendidos, encendidas **** inflamados, enardecidos

encendios **** incendios

encerados **** encerar: aderezar con cera

encienso **** incienso

enclauijadas **** enclavijadas: enclavijar: prender, asir

encobria **** encubria

encobrias **** encubrias

encobrir **** encubrir: esconder

encogido, encogida **** apocado, de poco animo

encogimiento **** timidez

encomendadas **** encomendar: encargar, entregarse

encomendauan **** encomendaban

encomiendas **** recuerdos; encargos

encomparablemente **** incomparablemente

enconada **** enconar: envenenar

enconan **** se enconan: se inflaman

encorozada **** encorozar: poner a uno la coroza (gorro en punta): castigo de alcahuetas

encruzijada **** encrucijada: "Los dos caminos que se atraviessan en cruz... En semejantes lugares acostumbravan los gentiles hazer unas fiestas que llamaron 'compitalia' a los dioses lares; y esta fue la ocasion de que algunos hechizeros saliessen a hazer sus conjuros a las encruzijadas, creyendo que alli se aparecian los espiritus" (Covarrubias, 515).

encubresme **** encubrir: esconder

encubrir **** esconder

endereza, enderezan **** favorece, dirige

enderezar **** poner derecho

enderezo **** dirigio

Eneas **** Segun la mitologia clasica, era hijo de Afroditas (Venus) y Anchises; es el heroe de "La Eneida" de Virgilio. Lucho contra los griegos en la guerra de Troya. Estuvo un tiempo con Dido en Africa, y en Italia se hizo el heroe de los romanos.

enefable **** inefable

enemiga **** "pronuncian enemiga": 'declaran enemistad'; "Enemiga, algunas vezes vale tanto como enemistad" (Covarrubias, 518)

enemigos **** "de los enemigos los menos" (Refran); "que tanta es la fuerza de la verdad que las lenguas de los enemigos trae a si": "Tanta est veri vis ut linguas saepe hostium ad se trahat" (Petrarca, De Remediis Utriusque Fortunae, i. 13 C, citado en Deyermond, 145).

enganador **** "quien engana al enganador" (Refran:) Cf. "Quien burla al burlador cient dias gana de perdon" (O'Kane 67: Santillana, Refranes 600; Seniloquium 391)

engendrar **** dar vida

engendraua **** engendraba

engullir **** tragar la comida atropelladamente

enlazastes **** enlazar: atar

enmudescerias **** enmudecerias

enoramala **** en hora mala

enrubiar **** poner rubia alguna cosa, especialmente los cabellos

ensanar **** irritar

ensenoreado **** dominado

ensilla **** ensillar: poner la silla al caballo

ensoberuecerse **** ensoberbecer: ser arrogante

ensorde **** ensordar: ensordecer

ensuziar **** ensuciar

entendedor **** "a buen entendedor, pocas palabras": (Refran:) "a buen entendedor, breve hablador" (Correas, 6)

entender **** comprender; tener intencion de hacer una cosa; entender en: ocuparse en

enternece **** enternecer: mover a ternura

entibia **** entibiar: templar, moderar

entonce **** entonces

entrambos, entrambas **** ambos

entramos **** ambos

entranable **** intimo

entranas **** entrana: los organos en las principales cavidades del cuerpo; indole de una persona; voluntad; lo mas oculto

entraua **** entraba

entrauamos, entrauan **** entrabamos, entraban

entrauas **** entrabas: entrar: apoderarse de algo

entre **** en medio de; entre dia: durante el dia

entredicho **** prohibicion

entremedias **** entre uno y otro, en medio (como intermediaria)

entremetiesse **** entremetiese

entretalladura **** bajo relieve

entreueniendo **** entrevenir: intervenir

entrexeridas **** entregerir: injerir: poner, mezclar una cosa con otra

enturuies **** enturbies: enturbiar: turbar

enuegece, enuejece **** envejece

enuegescen **** envejecen

enuejecer **** envejecer

enuejeci **** envejeci

enuejecida **** envejecida

enuelesada **** embelesar: arrebatar, sacar de si, conmover poderosamente

enuergonzantes **** vergonzante: "Aplicase regularmente al que pide limosna con cierto disimulo o encubriendose" (Real Acad.)

enues **** enves: parte posterior

enuiste, enuistiendolas **** envestir: cubrir, enmascarar

enxemplo, exemplo **** ejemplo

enxuto **** enjuto: seco; a pie enjuto: sin peligro

enzias **** encias

Eraclito **** Heraclito de Efeso. Filosofo griego (576-480 a. de J. C.); "defensor de la teoria de la constante mutabilidad de la materia." (Larousse). Escribio "De la naturaleza".

erades **** erais

Eras **** Medico mencionado en los 'Epigramas' de Marcial (VI: 'Heras medicus') (Vease R-P, 112). Para otros criticos, Eras e Crato es un error del texto. Vease, por ejemplo, Severin (258): "Sin duda, Eras y Crato es errata por Erasistrato, medico del rey Seleuco"

Ercules **** Quizas una figura historica; heroe de los griegos. Aparecio despues en la mitologia clasica como hijo de Zeus y Alcmena. Conocido por su fuerza, especialmente por los doce trabajos.

eregia, eregias **** herejia, herejias

ereje **** hereje

erizo **** mamifero cuyo cuerpo esta cubierto de puas; "dizen los esperimentadores que en esta passion mucho aprouecha el erizo asado e el calcanar del puerco" (Lilio de medicina [1495]; DETEMA I, 637).

erradas **** que yerran

errar **** "de los hombres es errar, e bestial es la porfia" (Refran:) "De hombres es errar; de bestias perseverar en el error. Refr. que ensena que los hombres han de ser dociles, y no tercos y obstinados en sus dictamenes." (Aut. II, Tomo tercero, 545)

escala **** escalera

escalado **** escalar: subir; entrar rompiendo puertas, muros, etc.

escallentador **** objeto que calienta

escallentar **** calentar

escanciar **** servir o tomar vino

escandalizes **** escandalices

escapome **** escapar: librar

escardilla **** almocafre: instrumento para limpiar la tierra de las malas hierbas

escarmientan **** escarmentar: corregirse por la experiencia

escarmiento **** experiencia, castigo, pena

escarnios **** burlas

esclaua **** esclava

escluya **** excluya

escogidos **** selectos: excelentes

escondidas **** encerradas

escote **** cuota; pagando la parte que le corresponde a uno; pagar el escote; "quien lo comio aquel lo escote" (Refran) (O'Kane 111: "Sy buen manjar queredes, pagad bien el escote" Juan Ruiz, El libro de buen amor; O'Kane cita muchos refranes semejantes.)

escoziote **** te molesto

escriptas **** escritas

escriptura **** escritura

escriue **** escribe

escriuiendo **** escribiendo

escriuieron **** escribieron

escriuio **** escribio

escriuir **** escribir

escriuo **** escribo

escuchauas **** escuchabas

escuda **** escudar: proteger

escudilla **** vasija en que se sirve la sopa; "ya tienes tu escudilla como cada qual" (Refran): (Correas, 513).

escudrina **** examina

esculpidas **** esculpir: grabar

escura **** oscura

escuras, escuros **** oscuras, oscuros

escurece, escuresce, escurecen **** oscurece; disminuye el esplendor

escuridad **** oscuridad

escuro **** oscuro

escurre **** escurre eslauones: dice disparates

escusar **** excusar: disculpar; evitar

esenta **** exenta: libre

esforzado, esforzada **** valiente, animoso

esforzaua **** esforzaba

esfuerza, esfuerzate **** esforzar: tomar animo

esfuerzo **** vigor, brio, valor; auxilio, ayuda; empleo

esgamoches **** escamocho: sobras de la comida

esgarrochados **** garrochar: herir con la garrocha (vara para picar toros)

eslauones **** eslabon: anillo de una cadena

esotra **** esa otra

espacio **** lento; lentitud; transcurso de tiempo; diversion

espacioso **** lento

espaldarazos **** espaldarazo: golpe dado en la espalda con la espada

espantable **** que causa espanto

espantar **** dar susto, maravillarse

espanto **** consternacion; asombro

espauorecian **** daban pavor, miedo

especies **** clases

espele **** expeler: arrojar

esperallas **** esperarlas

esperarades **** esperarais

esperas **** esferas

esperasse, esperasses **** esperase, esperases

esperaua **** esperaba

esperiencia **** experiencia

esperimentado, esperimentados **** experimentado

esperimiento **** experimento

esperta **** experta, experimentada

espessos **** espesos

espliego **** planta aromatica; se usa para medicamentos y tonicas; "pon en la cabeza la sal calliente o con espligo o con oregano" (Tratado de patologia general [s. XV]; DETEMA I, 674).

esportillas **** espuerta: cesta para llevar escombros, tierra, etc.

espresaste, espresion **** expresaste, expresion

espressare **** expresare

espuela **** estimulo

espulguen **** espulgar: limpiar la cabeza, etc. de pulgas o piojos

espumajoso **** lleno de espuma

esquiuandose **** esquivar: excusarse, rehusar

esquiuidad, esquiuedad **** esquividad: calidad de hurano, desden

esquiuo, esquiua, esquiuas **** esquivo: aspero, malo

esse, essa, esso **** ese, esa, eso

essos, essas **** esos, esas

essotro, essotra **** ese otro, esa otra; "a essotra puerta": "'A esotra puerta, que esta no se abre' (Refran). Cuando no responde un sordo u otros" (Correas, 13; O'Kane 196: Santillana, Refranes, 68). "Usase para explicar que uno no ha oido lo que se le dice" (Acad. Real)

establo **** sitio cubierto para el ganado

estaciones **** visitas de devocion a las iglesias; tiempos, temporadas

estada **** detencion, permanencia

estado **** situacion

estambre **** lana

estano **** un metal

estarte has **** te estaras

estaua, estauas **** estaba, estabas

estays **** estar: estais

estendieron **** extendieron: extender

estenso **** extenso; por extenso: extensamente

esterior, esteriores **** exterior

estiende **** extiende: extender: ponerse muy hinchado, afectando senorio y poder

estimar **** juzgar, creer; "De los locos es estimar a todos los otros de su calidad": "Stulti omnes secundum se alios estimant" (Petrarca, De Remediis Utriusque Fortunae, ii. 125 G, citado en Deyermond, 144).

esto **** estoy

estocada, estocadas **** golpe que se da de punta con la espada

estola **** ornamento sagrado

estoraque, estoraques **** balsamo; "fagase pues el perfumar de manana e mayormente para los ricos en el tiempo frio con ambar incienso e aloes storaques laudano azafran mastec clauos de girofle e canela" (Tratado de la epidemia y de la pestilencia [1475]; DETEMA I, 686).

estorcer **** torcer: desviar, "estorbar, impedir" (R-P, 312), "arrebatar" (Russell, 248).

estorua **** estorba

estoruales **** estorbales

estoruan **** estorban

estoruar, estoruaras **** estorbar, estorbaras

estoruarte **** estorbarte

estoruasse **** estorbase

estoruays **** estorbais

estotra, estotro **** esta otra, este otro

estouiere **** estuviere

estouiesedes **** estuvieseis

estouiesse, estouiese **** estuviese

estouo, estouimos **** estuvo, estuvimos

estrado **** tarima: entablado movible

estragarlo **** estragar: causar dano o destruccion

estrana, estranos **** extrana, extranos

estranezas **** extranezas

estranjero **** extranjero

estrano **** extrano

estrecho; estrecha **** estrechez: aprieto, dificultad, peligro

estrelleras **** astrologas

estremadas **** extremadas: sumamente buenas

estremo, estremos **** extremo, extremos; "estremo es creer a todos: e yerro no creer a ninguno" (Refran): (Correas, 215).

estrena **** accion de estrenar: uno comienza a usar o hacer algo; dadiva, joya; albricias

estrepito **** ruido grande; "este grande estrepito de armas": "antiguamente, al morir un personaje importante, 'en cada calle o encruzijada quebraban armas y escudos en significacion del gran dolor'" (Anonimo, 'Celestina comentada', BNMadrid, Ms 17631, fol. 216 v, n. 15, citado en Russell, 586)

estribo **** anillo de metal en que el jinete apoya el pie

estriego **** estregar: alabar; "xo, que te estriego: asna coxa" (Refran): "Dicese como en el texto, desechando algo, como las alabanzas no merecidas, que algo mas pretende con ellas el que las dice" (Cejador I, 92).

estrumentos **** instrumentos

estruendo **** ruido grande

estudio **** esfuerzo que pone el entendimiento; mana, habilidad

estuue, estuuiesse, estuuiera **** estuve, estuviese, estuviera

estuuieren **** estuvieren

estuuieron **** estuvieron

etnicos montes **** montes de Etna (volcan al NE de Sicilia)

Etor **** Hector, hijo de Priamo y Hecuba. En "La Iliada" de Homero, el heroe valiente de las fuerzas troyanas en la guerra de Troya; asesinado por Aquiles.

Eua **** Eva

euitar **** evitar

Euro **** viento que sopla de oriente

excelentissimo **** excelentisimo

excellencia **** excelencia

excesso **** exceso

execucion **** ejecucion

executar **** ejecutar

executaste **** ejecutaste

exemplos **** ejemplos

exercicio **** ejercicio: experiencia

explanara **** explicara

fabla, fablas **** habla: accion de hablar

fablado **** hablado

fablando **** hablando

fablar **** hablar

fablares **** hablares

fablasse, fablassen **** hablase, hablasen

fablaua **** hablaba

fablemos **** hablemos

facile **** facil

faciones **** facciones: rasgos del rostro

facultad, facultades **** derecho, poder, capacidad

faga, fagas, fagan **** haga, hagas, hagan

fagase **** hagase

falacias **** falacia: engano, mentira

faldetas **** faldeta: saya corta

falla **** halla

fallado **** hallado; "Fallado auias los temerosos": No teniamos miedo.

fallare, fallara, fallaras **** hallar: hallare, hallara, hallaras

fallaste **** hallaste

fallecen, fallesce **** fallecer: faltar, carecer

fallo **** hallo

falsario, falsarios **** mentiroso

falsaste, falsaua **** falseaba: falsear: falsificar, adulterar, contrahacer

faltar **** dejar de asistir

faltasse **** faltase

faltaua **** faltaba

faltriquera **** bolsa

fambre **** hambre

familiar **** pariente

fardeles **** fardel: saco, fardo

fare, fares, faras **** hare, hareis, haras

faria, farias **** haria, harias

farto **** harto

fasta **** hasta

fastio **** hastio: disgusto

fatigar **** causar fatiga; molestar

fatigues **** "ni te fatigues": "ni te atormentes" (Russell, 422)

fauor, fauorecer, fauorables **** favor, favorecer, favorables

fauorable **** favorable

fauoreceme **** favoreceme

fausto **** "grande ornato y pompa" (Real Acad.)

faz **** haz; rostro

fazela **** la hace

fazen **** hacen

fazer **** hacer; importar; por fazer: por hacer

fazerle **** hacerle

fazerlos **** hacerlos

fazerme **** hacerme

fazerte **** hacerte

fazia, fazias **** hacia, hacias

faziase **** se hacia

fazienda **** hacienda

faziendo **** haciendo

faziones **** faccion: hechura: composicion, imagen

fe **** confianza; promesa; de buena fe: con verdad

Febo, Phebo **** En la mitologia griega, el dios Apolo. (Febo significa "brillante.") Fue identificado en el pasado con Helios, dios del sol. En el arte y en la literatura, se representa como un carretero con cuatro caballos, manejando del este al oeste.

fecha, fechas **** hecha, hechas

fecho, fechos **** hecho: accion, obra

femineo **** relativo a la mujer

fenescer **** fenecer: acabarse, morir

fenescieron **** murieron

fengidos **** fingidos

fengir **** fingir

feria **** mercado

fermosura **** hermosura

festejando **** festejar: galantear

festiuidad **** festividad

fiadora **** persona que fia a otra

fiauan **** fiaban

ficion **** ficcion

fictas **** fingidas, enganosas

fideputa **** hideputa

fiel **** constante en afeccion; lo exacto

fieldad **** fidelidad

fiero **** duro, cruel

fierro **** hierro: metal; marca candente que se pone a los ganados.

figurare **** figurar: delinear

figuraseme **** figurar: suponer

fijadalgo **** hijadalgo: hidalga

fijo, fijos, fija **** hijo, hijos, hija

filado **** hilado, hilo

filar **** hilar

filigres **** feligres: persona que pertenece a cierta parroquia.

filosofales **** filosofal: relativo a la filosofia

filosofando **** filosofar: hacer soliloquios

filosomia **** fisonomia

finada, finados **** muerta, muertos

fincar **** hincar: clavar una cosa en otra

fingendo **** fingiendo

fino **** finar: morir

firma **** firma e sello: "aqui 'certificacion', 'seguridad'" (R-P, 234)

firmar **** afirmar

firme **** seguro

fisico, fisica **** medico, medica

fize, fiziste **** hice, hiciste

fiziera, fizieran **** hiciera, hicieran

fizo **** hizo

flaco, flacos, flaca, flacas **** sin fuerza, debil

flamas **** llamas

flaqueza **** debilidad

flor saluaje **** rosaceas: "Alchemilla vulgaris" y "Alchemilla arvensis Scop"; "Su cocimiento administrado en forma de fomentacion, o bano de tal suerte aprieta y cierra las partes bajas, que sentandose encima del, se pueden mil veces vender por virgenes las que desean mas parecer que ser en efecto doncellas." (Laguna, citado en Laza Palacios, 181-82)

flores **** en flores: en ayunas; en cosas sin sustancia

florescen, floresci **** florecen, floreci

florezilla **** florecilla

florida, florido **** que tiene flores; elegida, selecta

floxo **** flojo

flutuoso, flutuosa **** fluctuoso, fluctuosa: vacilante; "tormentoso" (R-P, 313)

folgar **** holgar: parar, descansar; divertirse

folgura **** holgura: regocijo, diversion

fontezica, fontezicas **** fontecica: fuente

forma **** manera

forro **** cubierta; "defensa y decoracion" (Severin, 245)

fortuna **** "la fortuna ayuda a los osados" (Refran): (Correas, 35).

forzada **** violada

forzado, forzada **** por fuerza; que no se puede excusar

forzar **** obligar; gozar a una mujer en contra de su voluntad; violar

forzaua **** forzaba

forzosamente **** por fuerza

forzoso **** que no se puede evitar

fragile **** fragil

franco, franca **** liberal, generoso

franjas **** franja: guarnicion tejida, para los vestidos

franqueza, franquezas **** liberalidad, generosidad

fraude **** engano

frayle, frayles **** fraile, frailes

frecha, frechas **** flecha

fregaron, fregaste **** fregar: lavar; frotar

frescor **** frescura

freyr **** freir; "al freyr lo vera" (Refran): "Al freir lo vereis, y aplicase a muchas cosas. Dicen que un carbonero, vaciando el carbon en una casa, se llevaba hurtada la sarten escondida,y preguntandole si era bueno el carbon, encareciendolo por tal dijo: 'Al freir lo veran'" (Correas, 29).

frisado **** frisar: levantar y rizar el pelo de de un tejido

froga **** obra de albanileria

frutuosas **** utiles; "quando el corazon esta embargado de passion: estan cerrados los oydos al consejo. e en tal tiempo las frutuosas palabras, en lugar de amansar, acrecientan la sana": cf. "cuando el corazon esta enbargado de pasion que estan cerrados los oidos al consejo, y en tal tienpo, las frutuosas palabras en lugar de amansar acrecientan la sana" (Diego de San Pedro, 'Carcel de Amor', ed. Whinnom, 132, citado en R-P, 296)

fuegos **** fuego: llama; ardor

fuercen **** forzar, violar

fuero **** de fuero: de ley

fuertes **** fuerte: robusto, duro; aspero

fuesedes **** fueseis

fuesse **** fuese, se fue

fuessemos, fuessen **** fuesemos, fuesen

fuesses **** fueses

fueste **** fuiste

fuistes **** fuisteis

fundamento **** razon

furias **** "las tres divinidades infernales en que se personificaban los remordimientos" (Real Acad.)

furtar **** hurtar

furtillos **** hurto

furto **** hurto: robo, cosa robada

fustas **** fusta: buque ligero de remos

fuste sanguino **** "Se refiere…al 'Cornus Sanguineo'…; segun los campesinos (tiene sus usos medicinales) como febrifugo, hemostatico y antidiarreico, empleandose en cocimiento el tallo y la raiz" (Laza Palacios, 170)

fuy **** fui

fuya **** huia

galanas **** elegantes

galanes **** galan: hombre de buen semblante; hombre que galantea a una mujer

galardonare, galardonas, galardonaste, galardone **** galardonar: recompensar

galardon, galardones **** premio, recompensa; "en el seruicio del criado esta el galardon del senor" (Cf. O'Kane, 212- 213).

galgo **** perro; "con esse galgo no tomaras si yo puedo mas liebres" (Refran:) "Con ese galgo no matareis mas liebres. Que con aquel embuste y traza no le enganara otra vez, ni le podra valer nada." (Correas, 124)

gallego **** "El mozo del escudero gallego que andaba todo el ano descalzo, y por un dia queria matar al zapatero" (porque no le acababa aquel dia los zapatos). (Refran.) (Correas, 177)

gallillo **** gallo: hombre valiente

gamo **** ciervo; "Cuando se le cuelga a una mujer (cuerno de ciervo), se le acelera el parto... Quemado y bebido con miel...corta la menstruacion... Si se inhala sirve para el dolor de matriz", etc. (Utilidades 28-29); "muelelo e encorporalo con vnto de puerco e gamo e con piedra sufre" (Suma de la flor de cirugia [s. XV]; DETEMA I, 763).

gamones **** gamon: planta liliacea, usada "contra las enfermedades de la piel" (Laza Palacios, 135); "E la ulcera suzia es curada quando la costra o la suziedat que y es con el poluo de los gamones el qual se dira en el fin o con otro mundificatiuo de los dezideros e despues consoldando con las melezinas consoldatiuas" (Compendio de Cirugia [1481]; DETEMA I, 763).

gana **** deseo, gusto, voluntad

ganancia **** "mientra mas moros: mas ganancia" (Refran:) (O'Kane 164: Santillana, Refranes 453)

garrido **** hermoso; gracioso

garuines **** garvin: cofia hecha de red

garza **** ave zancuda; "Algunos alemanes untan con su enjundia los ojos de los cavallos, para que sanen y vean mejor" (Huerta, citado en Laza Palacios, 136); "pornas medecina que ablande y resuelua el humor tan maligno asi como enxundias de garza o gallina" (Sumario de la medicina [1498]; DETEMA I, 767); "El buche de garza es excelente para comer y afrodisiaco." etc. (Utilidades, 73).

garzones **** garzon: joven mancebo, mozo; "Joven que lleva vida disoluta con las mujeres" (Real Acad)

gastar **** emplear el dinero en una cosa; destruir, consumir; echar a perder

gastasse **** gastase

gastaua **** gastaba

gato **** bolso para el dinero

gato montes **** especie de gato grande que vive en los montes

gato negro **** "El interior del gato negro: si se hace con el un sahumerio a una mujer a la que le resulte dificil el parto, se lo acelera… Cuando se fumiga con excremento de gato negro debajo de una mujer, expulsa al nino muerto", etc. (Utilidades 51.)

gauilanes **** gavilan: ave rapaz parecida al halcon

gayta **** gaita: instrumento de musica

gela **** se la

gelo **** se lo

genero **** sexo

generosa **** noble

gentezilla **** gentecilla (las mujeres)

gentil **** amable, gracioso; notable

gentileza **** gracia, donaire

gentilidad **** gentiles: paganos

George **** San Jorge: santo patron de Inglaterra y de la "Jarretera". Segun una leyenda, mato un dragon en un pueblo de Libia, salvando a una doncella, y convirtiendo despues a todo el pueblo al cristianismo.

gestico **** gesto: expresion del rostro

girifalte **** gerifalte: ave, como el halcon

gloriado **** glorificado

gloriosos, gloriosa **** dignos de gloria

golondrina **** "vna golondrina / no haze verano" (Refran:) "Una golondrina no hace verano, ni una sola virtud bienaventurado (Correas, 494).

golosa **** codiciosa

golosina **** deseo o apetito

golpe **** "Vn solo golpe no derriba vn roble" (Refran): (Correas, 496).

gorgueras **** gorguera: adorno del cuello

gostaduras **** gustadura: sentir en el paladar el sabor de una cosa; probar

gotera **** hendedura del techo por donde caen gotas de agua; "De vna sola gotera te mantienes?" (Refran:) "De una sola fuente te alimentas" (R-P, 191); "vna continua gotera horaca [horada] vna piedra" (O'Kane 122).

gouernador **** gobernador

gozasse **** gozase

goze **** goce

gozemonos **** gocemonos

gozemos **** gocemos

gracia, gracias **** afabilidad, atractivo; benevolencia, favor

grado **** gusto; de grado: voluntariamente; de gusto

gramonilla **** (palabra desconocida); "especie de grama, planta medicinal graminea" (R-P, 313); "Las frias simientes do ay calefacion y algun aromatico en ellas enbuelto y grama y esparrago y pentafilon" (Sumario de la medicina [1498]; DETEMA I, 783).

grana **** color rojo

Granada **** El ultimo baluarte de los moros en Espana; fue conquistado por los cristianos en 1492.

grand **** grande

grandissimo **** grandisimo

granillo **** planta estimada como forragera: "granillo de oveja - nombre vulgar que corresponde a la Papilionacea 'Scorpiurus muricata'" (Lazaro, citado en Laza Palacios, 136)

grano **** semilla

granzones **** nudos de paja que se quedan cuando se criba

graue **** grave

grauedad **** gravedad: importancia

grillos **** grillo: insecto saltador

grosezuelos **** gruesos: corpulentos

grossero, grosseros **** grosero, groseros

guardar **** cuidar

guardaua **** guardaba

guarecer, guarescer **** ayudar, curar

guarte **** guardate: ten cuidado

guay **** ay!; "Guay de quien en palacio enuejece" (Refran): "Pobre muere quien en palacio vejeze" (O'Kane 179: A. Castro, Glosarios latino-espanoles, Madrid, 1936, 248)

guija **** piedra

guija marina **** piedra iman

gusto danado **** gusto perverso; "el gusto danado muchas vezes juzga por dulce lo amargo" (Refran:) "Al gusto estragado, lo dulce le es amargo." (Aut. I, Tomo primero, 262).

guzques **** gozque: perro gozque: perro pequeno

ha **** hace

ha **** haber, tener: tiene

habla **** accion de hablar; razonamiento

hablarla has **** la hablaras

hablaua, hablauan **** hablaba, hablaban

hablays **** hablais

hablilla, hablillas **** rumor, cuento, mentira

hac lachrimarum valle **** Cf. "Salmos" 23.4.

hacer **** realizar

hachas **** hacha: vela grande

haga mal **** no haga mal: no enferme

hagays **** hagais

halagar **** lisonjear

halagos **** muestras de admiracion

halaguero **** halagador: que halaga

halcones **** halcon: ave rapaz

haldas **** faldas; "la vieja, como yo, que alce sus haldas al passar del vado: como maestra" (Refran:) "Vieja escarmentada pasa el vado arrezagada; el rio arremangada" (Correas, 504); "El escarmentado busca el vado: u El escarmentado bien conoce el vado. Refranes que dan a entender, que las experiencias, peligros y trabajos ensenan a los hombres que sean cuerdos, y se cautelen para huir y evitar en adelante las ocasiones peligrosas." (Aut. II, Tomo tercero, 558)

haldear, haldeando **** andando de prisa la que lleva faldas

hallar **** "dar con algo sin buscarlo" (Larousse); hallarte as: te hallaras

hallareys **** hallareis

hallastes **** hallasteis

hallaua **** hallaba

hame **** me ha

han **** tienen

handrajoso **** andrajoso: vestido de ropas rotas; persona despreciable

harda **** ardilla

hare que **** hacer: aparentar, dar a entender lo que no es

harele **** le hare

hariades **** hariais

harnero **** criba

harpa **** arpa

harpada **** hecha pedazos

harpadas **** arpado: de los pajaros de canto armonioso

harpar **** arpar: aranar, rajar

harpias **** arpia: ave fabulosa con el rostro de mujer, y el cuerpo de ave de rapina

hartura **** abundancia; logro

has **** has, tienes; consideras

hasla **** la has

hasle **** le has

hasme **** me has

hastio **** disgusto, fastidio

haua morisca **** "Semillas de la 'Faba vulgaris Moench", habas: "el sortilegio de las habas fue muy usado en Madrid y Toledo por mujerzuelas, cortezanas, mancebas y enamoradas" (Cirac Estopanan: "Los procesos de hechicerias…", citado en Laza Palacios, 140)

haua, hauas **** haba, habas; planta leguminosa; "Da dios hauas a quien no tiene quixadas": (Refran:) "Dicen esto contra los que no saben usar de la hacienda y poder" (Correas, 147); Cf. "Dio Dios almendras a quien no tiene muelas. A proposito de no saberse aprovechar de hacienda, y ciencia, y ocasiones" (Correas, 158).

hauada **** habada: manchas en la piel en figura de habas; avahada: avahar: calentar con el vaho

hauemos; haueys **** habemos: hemos; habeis

hauer **** haber; tener

hauerla **** haberla

hauerlo **** tenerlo

hauerte **** haberte

haues **** habeis

hauia, hauias, hauian **** habia, habias, habian

hauiale **** le habia

hauiamos **** habiamos, teniamos

hauido **** haber: portarse

hauido **** habido, tenido

hauiendo **** habiendo

haura **** habra

haure, hauras, hauran **** habre, habras, habran; tendre, tendras, tendran

hauria, haurias **** habria, habrias; tendria, tendrias

haz **** faz, cara, rostro

haz **** hacer: "haz tu lo que bien digo: y no lo que mal hago" (Refran): (Correas, 237).

hazanas **** hechos heroicos

haze **** "vn solo acto no haze habito" (Refran): (Correas, 496); "quien mal haze, aborrece claridad" (Cf. San Juan 3, 20).

hazed **** haced

hazedor **** hacedor

hazelas **** las hace

hazelo **** lo hace

hazemos **** hacemos

hazen **** hacen; "las obras hazen linaje" (Refran): (Correas, 263).

hazense **** se hacen

hazer **** hacer; suponer; hacerse: fingirse; hazer cuenta: figurar

hazerla, hazerlo, hazerlos **** hacerla, hacerlo, hacerlos

hazerme **** hacerme

hazerte **** hacerte

hazese **** se hace

hazia, haziades **** hacia, haciais

hazialo **** lo hacia

hazienda, haziendas **** hacienda: hacer buena hacienda: (ironico para indicar algun yerro)

haziendo **** haciendo

haziendola **** haciendola

haziendose **** haciendose

hazientes **** haciente: el que hace

he **** tengo

he. he. he. **** (risa)

hechizera, hechizeras **** hechicera

hechizerias **** hechicerias

hechizo **** artificioso, fingido

hecho **** acabado

hedad **** edad

heder **** tener un mal olor

hedia, hedian **** heder: tener un mal olor

hedor **** olor desagradable

hela, helas **** la tengo, las tengo

helecho **** planta criptogama de la clase de las filicineas; "tiene numerosas aplicaciones en las ceremonias de la Magia Negra" (Laza Palacios, 138); "Toma las rayzes del fellecho e cuezlo en el vino e beualolo en ayhuno" (Tesoro de remedios [s. XV]; DETEMA I, 811).

Helias **** Gran profeta de Israel (siglo 9, a. de J. C.). Dijo que la carestia en la tierra era la consecuencia directa del matrimonio del rey Acab de Israel con la 'mala' mujer, Jezabel, seguidora del dios Baal, y de la influencia de esta sobre Israel. (Reyes I, 18)

helo **** lo he

henchir **** llenar

heredamientos **** heredamiento: herencia

heredera **** persona a quien pertenece una herencia

heregia **** herejia

herizo **** erizo: mamifero cuyo cuero esta cubierto de puas; "El testiculo izquierdo del erizo grande, seco y pulverizado, con algo de aceite de balsamo, produce mudez e impide el parto… Si se le aplastan la boca y los dientes, y se bebe de ello, impide el embarazo durante ese ano", etc. (Utilidades, 54-55); "que las vntes con sangre de cojones de puerco o con sangre de erizo o con sangre de galapago" (Tratado de patologia general [s. XV]; DETEMA I, 637).

Herodes **** Rey de Judea (4 - 37 a. de J. C.). Mato a algunos parientes suyos, y mando a matar a todos los infantes varones de Belen de menos de dos anos.

herradores **** herrador: el que hierra las caballerias

herramienta **** instrumento de trabajo manual

herrerias **** herreria: taller en que se labra el hierro en grueso

heruia **** hervia

heruientes **** hirvientes

heruir **** hervir

heruolarios **** herbolarios: personas que recogen y venden hierbas medicinales

hete **** te he

hez **** desperdicio, residuo (del vino); "Sabe que como la hez de la tauerna despide a los borrachos: asi la aduersidad o necessidad al fingido amigo": "Adversitas simulatorem abigit: faex potorem" (Petrarca, De Remediis Utriusque Fortunae, i. 50 F in fin, citado en Deyermond, 40).

hezimos **** hicimos

heziste **** hiciste

hideputa **** hijo de puta (Cf. hidalgo: hijo de algo)

hiel, hieles **** bilis; "laue con la mjel buelta con fiel de vaca o con lo al que escriuimos en el libro de los enplastos" (Tratado de patologia general [s. XV]; DETEMA I, 823); no tener hiel: ser de genio suave

hierue, hieruen **** hierve, hierven; "quanto mas estas que hieruen sin fuego": "La sangre sin fuego hierve. Refr. que pondera la fuerza del parentesco, y los efectos que causa para el afecto y carino" (Aut. II, Tomo quarto, 148); (Cf. O'Kane, 209)

higado *** "con lo que sana el higado: enferma la bolsa" (Refran:) "Lo que es bueno para el higado, es malo para el bazo" (O'Kane 60: Refranes famosissimos y provechosos glosados, Burgos, 1509, ed. facsimil M. Garcia Moreno, Madrid, 1923, ii)

higas **** dar higas: senal obsceno y despreciativo, cerrando el puno y metiendo el pulgar entre los dos dedos siguientes *higos passados* **** higos secos; "Toma vn figo pasado e majalo e ponlo en vn panno de lino" (Recetas [s. XV]; DETEMA I, 827).

higueruela **** planta herbacea (psoralea); "emenagoga" (Laza Palacios, 143)

hijo **** "si tenemos hijo o hija" (Refran): si el exito ha sido bueno o malo (Vease Correas, 475).

hilado **** porcion de lino, algodon, etc. reducida a hilo

hilo **** "irse al hilo de la gente" (Refran): hacer las cosas solo porque otros las hacen. (Vease Correas, 528)

hinchada **** llena

hinchar, hincha, hinchen **** aumentar el volumen; ponerse mas abultado

hinches **** hincharsele las narices: enojarse mucho

hinco **** hincar: clavar

hize, hiziste **** hice, hiciste

hiziere, hiziera **** hiciere, hiciera

hiziesse **** se hiziesse: se hiciese: hacerse: fingirse uno lo que no es

hizimos, hizieron **** hicimos, hicieron

hoja **** volver la hoja: mudar de parecer

hoja tinta **** (palabra desconocida); "planta utilizada para perfumar el bano, no documentada" (R-P, 313)

hojaplasma **** "Nombre vulgar de la Hipericacea 'Androsemun Officinale'...Esta planta es tenida por medicinal en toda la Peninsula" (Laza Palacios, 143).

holgando **** holgar: descansar, estar ocioso; divertirse

holgasse **** holgase

holgastes **** holgasteis: holgar: alegrarse

holgaua **** holgaba

holgays **** holgar: holgais

holgazan **** perezoso

honestad **** honestidad: decencia

honestas **** castas, decentes

honrra, honrras **** honra, honras; "honrra sin prouecho: no es sino como anillo en el dedo": "Anillo en el dedo, honra sin provecho. Refran que ensena, que el caudal que se emplea en cosas inutiles aprovecha poco, y fuera mejor gastarlo en lo que importa" (Aut. I, Tomo primero, 298).

honrrada, honrrado **** honrada, honrado

honrramos **** honramos

honrraua, honrrauan **** honraba, honraban

hora **** en buena hora: con felicidad

horaca **** horadar: agujerear

horado **** agujero

horas **** libro de horas: libro que contiene las horas canonicas

houe, houiste, houo **** hube, tuve; hubiste, tuviste; hubo, tuvo

houiera; houieras **** hubiera, tuviera; hubieras, tuvieras

houiere; houieremos **** hubiere, tuviere; hubieremos, tuvieremos

houiesse **** hubiese, tuviese

houiesses, houiessen **** hubieses, tuvieses; hubiesen, tuviesen

hoyo **** hueco en la tierra

huego **** fuego

huelgo **** holgar: descansar, alegrarse

huellas **** hollar: pisar

huesso, huessos **** hueso, huesos; "roen los huessos: se preocupan de" (Severin, 246), "'les critican', 'murmuran'" (R-P, 106); "a otro perro con esse huesso" (Refran) (Correas, 56; O'Kane, 135: Santillana, Refranes 34)

huestantigua **** estantigua: fantasma

hueuos **** huevos; "comedor de hueuos asados": para restaurar la potencia sexual?; cornudo? (Singleton, 263); "se refiere a una costumbre funeraria hebraica" (Severin, 247).

humilmente **** humildemente

humo **** "todo es ydo en humo": "Irse todo en humo es desvanecerse y no parar en nada lo que dio grandes esperanzas de que seria gran cosa." (Covarrubias, 705)

hundire **** hundir: arruinar

hurtar **** robar, quitar

huso **** instrumento para hilar; con mal esta el huso quando la barua no anda de suso: (Explicado perfectamente por R-P asi:) "mal anda la mujer (huso) cuando el hombre (barva) no esta encima de ella." (159)

huuieron **** hubieron, tuvieron

huyda **** huida: accion de huir

huygamos, huygas **** huir: huyamos, huyas

huyr **** huir; "por huyr hombre de vn peligro: cae en otro mayor" (Refran): Cf. "Los tontos, huyendo de un peligro dan en otro" (Correas, 278).

huyriales **** les huiria

hy, hy, hy **** ji, ji, ji (risa)

hystoria **** historia: narracion

imitavas **** imitabas

immerito **** inmerito: inmerecido

imperfecion, imperficion **** imperfeccion

imperfeta **** imperfecta

imperuio **** impervio: impenetrable, impersuasible, inflexible; "dicese de lo sin camino" (Cejador I, 94, n. 6)

impetrado **** impetrar: solicitar

impide, impiden, impides **** impedir: suspender, detener, obstaculizar; "te impides: te desvias" (Russell, 352)

importunado **** importunar: molestar con solicitudes

importunidad **** molestia

importunos **** importuno: indiscreto, intruso, pesado

impossible **** imposible

impression **** impresion

impresso **** impreso

impressores **** impresores

improuiso, improuisos **** de improviso: sin prevision

incertedumbre **** incertidumbre

inchado **** hinchar: enfadar

incogitado, incogitada **** inesperado

incognito **** no conocido

incomportable **** intolerable

inconueniente, inconuenientes **** inconveniente

increpandole **** increpar: reprender

increyble **** increible

incusarla, incusarnos, incuses **** incusar: acusar

indicio **** indicacion

Indico **** relativo a las Indias Orientales

indignes **** indignar: irritar

induziendole **** induciendole

infinjas **** enfingir: presumir; fingir

infortunio **** desgracia

infundir **** comunicar

ingenio **** entendimiento

iniquo, iniqua **** inicuo: malvado; "iniqua es la ley que a todos ygual no es": "Iniquissima vero lex: quae non omnibus una est" (Petrarca, De Remediis Utriusque Fortunae, i. I A 7, citado en Deyermond, 58).

injurias **** injuria: agravio, ultraje, dano

inmerito **** inmerecido

innocencia **** inocencia

innocente, innocentes **** inocente

inobediente **** no obediente

inominiosos **** ignominiosos

inopia **** pobreza, escasez

inportunidad **** importunidad: molestia

inquirir **** averiguar

insigna **** insigne

insipiente **** incipiente: que empieza; ignorante

instrutos **** instruidos

insultan **** insultar: ofender

intellectuales **** intelectuales

intencion **** objeto

intercession **** intercesion: intervencion

intercessor **** intercesor

interesse **** interes, ganancia

interposicion **** efecto de interponer (colocar una cosa entre otras)

interrumper **** interrumpir

intollerable **** intolerable

intrinseco **** esencial, intimo

inuencion, inuenciones **** invencion: ficcion, cosa inventada; "juegos cortesanos" (R-P, 314)

inuentar **** inventar

inuentor **** inventor

inuernales **** invernales: que pertenecen al invierno

inuestigar **** investigar

inuidia **** envidia

inuierno **** invierno

inuisible **** invisible

jactose **** jactar: mover; alabarse

jazmin **** "quita las manchas del rostro" (Laguna: 'Comentario', citado en Laza Palacios, 148)

Jerusalem **** Jerusalen

jesu **** Jesus

jornada **** viaje

Juanes **** "a los tres llaman Juanes": un buen aguero: "'Juan' en castellano es el buenazo y el bobo, que a nada pone embarazo y aun sufre todo bondadosamente" (Cejador I, 156).

Judea **** Una de las tres divisiones de la provincia romana de Palestina del Oeste (las otras dos eran Samaria y Galilea). Sitio del Templo de los judios, y el lugar donde hablaron sus profetas mas importantes. Aqui se llevo a cabo muchos de los actos de Jesucristo.

jueues **** jueves

jugaste **** jugar: entretenerse; tomar parte en un juego para ganar dinero

juntamente **** a la vez

junta **** cercana; juntar: cerrar

juntassen **** juntasen

jura **** juramento

jurista **** persona que se dedica al derecho; abogado

justador **** el que combate en el torneo

justemos **** justar: combatir en el torneo

justicia **** ministro que ejerce justicia; castigo publico

justiciar **** condenar

justos **** justo: arreglado a justicia, justamente

juuentud **** juventud

juyzio, juyzios **** juicio: pleito, tribunal; cabeza; opinion; facultad de juzgar

juzgasses **** juzgases

juzgaua **** juzgaba

labrado **** trabajar, formar

labrandera **** mujer que sabe coser o bordar

labranzas **** campos sembrados, tierras de labor

labrar, labradas **** coser, bordar

labrios **** labios

ladrillados **** ladrillar: enladrillar: cubrir el suelo con ladrillos

laganas **** legana: secrecion de los ojos; "ay ojos que de laganas se agradan": "Ojos hai que de laganas se enamoran. Refr. que ensena la extraordinaria eleccion y gusto de algunas personas, que teniendo en que escoger, se aficionan de lo peor" (Aut. II, Tomo quarto, 350)

Lambas de Auria **** "Lambas de Auria, duque de los Athenienses" segun las ediciones de 1499 (Burgos), 1500 (Toledo), 1501 (Sevilla), 1514 (Valencia), 1534 (Venecia). "Lambas de Auria, duque de los ginoveses," segun las ediciones posteriores. En realidad, fue el duque de Genova.

lamedor **** "jarabe medicinal, pero tambien halago" (R-P, 314)

lana **** Ir por lana y volver trasquilado (Refran): "Cuando fue a ofender y volvio ofendido; y acomodase a cosas semejantes, cuando salen al reves de lo intentado" (Correas, 250).

landre **** tumor; peste levantina

landrezilla **** landre: maldicion carinosa

lanzada **** golpe con la lanza

lanza **** se lanza: vomitar

lanzan, lanzo **** echar lanzas

Laodice **** Esposa de Antioco II Theos, rey de Siria (261-247 a. de J. C.). Este enclausuro a Laodice, y se caso con Berenice, hija del rey de Egipto, Tolomeo. Despues de la muerte de Tolomeo, Laodice causo la muerte de Antioco y de Berenice.

lapidaria **** que labra piedras preciosas; "Por extension se llamo Lapidaria a la hechicera que conocia las virtudes atribuidas a la gemas" (Laza Palacios, 148)

lasciuos, lasciuo **** lascivos: lujuriosos, propensos a los placeres carnales

lastima **** compasion

lastimas **** "sana dexas la ropa. lastimas el corazon" (Refran): "Rayo (El) y el amor, la ropa sana y quemado el corazon" (Correas, 433)

lastimero, lastimeras **** que hace dano; digno de compasion; que mueve a compasion

lastimo **** lastimar: herir

lata **** hojalata: lamina de hierro o acero

lauadas **** lavadas

laud **** instrumento musico de cuerdas

lauor **** labor; "la muestra por donde se vende la honesta lauor" (Vease O'Kane, 166 "muestra"); "La muestra del pano. Phrase con que se da a entender que alguna cosa es indicio, por el qual se discurre como son las demas de su especie: y se dice de las personas y sus operaciones" (Aut. II, Tomo quarto, 626).

laureado **** laurear: coronar con laurel, premiar

laurel **** arbol de la familia de las lauraceas; es la opinion de Laza Palacios que el "laurel blanco" se refiere al Laurel comun, que "siempre fue considerado como arbol magico" (149); "O toma la foja del laurel e bien mascada ponla en el ombligo de la mujer e parira muy despachadamente" (Compendio de la humana salud [1494]; DETEMA II, 919).

lazeria **** laceria: miseria

lazo, lazos **** nudo; trampa, asechanza

lealdad **** lealtad

Leandro **** En la mitologia griega, joven griego de Abidos. Amante de Hero, sacerdotista de Afrodita. Cada noche atraveso nadando el Helesponto para visitarla. Una noche se ahogo en las olas; al enterarse Hero de esto, se suicido en el mar.

lechones **** lechon: cochinillo que mama; puerco

Leda **** Madre de los gemelos, Castor y Pollux. Cuando fue asesinado Castor, Pollux tambien pidio a Zeus la muerte para si mismo; luego vivieron juntos, un dia en el cielo, otro dia en el Hades. Se les identifico despues con la constelacion de Geminis.

leeldo **** leedlo

lena **** trozos de madera que sirven para lumbre

letania **** suplica a Dios invocando a muchos santos, etc.

letra **** versos; (Vease mote)

letrado **** docto, instruido

leuada, leuado **** levar: robar, hurtar; levada: accion de esgrima: "Es termino del juego de la esgrima, quando el que se va para su contrario, antes de ajustarse con el, tira algunos tajos y reveses al aire, para facilitar el movimiento del brazo y entrar en calor" (Covarrubias, 764).

leuamos **** llevar: tolerar, sufrir

leuanta **** levanta

leuantada **** levantada

leuantado **** levantado

leuantanles **** levantar: imputar; imputar falsa y maliciosamente una cosa

leuantar **** levantar; imputar una cosa falsa

leuantarme he **** me levantare

leuantaron, leuante **** levantar: imputar

leuantarse **** levantarse

leuantase, leuantasse **** levantase

leuantate **** levantate

leuaste, leuaron **** leuar: llevar; quitar, hurtar, tolerar

leuaua, leuauas **** llevaba, llevabas

leuays **** llevais

leues **** leve: ligero; de poca importancia

lexia, lexias **** lejia, lejias

lexos **** lejos; "ninguna cosa es mas lexos de verdad que la vulgar opinion": "Nihil est a virtute vel a veritate remotius quam vulgaris opinio" (Petrarca, De Remediis Utriusque Fortunae, i. 12 B 8-9, citado en Deyermond, 59).

ley **** "viuir a su ley": vivir conforme a su propio gusto

ley, leya **** leer: lei, leia

leydo **** leido

leylo **** lo lei

liado **** liar: atar

librar **** a bien librar: por lo menos

licencia, licencias **** permiso

licita **** justa; segun razon

lid, lides **** combate

liebres **** liebre: conejo

lienzo **** tela de lino o algodon

liga **** materia pegajosa

ligado **** ligar: atar

ligadura **** cinta que se aprieta; sujecion

ligero, ligera, ligeros **** rapido; con facilidad; de ligero: sin reflexion

lima **** instrumento de acero para alisar las materias duras

limitada **** limitar: fijar

limon **** Vease "zumos".

limosnas **** limosna: lo que se da a un pobre por caridad

limpieza **** calidad de limpio; integridad

liquescer **** "licuar, derretir" (R-P, 314)

liquor **** licor

lisa **** sin asperezas

lision **** lesion: herida

litigan, litigado **** litigar: contender, altercar

litigioso **** lo que esta en discordia

liuianamente **** facilmente

liuiandad **** liviandad: lascivia

liuiano, liuiana **** liviano: inconstante, facil; de poca importancia; de poco peso; lascivo

lizos **** hilo fuerte

llaga, llagas **** herida; dano; "es vn fuego escondido. vna agradable llaga. vn sabroso veneno. vna dulce amargura. vna delectable dolencia. vn alegre tormento. vna dulce e fiera herida. vna blanda muerte": "Est enim amor latens ignis: gratum vulnus: sapidum venenum: dulcis amaritudo: delectabilis morbus: iucundum supplicium: blanda mors" (Petrarca, De Remediis Utriusque Fortunae, i. 69 A 2-3, citado en Deyermond, 58).

llagada, llagados **** dolorosa; llagar: ulcerar, causar llagas; causar dolor

llamalda **** llamadla

llamasse **** llamase

llamaua, llamauan **** llamaba, llamaban

llameys **** llamar: llameis

llanillas **** "para allanar asperezas del rostro" (Severin, 247); "un producto... en que trozos de lana sucia se mezclan con otros ingredientes" (R-P, 125); "pon sobrel mjenbro asy commo dicho es de aquellas cosas que amansan a la postema caliente asy commo lana suzia majada en vinagre o en olio rosado" (Cirugia [1440-1460]; DETEMA II, 913).

llano **** liso

llaue, llaues **** llave

llegasse **** llegase

lleua **** lleva

lleuad **** llevad

lleuada **** llevada

_lleuame **** llevame

lleuamela **** llevamela

lleuan **** llevan

lleuar **** llevar; tener; conseguir

lleuara **** llevara

lleuaran **** llevaran

lleuaras **** llevaras

lleuaria **** llevaria

lleuarla hemos **** la llevaremos

lleuaronla **** la llevaron

lleuas **** llevas

lleuasse, lleuassen **** llevase, llevasen

lleuaste **** llevaste

lleuaua, lleuauan **** llevaba, llevaban

lleue **** lleve

lleueme **** lleveme

lleuemos **** llevemos

lleues **** lleves

lleuo **** llevo; "pues el comienzo lleuo bueno: el fin sera muy mejor" (Cf. O'Kane, 86 'comenzar').

lloradera **** "llorosa" (R-P, 314)

llorar **** sentir mucho

lloraua **** lloraba

llouia **** llovia

llueue **** llueve

loar, load **** alabar

loba **** forma femenina de lobo: el lobo tenia usos medicinales en las tradiciones populares; "Si se le culega el ojo derecho (de un lobo) a una persona, le sirve de proteccion benefica." (Utilidades, 40); "dize Gilbertus que el estiercol del lobo enplastrado e liguado sobre el muslo de la pierna tira el dolor" (El libro de recetas de Gilberto [s. XV]; DETEMA II, 960).

lomo **** espalda

longura **** largura, longitud

loo **** loar: alabar

loor **** alabanza

loquear **** decir locuras

loquillo **** loco

Lucano **** Escritor griego (ca 120-180), famoso por sus "dialogos". Escribe satiras de las creencias supersticiosas y de las falsas doctrinas filosoficas. Su 'Historia verdadera' es una parodia de otros historiadores y poetas, sobre aventuras en el vientre de un monstruo maritimo, un viaje a la luna, etc.

Lucrecia **** "El nombre de 'Lucrecia' parece inspirado, mas que por el recuerdo de la matrona romana, por la reciente lectura del libro de Eneas Silvio" ("De Duobus Amantibus"), (Menendez y Pelayo, Origenes de la novela, III, xlvii). Lo unico que tienen en comun los dos personajes, sin embargo, son sus nombres. La Lucrecia de Eneas Silvio es una rica, hermosa y noble mujer casada, la cual esta enamorada de otro hombre noble de la corte.

luego **** pronto

luenga **** "El esperanza luenga aflige el corazon." (Refran): (Correas, 211); "Que la costumbre luenga amansa los dolores: afloxa e deshaze los deleytes: desmengua las marauillas": "Consuetudo longior rerum miracula extenuat: dolores lenit: et minuit voluptates" (Petrarca, De Rebus familiaribus 69 A, citado en Deyermond, 146).

luengas, luengos **** largas, largos

luengo **** largo

lugar **** ocasion, oportunidad

lumbre **** "a lumbre de pajas" (Refran:) "a humo de pajas": "En frases negativas dicese para indicar que no se dice o hace algo vanamente, sino con su fin y provecho" (Real Acad.)

Luque **** Municipio de Espana, provincia de Cordoba; villa capital del mismo.

lustres **** lustre: brillo; afeite "para abrillantar la tez" (Laza Palacios, 154)

lustrosa **** brillante

luto **** afliccion

lutosa **** luctuosa: triste, lastimosa; enlutada

luxuria **** lujuria

luzentores **** lucentor: afeite "para abrillantar la tez" (Laza Palacios, 154)

luzero **** lucero: el planeta Venus

luziente **** luciente

Macedonia **** Reino anciano al norte de Grecia. Filipo se hizo regidor de toda Grecia; y Alejandro, su hijo, extendio el poder de Macedonia por gran parte de Asia. Esta supremacia duro hasta la conquista de los romanos en 168.

Macias **** Trovador gallego del siglo xv, llamado 'el Enamorado'. Fiel amador, murio a manos de un marido celoso en circunstancias romanticas. Su leyenda sirvio de inspiracion a muchos escritores.

Madalena **** Magdalena

madexas **** madeja: mata de pelo

madexitas **** madeja: hilo recogido

madre **** la matriz; "por amor de la madre": para calmar (los) dolores de matriz (R-P, 159)

madreselua **** madreselva: planta trepadora; usada para acelerar el parto, hacer impotentes los hombres; "enxuga la esperma y hace orinar la sangre" (Laguna, citado en Laza Palacios, 154); "la yerba que es dicha matrisilua soposado faze luego parir" (El libro de recetas de Gilberto [s. XV]; DETEMA II, 975).

Madrigal **** "Madrigal de las Altas Torres, v. de Espana (Avila). Notable conjunto de monumentos mudejares. Patria de Isabel la Catolica." (Larousse) *madrina* **** "Mujer que tiene, presenta o asiste a otra persona al recibir esta el sacramento del bautismo…" "Alcahueta,…tercera" (Real Acad).

madrugar **** levantarse temprano; "mas vale a quien dios ayuda, que quien mucho madruga" (Refran:) "Mas vale a quien Dios ayuda, que al que mucho madruga" (Correas, 298); "por mucho que madrugue: no amanesce mas ayna" (O'Kane 149: varias fuentes).

madure **** madurar: crecer en prudencia

maestro **** "al maestro sobrepuja el buen discipulo". (Vease O'Kane 105)

Magnes **** Dramaturgo griego (mediados del s. V a. C.); contemporaneo de Esquilo.

magnificencia **** liberalidad; ostentacion

magno **** grande

magros **** magro: delgado, flaco

maguera **** maguer: aunque

magullada **** golpeada

majadero **** mano de mortero

mal **** desgracia, calamidad, pena

mal de la madre **** mal de madre: histerismo

malauenturada, malauenturado **** malaventurada, malaventurado: desgraciado

maldicion **** blasfemia

maldize, maldizes, maldizen **** maldice, maldices, maldicen: maldecir: echar maldiciones

maldiziente, maldizientes, maldezientes **** maldiciente: detractor

maldoladas **** mal doladas; dolar: desbastar

malhechora, malhechores **** criminal

malhizieron **** mal hicieron

malla **** tejido de hierro para las armaduras defensivas

mallogrado **** malogrado: frustrado

malora **** en mal hora (para denotar disgusto)

malpegado **** mal empegado (empegar: cubrir con pez)

malproueyda **** mal aconsejada

malsufrido, malsofridas **** impaciente

maluado, maluada **** malvado, malvada

maluauiscos **** malvavisco: planta malvacea con propiedades medicinales; "Maluaujsco es vna cosa que sy tomas la flor e la ayuntas con vjno purga las llagas" (Macer herbolario [s. XV]; DETEMA II, 988).

manada **** grupo de animales, porcion

mana, manan **** manar: brotar un liquido; abundar

mana, manas **** artificio, astucia, vicio

manceba **** moza joven

mancebia **** juventud

mancebo, mancebos **** mozo joven

manco **** que ha perdido el uso de un brazo o una mano

mandado **** mandato

mandar **** ordenar; ofrecer, prometer

mandarle ha **** le mandara

mandaua, mandauas, mandauan **** mandaba, mandabas, mandaban

manderecha **** buena manderecha: buena suerte, buena habilidad; "dios te de buena manderecha" (Refran): "Buenamanderecha os de Dios" (Correas, 541)

mando **** autoridad; no mando vn marauedi: "no tengo (dinero)" (R-P, 240)

mandoles **** les prometo

mandote **** te prometo

manera **** figura, habilidad, astucia

manga, mangas **** parte del vestido que cubre el brazo; maleta de mano; "buenas son mangas, passada la pasqua": "Buenas son mangas despues de Pascua. Refr. con que se expressa que lo que es util, aunque no se logre quando se desea, a qualquier tiempo es estimable" (Aut. II, Tomo tercero, 226).

manifestauan **** manifestaban

manifiestase **** se manifiesta

manilla **** pulsera, brazalete

manjar **** alimento; "vn manjar solo continuo: presto pone hastio" (Refran:) "Un manjar de contino, quita el apetito" (Correas, 495)

mano **** medio para hacer algo;
castigo;
ser en la mano: ser posible;
tener uno a otro de su mano: tenerle favorable;
a mano: cerca;
no es mas en mi mano: "estar una cosa en mano de uno: ser libre en elegirla" (Acad. Real);
"metieron la mano": "trataron" (R-P, 300)

manos **** trabajo; traer entre manos: estar entendiendo actualmente en una cosa; esta en manos el pandero que lo sabra taner: "la persona que entiende en un negocio es muy apta para darle cima" (Real Academia); entre las manos: de repente, sin saber como

manoso **** diestro, habil, experto

manteandome **** mantear: lanzar al aire, usando una manta

mantecas **** grasa de los animales

mantillo **** mantillo de nino: "se aplica al recien nacido que trae cubierta la cabeza con las membranas ovulares…estimandose que el que asi nace sera persona extraordinaria por su suerte y su talento, si es varon; y ese mantillo lo he visto recoger y guardar para usos hechiceriles" (Laza Palacios, 155)

manto **** capa

manzanilla **** planta de flores amarillas de la familia de las compuestas; las flores se usan en medicina; el pez se usaba como depilatorio; "agua para lauar piernas e pies. Manzanilla corona de rey corazoncillo" (Compendio de medicina [s. XV]; DETEMA II, 1000); "despues destas cosas amansemos el dolor con narcoticos assi commo es veleno opio e mandragora e dormideras e zargatona e sandalos blancos rosas manzanilla e semejantes" (Lilio de medicina [1495]; DETEMA II, 1000).

manzilla **** lastima, pena

marauedi **** maravedi: moneda

marauilla, marauillas **** maravilla, maravillas; por marauilla: raramente; a las mil marauillas: perfectamente, muy bien

marauillada **** maravillada

marauillar **** maravillar

marauillarias **** maravillarias

marauillarme **** maravillarme

marauillas **** maravillas

marauille **** maraville

marauilles **** maravilles

marauillo **** maravillo

marauillome **** maravillome

marauillosa **** maravillosa

marcada **** muy perceptible

marco **** peso usado para la plata y el oro: 230 gramos o media libra

marital, maritales **** de matrimonio; las maritales pisadas: los siete pecados mortales

marrubios **** marrubio: planta de flores blancas; las flores se usan en la medicina; "si el uenino fuere sin color e el mjembro non ouiesse calentura sea lauado con agua o con vino de decoccion de mirra e assensio e marrubio e saluia e pimpinela simples" (Compendio de Cirugia [1481]; DETEMA II, 1005).

martillando **** martillar: atormentar

martilogio **** martirologio: catalogo de los martires

mas **** ojala; a mas: (denota aumento); mas me va: mas me importa

massa **** masa

mataduras **** llagas

matarme ha **** me matara

matarme han **** me mataran

matarse ha **** se matara

matasse **** matase

matauan **** mataban

materia **** causa, ocasion; proposito, fondo; negocio

mates **** mate: del ajedrez

matizes **** matices: matiz: color

mayordoma **** "mujer que ejerce funciones de mayordomo" (Acad. Real)

mayordomo **** criado

Medea **** En la mitologia griega, una hechicera que se enamoro de Jason, le ayudo a apoderarse del vellocino de oro, mato a su propio hermano para huir con Jason, y despues, cuando este la abandono por otra mujer, mato a la mujer, y a sus propios hijos.

medianero: medianera **** intercesor: intercesora

mediano **** moderado, intermedio

mediante **** por medio de

medico **** "cumple que al medico como al confessor se hable toda verdad abiertamente" (Refran:) "Al medico, y confesor, y letrado, la verdad a lo claro; o hablarle claro" (Correas, 33)

medida **** disposicion; a medida de su paladar: segun su gusto

medirse **** comparar, igualar

medra **** aumento, mejora

medraua **** medraba

medre **** medrar: aumentar, mejorar, enriquecerse

Megera **** Megaera: una de las furias

mejoria **** ventaja

melena **** cabello colgante; venir a la melena: sujetarse; ("para venir mansos a la melena": 1514 ed; "a la melezina": 1499 y 1500 eds.); "Se llama tambien cierta piel blanda que se pone al buey en la frente, para que no se lastime con el yugo" (Aut. II, Tomo quarto, 533).

melezina, melezinas **** medicina

Melibea **** "Nombre compuesto por el autor de la tragicomedia dicha Celestina, el qual puso los nombres a todos los interlocutores della conforme a sus calidades y condiciones. A esta dama llamo Melibea, que vale tanto como dulzura de la vida." (Covarrubias, 798); "tomo Rojas este del 'Melibeo' de las Eglogas de Virgilio. En griego...Meliboea, poblacion de Tesalia (Iliada, 2, 717), que significa 'la de voz melosa, dulce', que es lo que Virgilio y Rojas pretendian encerrar en este nombre" (Cejador I, 31-32).

mella **** vacio, hueco, hendidura

melle **** mellar: hacer mella a una cosa

Mena **** Juan de Mena (1411-1456). Poeta espanol; autor del "Laberinto de fortuna".

Menandro **** Poeta ateniense de la Nueva Comedia (342-291 a. JC.). Escribio mas de cien comedias.

meneo, meneos, menea **** menear: mover

menester **** necesario; necesidad de; "Y pues, sabe que es menester que ames si quieres ser amado... simpleza es no querer amar e esperar ser amado": "Si vis amari ama... Sunt qui non amant et amari putant: quo nihil est stultius" (Petrarca, De Rebus memorandis, III. ii. 52; De Remediis Utriusque Fortunae, i. 50 E, citado en Deyermond, 39).

menesteres **** necesidades

mengua, menguas **** decadencia; disminucion; pobreza; falta; "te hizo alcalde mengua de hombres buenos" (Refran); "A falta de hombres buenos, hicieron a mi padre alcalde" (Correas, 13).

menguar, menguan **** disminuir, reducir

menguaua **** menguaba

menjuy **** balsamo; droga y cosmetico

menor **** inferior

menstrua **** relativo al mes

mentar **** nombrar, mencionar

menudas **** pequenas

mercaduria, mercadurias **** mercaderia: mercancia: genero vendible

mercedes **** galardones, beneficios

mereciades **** mereciais

merecido **** merito

merendar **** comer al mediodia

merescen **** merecen

merescer **** merecer

merescias **** merecias

merescieron **** merecieron

merescimiento **** merito

mesa **** a mesa puesta: sin trabajo, sin gasto; "a mesa puesta con tus manos lauadas e poca verguenza" (Refran): "Asentaisos a mesa puesta con vuestras manos lavadas y poca verguenza," "Asentarse a mesa puesta, sin saber lo que cuesta" (Correas, 67).

mescer **** mecer

mesmo, mesma, mesmos **** mismo, misma, mismos

meson **** posada, venta

mesonero **** ventero: dueno de una venta

messe, messes **** mesar: arrancar los cabellos

mesura **** moderacion

meytad **** mitad; "de vn pan que yo tenga: ternas tu la meytad": "Frase proverbial bien conocida" (R-P, 265); "la meytad esta hecha quando tienen buen principio las cosas" (Refran): "principio bueno, la mitad es hecho" (Correas, 410).

mezquino, mezquina **** pobre; avaro, miserable

midiesse **** midiese

miel **** "quien la miel trata, siempre se le pega dello". "'Quien anda entre la miel algo se le pega.' Refr. que amonesta la dificultad de librarse de caer en falta o culpa, el que trata materias peligrosas" (Aut. II, Tomo quarto, 564).

mientra **** mientras

milanos **** milano: ave rapaz

mill **** mil

millifolia **** millefolium: planta de la familia de las compuestas; "tonica y astringente" (Laza Palacios, 158); "la yerua que es dicha milium folium puesta sobre las llagas maraujllosamente suelda" (El libro de recetas de Gilberto [s. XV]; DETEMA II, 1048).

mimbre **** mimbrera: arbusto de ramas flexibles que se usan en cesteria.

Minerua **** En la mitologia romana, diosa de la sabiduria, la habilidad, y la invencion; identificada con la diosa griega, Athena; "no se sabe nada acerca de una posible aventura erotica de Minerva con un perro" (R-P, 116). "Cualquiera que sea la fuente de Rojas, se puede reconstruir facilmente el origen del error textual de la Celestina: "el manuscrito que el impesor tuvo en sus manos decia: "Minerua con uulcan", quiza con un espacio entre la 'l' y la 'c': 'uul can'. El impresor… interpreto 'con el can' (Otis H. Green, Nueva Revista de Filologia Hispanica, VII, 1953, 474).

ministra **** la que ministra algo

ministraron **** sirvieron

ministro **** prelado, religioso

Minos **** En la mitologia griega, rey de Creta, hijo de Zeus y Europa; esposo de Pasife; se hizo uno de los tres jueces de los Infiernos.

miraglos **** milagros

mirar **** considerar

mirasse **** mirase

miraua **** miraba

Mirra **** En la mitologia clasica, Mirra, por una maldicion que le hizo Afrodita, sintio un incontrolable deseo de acostarse con su padre, rey de Chipre (o de Asiria). Lo hizo de incognita, y al enterarse su padre quiso matarla, pero los dioses la convirtieron en un arbol. De esta union nacio Adonis.

missa, missas **** misa, misas; misa del alba: la que se celebra al romper del dia; misa del gallo: la que se dice a medianoche de la vispera, o al comenzar la madrugada de Navidad.

misto **** mixto (compuesto de cuerpo y espiritu)

mitigarlo han **** lo mitigaran

mochacha, mochacho **** muchacha, muchacho

mochachas, mochachos **** muchachas, muchachos

mohino **** "tres al mohino": en el juego — tres contra uno

moho **** planta pequena, de la familia de los hongos

molde **** de molde: a proposito

molinero **** espaldas de molinero: "Se entiende las que son grandes y fuertes" (Aut. II, Tomo tercero, 589).

molino **** "nunca mas perro a molino": (Refran): "Dicen esto las gentes escarmentadas de lo que mal les sucedio; semejanza de un perro que fue a lamer al molino y le apalearon" (Correas, 367)

momos **** gestos

monesterios **** monasterios

monte **** "del monte sale con que se arde" (Refran): "'Del monte sale quien el monte quema'. Refr. que avisa que los danos que se experimentan, suelen provenir de los domesticos y parciales" (Aut., III, Tomo quinto, 464).

monteses **** montes: que anda en el monte

Monuiedro **** Murviedro o Sagunto, en Valencia (R-P, 201)

morada **** casa

morar **** residir

moraua, morauas **** moraba, morabas

morciegalo **** murcielago; "vnta el lugar con sangre de murcielago o de ranjllas verdes" (El libro de recetas de Gilberto [s. XV]; DETEMA II, 1087).

morires **** morireis

mortuorios **** preparaciones para enterrar los muertos

mosquetas **** "Especie de zarza cultivada, cuyas flores dan suavissimo olor, de 'musco', y por esso se llama mosqueta" (Covarrubias, 816); "contra mal de piedra toma gingibre balsamo e zeduario y flores de musqueta y pebre luengo" (Compendio de la humana salud [1494]; DETEMA II, 1073).

mosquetes, moxquete **** mosqueta: especie de rosal.

mostaza **** planta crucifera; "despierta las mujeres amortecidas de la sufocacion de la madre" (Dioscorides, citado en Laza Palacios, 162); "toma vn gato negro e pon en el mostaza e assale" (Compendio de la humana salud [1494]; DETEMA II, 1073); "si los cabellos quisieres fazer luengos deslie vn poco de mostaza en agua de decoccion de bledos e laualos muchas vezes" (Compendio de Cirugia [1481]; DETEMA II, 1073).

mosto **** zumo de la uva antes de fermentar y hacerse vino; "bebido quita el embargo (la indigestion) a las criaturas" (Gabriel Alonso de Herrera, citado en Laza Palacios, 162); "cuezan otra tal caldera de mosto con otro manojo de la dicha yerua" (Recetas [s. XV]; DETEMA II, 1074).

mostra **** mostrad

mostraua **** mostraba

mote, motes **** "Sentencia breve que incluye un secreto o misterio que necesita explicacion... La que llevaban como empresa los antiguos caballeros en las justas y torneos... Frase o tema inicial de un pasatiempo literario, generalmente dialogado y cortesano, que era frecuente entre damas y galanes de los siglos XVI y XVII" (Real Acad.).

motiuo **** motivo

mouediza **** movediza: facil de moverse; "piedra mouediza que nunca moho la cobija" (Refran): (O'Kane 192: varias fuentes)

mouer **** mover

mouia, mouio, moueysme **** movia, movio, me moveis

mouible **** variable

mouime **** me movi

mouimiento **** movimiento

mouimientos **** movimientos

moxcas **** moscas

moxtrenco **** mostrenco: carece de dueno conocido

mudar **** cambiar (el aspecto, etc.); "mudar costumbre es a par de muerte" O'Kane 92: Santillana, Refranes, 448.)

mudas **** afeites para el rostro; "cierta untura que las mugeres se ponen en la cara para quitar dellas las manchas" (Covarrubias, 817)

mudaua **** mudaba

mude **** mudar; mudar el pelo malo (Refran): medrar, mejorar de fortuna

mudo **** persona privada fisicamente de la facultad de hablar

muelas **** los dientes grandes posteriores a los caninos

muerto **** que esta sin vida; matado

muertos **** "los muertos abren los ojos de los que biuen" (Refran) (Correas, 277).

muestra **** ademan

mueues, mueue, mueuen **** mueves, mueve, mueven

muger, mugeres **** mujer, mujeres

mur **** raton; "el mur que no sabe sino vn horado" (Refran): "Mur (El) que no sabe mas de un horado, presto le toma el gato" (Correas, 330).

murmurio **** murmullo

nao **** nave

Narciso **** En la mitologia griega, hijo del rio Cefiso y de la ninfa Liriope. Un joven guapo, frio a todo amor, que se enamoro de su imagen al verla reflejada en una fuente; por sentirse insatisfecho se enfermo y se convirtio en una flor.

narizes **** narices

nasce **** nace; "cuando nasce ella, nasce el, e quando el, ella" (O'Kane 107, quien cita a la misma 'Celestina').

nascer **** nacer

nasci **** naci

nascida **** nacida

nascidas, nascidos **** nacidas, nacidos; nacer: aparecer los frutos en la planta

nascido **** nacido

nasciendo **** naciendo

nascimiento **** nacimiento

nascio **** nacio

nasciste **** naciste

natura **** naturaleza

natural **** genio, indole; hecho con verdad, sin artificio

nauegando **** navegando

nauidad **** navidad

nauio, nauios **** navio: bajel, buque, barco

navegantes **** marineros

naypes **** naipes

nebli **** ave de rapina

necessaria **** necesaria

necessario **** necesario

necessarios, necessarias **** necesarios

necessidad, necessidades **** necesidad, necesidades; "la necessidad e pobreza: la hambre, que no ay mejor maestra en el mundo" (Refran): "La necesidad hace maestros" (Correas, 260).

necessitada **** necesitada

neciuelo **** necio

nefarios **** sumamente malvado

negociacion **** trato

neguilla **** planta herbacea; "estirpa las pecas y las asperezas" (Dioscorides, citado en Laza Palacios, 163); "e neguilla molljda e en vjnagre cozida disuelue toda apostema endurescida" (Cirugia rimada [1493]; DETEMA II, 1103).

Nembrot **** Nemrod. Figura legendaria de la Biblia (Gen. 10:8-12). Un gran cazador. Se dice que fundo Ninive, Calah, Rehoboth-Ir, y Resen.

Nero **** Neron (37-68). Emperador de Roma (54-68); mando a asesinar a su hermanastro, a su madre, Agripina, y a su mujer, Octavia; hubo un gran incendio en Roma en 64, y algunos antiguos escritores dicen que Neron mismo mando a incendiar el pueblo. "mira Nero de Tarpeya a Roma como se ardia: gritos dan ninos e viejos: e el de nada se dolia." (Cancion del Romancero.)

nescio, nescios **** necio, necios; "el proposito muda el sabio: el nescio perseuera" (Refran:) "El consejo muda el viejo, y porfia el necio" (Correas, 175); "vale mas vn dia del hombre discreto: que toda la vida del nescio / e simple" (Refran:) "Mas vale un dia del discreto que toda la vida del necio" (Correas, 304); "Eruditorum diem unum plus placere quam stultorum longissimam vitam" (Petrarca, De Rebus memorandis III. ii. 55 A, citado en Deyermond, 146).

Neuio **** (ca 270 a. JC - ca 200 a. JC). Poeta epico y dramaturgo romano. Creador de dramas historicos ("fabulae praetextae") basados en personajes o eventos historicos o legendarios de Roma. Escribio una media docena de tragedias y mas de treinta comedias, muchas de ellas traducidas de dramas griegos.

nidada **** conjunto de huevos o pajarillos en un nido

nido **** piedra del nido del aguila: "aquella piedra que sabe adquerir / el aguila cuando su nido fornece" (Juan de Mena: Laberinto; citado por R-P, 126); hay leyendas tocantes a su uso durante el parto (Laza Palacios, 166- 168).

nieue **** nieve

nigromantesa **** persona que practica la nigromancia (magia negra o diabolica)

ninguno **** "ninguno da lo que no tiene" (Refran): (Correas, 338); "El que non ha non da" (O'Kane, 97: Cifar 306).)

nocibles **** danosas

nombrays **** nombrar: nombrais

norte **** Estrella del norte

noturna, noturnas, noturnos **** nocturna, nocturnas, nocturnos

nouedad, nouedades **** novedad, novedades

noueno **** noveno

nouicios **** novicio: aprendiz

nublados **** nublado: nube tempestuosa

nudos **** nudo: lazo apretado

nueua, nueuas **** noticias; hazese de nueuas: "hacerse de nuevas": fingir uno que no sabe nada de ciertas noticias, pero en verdad ya lo sabia todo; "nunca el corazon lastimado de deseo: toma la buena nueua por cierta. ni la mala por dudosa": Cf. "Tractado que hizo Nicolas Nunez sobre el que Diego de San Pedro compuso de Leriano y Laureola, llamado 'Carcel de Amor'...: '...el corazon lastimado nunca toma la buena nueua por cierta ni la mala por dudosa" (Castro, 185).

nueuamente **** nuevamente

nueue **** nueve

nueuo, nueuos, nueuas **** nuevo, nuevos, nuevas; "a nueuo negocio, nueuo consejo se requiere" (Refran): (Correas, 55).

nuezes **** "mas es el ruydo que las nuezes" (Refran): es insignificante lo que parece grande; "Mas es el ruido que las nueces; cagajones descabeces" (Correas, 295).

nutria **** mamifero que vive a orillas de los rios; la carne del animal tenia usos medicinales.

nuues **** nubes

obedescer **** obedecer

obedescerian **** obedecerian

obedescian **** obedecian

obediencia **** la obediencia que se rinde al superior en la jerarquia

objecto **** objeto

obrar **** causar efecto

obsequias **** honras funerales, exequias

obstara **** obstar: oponerse

ocasion **** motivo, causa; defecto

occupado **** ocupado

octauo **** octavo

oculto **** invisible

ocupada **** ocupar: estorbar

ocupan **** los ocupan: "los reemplazan" (Russell, 390)

ocupes **** ocupar: apoderarse de

offendedor **** ofendedor, ofensor

offender **** ofender

offenderte **** ofenderte

offendes **** ofendes

offendido **** ofendido, herido o maltratado fisicamente

offendio **** acometio

offension **** molestia, agravio

offertas **** ofertas: promesas

officio **** oficio: ocupacion, cargo

officios **** oficios

offrecimientos **** promesas

offrescer, offresce **** ofrecer, ofrece

offrescimientos **** promesas

offrezco **** ofrezco

oficiales **** oficial: ministro de justicia; "aqui 'oficiales de sastre'" (R-P, 315)

ofrecimiento **** promesa

ofrescele **** ofrecerle

ofrescer **** ofrecer; "ofrescer mucho al que poco pide es especie de negar" (Refran): "Ofrecer mucho a quien pide poco. Especies de negarlo todo" (Correas, 370).

ofrescia **** ofrecia

ofrescido **** ofrecido

ofrescimiento, ofrescimientos **** ofrecimiento, ofrecimientos

ogano **** hogano: en este ano

ojo **** al ojo: cercanamente

olores **** olor: aroma; perfume

oluida **** olvida

oluidada **** olvidada

oluidado **** olvidado

oluidados **** olvidados: olvidadizo: el que olvida

oluidan **** olvidan

oluidar **** olvidar

oluidaras **** olvidaras

oluidaron **** olvidaron

oluidas **** olvidas

oluidases **** olvidases

oluidaua **** olvidaba

oluidemos **** olvidemos

oluides **** olvides

oluido **** olvido

onde **** donde

onestad **** honestidad

onestidad **** honestidad

onesto, onesta **** honesto: decente, recatado

onze **** once

onzeno **** onceno

operacion, operaciones **** efecto, efectos

ora **** hora

ordenar **** poner en orden; arreglar; mandar

ordenar **** extraer la leche

Orestes **** En la mitologia griega, hijo de Agamenon y Clitemnestra. Cuando su madre y Egisto mataron a Agamenon, Orestes huyo. Despues de muchos anos regreso a Argos y mato a su madre y a Egisto.

Orfeo, Orpheo **** En la mitologia griega, un poeta y musico. Apolo le dio una lira, y Orfeo fue instruido en la musica por las Musas. Con este instrumento encanto no solamente a los animales, sino tambien a los arboles y a las piedras.

Orode **** Rey de Partia (57-36 a. C.). Junto con su hermano, mato a su padre, Fraates III; Orodes fue asesinado por su propio hijo. (Vease Phrates)

ortaliza **** hortaliza

ortelano, ortolano; ortelana **** hortelano; hortelana

a osadas **** ciertamente

osar **** osadia: atrevimiento, valor

osaua, osauan **** osaba, osaban

osso **** oso; "Si se coge de su carne, su grasa y su higado, se cuece con agua de ruda y se echa en ella borax y manteca, y se administra a una mujer, va bien para el dolor de las entranas, el estrenimiento y la menstruacion… Y si se toma de (su bilis) la cantidad de un garbanzo y se disuelve con nueve 'uqiyya' de vino cocido, es afrodisiaco (probado)", etc. (Utilidades 44-45); "toma vnto de tasugo o de oso e de cavallo e de leon" (Suma de la flor de cirugia [s. XV]; DETEMA I, 235).

otri, otrie **** otra, otro

oue; ouo; ouieron **** hube, tuve; hubo, tuvo; hubieron, tuvieron

oueja, ouejas **** oveja, ovejas

Ouidio **** Publio Ovidio Nason. Poeta romano (43 a. de J. C. - 17?). Entre sus obras mas importantes son "Metamorfosis" y "Arte de Amar".

ouiera; ouiere; ouieres **** hubiera, tuviera; hubiere, tuviere; hubieres, tuvieres

ouiesse, ouiessemos **** hubiese, tuviese; tuviesemos

oxear **** ojear: espantar, ahuyentar

oy **** hoy; oi

oya **** oia

oyan, oyas **** oigan, oigas

oyda, oydo, oydos, oydas **** oida, oido, oidos, oidas; por oidas: por noticia de otra persona; "las paredes han oydos" (Refran) (Correas, 264): "Las paredes oyen. Refr. que ensena y amonesta el gran cuidado que se debe poner en donde y a quien se dice alguna cosa, que importa que este secreta, por el riesgo que puede tener de que se publique o se sepa" (Aut. III, Tomo quinto, 128-29); "por esso te dio dios dos oydos, e vna lengua sola" (Refran) (Vease 'Proverbios morales' de Sem Tob; citado en R-P, 226)

oydme **** oidme

oyessen **** oyesen

oygo, oyga, oygas **** oigo, oiga, oigas

oylla **** oirla

oyo **** oigo

oyr, oymos, oyste, oystes **** oir, oimos, oiste, oisteis

oyre, oyras, oyra, oyran **** oire, oiras, oira, oiran

oyrle **** oirle

oyrlo **** oirlo

oyrte ha **** te oira

padescemos **** padecemos

padescer **** padecer: sufrir, tolerar

padescian **** padecian

padescido **** padecido

padrino **** protector

paga **** pena; "el amor no admite sino solo amor por paga" (Refran): Cf. "Amor con amor se paga" (Correas, 45).

pagado **** satisfecho

pagalla **** pagarla

pagar **** satisfacer

pagasse **** pagase

pago **** en pago: en recompensa

pajezico **** pajecico: paje: criado (diminutivo)

pala **** parte plana, de hierro, del azadon

palabra **** promesa

palacio **** casa suntuosa de nobles; habitacion: "en las casas particulares llaman el palacio una sala que es comun y publica..." (Covarrubias, 845); "al hombre vergonzoso el diablo le traxo a palacio" (Refran) (Correas, 34, 320).

paladar **** gusto

palanciano **** cortesano, palaciego

palmo **** medida de longitud; "dando vn palmo pido quatro" (Refran)

palos **** palo: golpe que se da con un palo

pan **** "con su pan se la coma": (Refran: expresion de indiferencia) (Vease Correas, 127); "pan e vino anda camino: que no mozo garrido" (Refran:) "ensena que es menester cuidar del sustento de los que trabajan, si se quiere que cumplan con su obligacion" (Aut. III, Tomo quinto, 104).

pandero **** tambor

panes **** trigo

pano **** tela; tejido de lana; pano de manos: toalla

papagayos **** papagayo: ave que aprende a repetir palabras

par **** igual; a par: sin distincion; sin par: sin igual, singular; a par de: semejante a

para **** para; pone

paradillas **** paradas

paramento **** cara de una pared; pano con que se cubre algo

pararan **** parar: disponer; reducirse, convertirse

parayso **** paraiso

pardios **** por Dios

pares **** parar: adornar, tenir; convertirse en una cosa inesperada

paresce, parescen, paresces **** parescer: parecer, aparecer

parescera **** parecera, aparecera

paresceme, parescete **** me parece, te parece

parescia, parescian **** parecia, parecian

parescido **** parecido

paresciere, paresciesse **** pareciere, pareciese

paridad **** igualdad

Paris **** En la mitologia griega, hijo de Priam - rey de Troya. Entre las diosas Afrodita, Atenas y Hera, juzgo a Afrodita la mas bella cuando esta prometio darle la mujer mas hermosa del mundo por esposa. Su rapto de Elena causo la guerra de Troya.

parlan, parlando **** parlar: hablar mucho

parleria **** chisme

Parmeno **** "Parmeno, del verbo Parmenein, reir, que promete haber de esperar al lado de su senor…" (Argensola: Carta 1. al P. F. Jeronimo de San Jose; citado en Aribau, xiv). Nombre terenciano: "se interpreta 'manens et aditans domino; aparece en el 'Eunuco', en los 'Adelfos' y en la 'Hecyra'" (Menendez y Pelayo, Origenes de la novela, III, xlvii).

parlero **** que habla mucho; "el vulgo parlero no perdona las tachas de sus senores": "Non parcit regum maculis vulgus loquax" (Petrarca, De Remediis Utriusque Fortunae, i. 42 B 10, citado en Deyermond, 59).

parta **** partir: dividir, distribuir

partamos **** partir: dividir, distribuir

parte **** lugar; separe; dar parte: notificar, avisar

parten **** partir: marchar

partera **** mujer que asiste a la parturienta

partezilla, partezica **** partecilla

Parthos **** Pais anciano del oeste de Asia

parti **** partir: dividir, distribuir

particion **** division o repartimiento (de una hacienda, etc.)

participacion **** trato

partida **** accion de salir; ausencia

partiessen, partiesses **** partiesen, partieses

pasada **** de pasada: de paso: ligeramente

pasatiempos **** diversiones

pasaua **** pasaba

pascia **** pacia

Pasife, Pasiphe **** En la mitologia griega, la mujer de Minos, y la madre de Androgeo, de Ariadna y de Fedra. Tambien la madre (con un toro hermoso) del Minotauro.

pasqua **** pascua

passa **** pasa

passada **** pasada

passado **** pasado

passados, passadas **** pasados, pasadas; antepasados

passamos **** pasamos

passan **** pasan

passando **** pasando

passar **** pasar; pasar por alto: omitir

passaran **** pasaran

passare, passaren **** pasare, pasaren

passaremos **** pasaremos

passarse **** sufrir, tolerar

passasse **** pasase

passaste **** pasaste; "hablaste" (Severin, 249, R-P, 315)

passatiempo **** pasatiempo: diversion

passaua, passauan **** pasaba, pasaban

passe **** pase

passea **** pasea

passion, passiones **** pasion, pasiones: sufrimiento; aficion vehemente; "ninguna humana passion es perpetua ni durable": "Nulla passionum humanarum est perpetua" (Petrarca, De Rebus familiaribus, 114 L, citado en Deyermond, 44); "O quanto mejores y mas honestas fueran mis lagrimas en passion ajena que en la propia mia": "Honestiores sunt lachrymae in alienis calamitatibus quam in nostris" (Petrarca, De Rebus familiaribus 89 A, citado en Deyermond, 146).

passionados **** con dolor o enfermedad; los que sufren

passo, passos **** paso: lento; diligencia; pasito: en voz baja; "no da passo seguro: quien corre por el muro" (Refran:) (Correas, 344).

pastellera **** "enganosa, embaucadora" (R-P, 315)

patadas **** pasos

paterna **** paternal: propio del padre

patricidas **** parricida: persona que mata a su padre o madre

patrimonio **** hacienda heredada

Paulo Emilio **** (hacia 230-160 a. C.) Consul romano en 182 a. de J. C.; y en 168 a. de J. C. "Tuvo Emilio cuatro hijos de los cuales dos, como he dicho antes, fueron adoptados en otras familias, es decir, Scipio y Fabius; y dos hijos, todavia muchachos, hijos de su segunda esposa, quienes vivian en su casa. Uno de estos hijos, de catorce anos, murio cinco dias antes de que Emilio celebrara su triunfo. Le siguio la muerte de otro quien tenia doce anos, tres dias despues del triunfo. No hubo romano que no compartiera la pena del padre… Enterro a su primer hijo muerto, e inmediatamente despues celebro su triunfo, como dije. Cuando el segundo murio, despues del triunfo, reunio a toda la gente de Roma en una reunion, y les hablo como un hombre que no buscaba el consuelo, sino que queria darlo a sus ciudadanos por el abatimiento que sentian a causa de sus desgracias." (Plutarch's Lives; Cambridge: Harvard University Press, 1965, 446- 449).

pauor **** pavor, gran miedo

pauorosas **** pavorosas: que causan espanto

paxaras **** pajara: ave pequena; moza

paxaros **** pajaros

paz **** "se dan paz": "dar paz a uno…Saludarle besandole en el rostro…" (Real Acad.)

pe a pa **** de pe a pa: enteramente

pecadores **** no pagar justos por pecadores (Refran): no pagar los inocentes por los pecados de otros (Vease Correas, 377).

pecco **** peco

pece **** pez

pedir **** interrogar, preguntar

pedirme han **** me pediran

pedregoso **** lleno de piedras

Pedro **** "que mucho va de Pedro a Pedro" (Refran) (Correas, 320).

pegones **** pegotes: emplastos; "pegon era materia pegajosa para depilarse las cejas" (Russell, 355).

pelacejas **** tenacillas para quitar las cejas

pelan **** pelar: cortar, arrancar (el pelo)

pele **** pelar: quitar con engano los bienes a otro

pelea **** batalla

pelechar **** comenzar a mejorar de fortuna

peligre **** peligrar: estar en peligro

peligro **** "que nunca peligro sin peligro se vence": "Periculum numquam sine periculo vincitur" (Petrarca, De Rebus memorandis. III. ii. 60 B, citado en Deyermond, 144). en gran peligro me veo: en mi muerte no ay tardanza. pues que me pide el deseo: lo que me niega esperanza Cf. "En gran peligro me veo / qu'en en mi muerte no ay tardanza, / porque me pide el desseo / lo que me niega esperanza". De una cancion de Diego de Quinones ("Cancionero general" de Hernando de Castillo, num. 288); citado en Castro, 182-183.

pelleja **** piel

pelligeros **** pellejero: el que adoba o vende pieles

pellizcos **** pellizcar: apretar entre los dedos

pelo **** cosa de poca importancia

pelon **** pelado, pobre, sin dinero

pena, penas **** castigo, dolor; trabajo, dificultad

penados, penadas **** afligidos, afligidas

penas **** piedras

penasse **** penase

penaua, penauas **** penaba, penabas

pendiere **** pender: colgar, estar pendiente

Penelope **** En la mitologia griega, la mujer de Ulises y madre de Telemaco; conocida por su virtud y castidad durante la ausencia de su esposo.

pensadas **** pienso: alimento para el ganado

pensallo **** pensarlo

pensar **** sin pensar: inesperadamente

pensatiuo **** pensativo

pensaua, pensauas **** pensaba, pensabas

pensays **** pensais

pepita **** enfermedad de las gallinas; "biua la gallina con su pepita": "'Viva la gallina, y viva con su pepita.' Refr. que ensena, que aunque sea a costa de algunos achaques, se debe conservar la vida" (Aut. II, Tomo quarto, 12).

pepitas **** semilla de algunas frutas, tenia sus usos medicinales; "Deuense vntar los rinones con olio rosado e de pepitas e de almendras dulces e de arrayan tibio sin fregar" (Tratado util [1481]; DETEMA II, 1200).

perbreue **** perbreve: muy breve

perdays **** perdais

perder **** dejar de tener; arruinar; perderse: no aprovecharse una cosa

perdeys **** perdeis

perdido **** "Perdido es quien tras perdido anda" (Refran): (O'Kane, 188)

perdiz **** "Sus plumas aprovechan para las sufocaciones del utero, o mal que llaman de madre, quemadas en un pano y dadas a oler a la que padece este mal" (Geronimo de la Huerta, citado en Laza Palacios, 147)

perdizes **** perdiz: perdices

perdurable **** eterno

perecio **** murio

_peregrinos-**** "Los peregrinos tienen muchas posadas e pocas amistades. Porque en breue tiempo con ninguno no pueden firmar amistad. E el que esta en muchos cabos no esta en ninguno. ni puede aprouechar el manjar a los cuerpos, que en comiendo se lanza. ni ay cosa que mas la sanidad impida que la diuersidad e mudanza e variacion de los manjares. e nunca la llaga viene a cicatrizar: en la qual muchas melezinas se tientan. ni conualesce la planta que muchas vezes es traspuesta. ni ay cosa tan prouechosa, que en llegando aproueche." Cf. Seneca ("Ad Lucilium Espistulae Morales"): "Vitam in peregrinatione exigentibus hoc evenit, ut multa hospitia habeant, nullas amicitias. Idem accidat necesse est iis, qui nullius se ingenio familiariter applicant, sed omnia cursim et properantes transmittunt. Non prodest cibus nec corpori accedit, qui statim sumptus emittitur; nihil aeque sanitatem impedit quam remediorum crebra mutatio; non venit vulnus ad cicatricem, in quo medicamenta temptantur; non convalescit planta, quae saepe transfertur. Nihil tam utile est, ut in transitu prosit."

peregrinado **** peregrinar: andar viajando por tierras extranjeras

peresceria **** pereceria

peresciessen **** pereciesen: acabasen

perfecion **** perfeccion

perfeta, perfetos **** perfecta, perfectos

perficion **** perfeccion

Pericles **** (495?-429? a. JC.) Militar y estadista ateniense. Dos hijos suyos se murieron a causa de la peste de 430. Otro hijo, nombrado Pericles, fue asesinado por los atenienses en 406.

permanesce **** permanece

permission **** permision

pernil, perniles **** pierna, anca y muslo de animal

perplexidad **** perplejidad

perplexo **** perplejo

perro, perra **** perro viejo, perra vieja: "Hombre (Mujer) muy cauto, advertido y prevenido por la experiencia" (Real Acad.); "el perro del ortolano" (Refran): "Perro (El) del hortelano, ni quiere las manzanas para si ni para el amo; o las berzas" (Correas, 391).

perseguidor **** uno que hace dano a otro

perseuera **** persevera

perseueracion **** perseveracion

perseueran **** perseveran

perseuerando **** perseverando

perseuerar, perseuerancia **** perseverar, perseverancia

perseueras **** perseveras

pertenesce **** pertenece

pertinacia **** terquedad, persistencia

peruertido, peruertieras **** pervertir: pervertido, pervirtieras

pesar **** pena; causar pena

pesassen **** pesasen

pescas **** pescar: coger, agarrar

pesces **** peces

peso **** en peso: en duda, sin juzgar decididamente

pesquisa **** indagacion: buscar

pestiferos **** que pueden causar dano; de mal olor

pestilencia **** peste

Petrarcha **** Poeta y academico italiano (1304-1374). La primera mitad del prologo a "La Celestina" se basa en el prologo de Petrarca en su obra, "De Remediis Utriusque Fortunae" (Vease Deyermond, 50-57).

petreras **** "llagas hechas en la barriga por el petral, la faja que cine la silla de montar" (Severin, 247).

peynadores **** peinadores

peynados **** peinados: que se adornan con exceso

peynanla **** la peinan

peyne **** peine

Phebeo **** de Febo (Phebo)

Philipo **** Filipo V, rey de Macedonia 221-179 a. de JC.). Por las acusaciones falsas de su hijo Perseo enveneno a otro hijo suyo, Demetrio; al descubrir la inocencia de este, se murio de remordimiento.

philosomia **** fisonomia

philosophos **** filosofos

Phrates **** Frates o Fraates IV, rey (37-2 a. de JC.) de Partia, en el sureste del mar Caspiano; asesino a su padre, Orodes, y a sus hermanos para asegurarse el trono

pias **** devotas, misericordiosas

picar, pican **** comer un poco

picazas **** picaza: urraca

pico de oro **** (palabra desconocida); "flor y planta utilizada para perfumar el bano" (R-P, 315)

piedad **** caridad, compasion; devocion

piedras **** "a piedras, piedras las vencen": "alude al hecho de que destruian las murallas de las ciudades los sitiadores enemigos mediante piedras echadas contra ellas por catapultos, o, en tiempos de Rojas, por balas de piedra descargadas por canones" (Russell, 350).

pielago **** oceano; "Prouerbio es antigo: que de muy alto grandes caydas se dan…Rara es la bonanza en el pielago." "Ex alto graves lapsus: et rara quies in pelago" (Petrarca, De Remediis Utriusque Fortunae, i. 17 C, citado en Deyermond, 143).

pies **** irse uno por pies: huir, escapar; tiene pies: anda o corre mucho

pieza **** persona; buena pieza (ironico)

pildora **** bolita medicamentosa

pimpollo **** vastago: ramo tierno de la planta

pinones **** pinon: simiente del pino; tenia sus usos medicinales (Laza Palacios, 168-169); "aceite de almendras amargas e de pinnones e de prescal puesto en la oreja amollesce e abre" (El libro de recetas de Gilberto [s. XV]; DETEMA II, 1229).

pintasse **** pintase

pintaua **** pintaba

Piramo **** Se nos narra su historia en el 'Metamorfosis' de Ovidio. Piramo, al hallar la tunica sangrienta de su amante Tisbe, cree que esta fue atacada por un leon, y se suicida. Tisbe, al ver a Piramo muerto, tambien se suicida.

plaga **** calamidad, enfermedad

planto **** llanto con gemidos

Plauto **** Dramaturgo latino (254? - 184? a. de J.C.). Sus obras principales son: 'El soldado fanfarron', 'Aulularia', 'Menechmos', 'Anfitrion', etc.

plaze **** place

plazeme **** me place

plazer, plazeres, plazido **** placer, placeres, placido; "El plazer no comunicado no es plazer" (Refran): "El placer no comunicado no da cumplida alegria ni es bien logrado" (Correas, 178).

plazera **** placera

plazia **** placia

plazo **** tiempo senalado

pleberico **** hija de Pleberio, o el mismo Pleberio

Pleberio **** En latin, "plebeius" equivale a "la clase inferior".

plega **** plazca

pleyto **** pleito: trato, negocio

Plinio **** Plinius Secundus (23-79).

pluguiera **** pluguiera a Dios: placiera, gustara

pluma **** sin pluma: desplumado: desplumar: quitarle los bienes

Pluton **** "El conjuro mezcla curiosamente al Pluton pagano ('senor de la profundidad infernal') con el angel caido judeo-cristiano ('capitan soberuio de los condenados angeles')" (R-P, 150)

pluuias **** lluvias

poco **** tuue en tan poco: tener en poco: no apreciar bastante; "De lo poco poco, de lo mucho nada": "Refr. que se dice por los hombres que en mediana fortuna parecen liberales; y en haciendose ricos son miserables" (Aut. III, Tomo quinto, 307).

poderio **** dominio

podiendolos **** pudiendolos

podiste **** pudiste

poleo **** planta herbacea; "Antiguamente los poetas se ponian guirnaldas de poleos…que quitan mucho el dolor de la cabeza… El vino con que lo han cocido es bueno bebido contra el dolor de vientre" (Herrera, citado por Laza Palacios, 169); "para los pechos toma del mestranto e del marruuio e del romero e de poleo e cueze estas yeruas en buen vino" (Recetas [s. XV]; DETEMA II, 1242).

Polonia **** Santa Apolonia. Una vieja diaconisa de Alejandria, martirizada en el siglo iii. Le habian roto sus dientes con unas pinzas, y por eso se le invoca contra el dolor de muelas. Esta representada en el arte sosteniendo un diente con unas pinzas. Finalmente fue conducida a una hoguera para ser quemada viva a menos que renunciara a Jesucristo. Ella decidio arrojarse a la hoguera. Murio en 249.

poluillos **** polvos

poluo, poluos **** polvo, polvos; "como lobo quando siente poluo de ganado" (O'Kane 194: "El polvo del ganado, al lobo saca de cuidado", Correas, 397; O'Kane cita otros refranes semejantes).

poluorizadas **** polvorizadas; "afeites hechos con polvos o pulverizaciones" (R-P, 315)

pomo **** puno de la espada

pone **** poned; poner: colocar, disponer, determinar

poneldos **** ponedlos

poneysme **** me poneis

ponzona **** veneno

por ende **** por eso

por rato **** confirmado

por venir **** porvenir

porfias **** porfiar: continuar insistentemente

porne, porna, pornan **** poner: pondre, pondra, pondran

porque **** para que

porradas **** porrada: disparate; golpe

portaua **** portaba; portar: traer

posada, posadas **** casa; posar: pararse

poseellas **** poseerlas

posentado **** aposentado

poseydos **** poseer: poseidos

posiste **** pusiste

pospuesto **** posponer: demorar

posseen *** poseen

posseerian **** poseerian

posseido, posseydo **** poseido

possession, possesion **** posesion

posseydos **** poseidos

possible **** posible

postema, postemas **** absceso supurado

postigo **** puerta falsa

postremeria **** postrimeria: ultimos momentos de vida

postrero **** ultimo

postrimeria **** ultimos anos de vida

posturas **** afeites, adornos

potacion **** bebida

potencia **** posibilidad

poyo **** banco de piedra

pozo **** manantial; "nuestro gozo en el pozo": (Refran:) "da a entender haberse malogrado una cosa con que se contaba" (Acad. Real)

precede **** preceder: ser primero

precepto **** instruccion

precia, preciarte, precias, precie, precio **** preciar: apreciar, apetecer, jactarse, estimar

preciauan **** preciaban

precio **** valor, premio

pregon, pregones **** proclamacion

pregonan, pregonas **** pregonar: publicar

premia, premias **** apremio, apuro, fuerza

premissas **** premisa: preambulo

prenada **** mujer que ha concebido; palabra prenada: "Dicho que incluye en si mas sentido que el que manifiesta, y se deja al discurso del que lo oye." (Real Acad.)

prenda, prendas **** cualquier cosa que sirve de seguridad *prenuncio* **** prenunciar: anunciar de antemano

presa **** victima, prisionera

presente **** regalo; al presente: ahora

presente, presentes **** los que estan en presencia de otro

pressura **** prisa

pressuroso **** presuroso, presurosa: pronto

prestas **** presto: rapido, dispuesto

presumptuosa **** presuntuosa

preuaricadora **** prevaricadora: traidora

preuenidos **** prevenidos: avisados

preuenir **** prevenir: avisar, anticipar; "mas vale preuenir que ser preuenidos" (Refran): (Correas, 302).

priessa **** prisa; dar prisa: obligar a uno que haga algo rapidamente

prima **** la mas excelente

primero, primera **** la cosa que precede a las demas; antes; antes de todo

primor **** excelencia, perfeccion

priuado, priuados **** privado: apresurado; quitado el sentido; el que tiene privanza; "o es loco / o priuado quien llama apresurado" (Refran:) (Correas, 370), "donde 'privado' es 'conocido', 'familiar'" (R-P, 273).

priuanza **** privanza: primer lugar en la confianza de otra persona

priuar, priua, priuas, priuaria **** privar: prohibir, vedar, quitar

pro **** provecho; buena pro: (se dice al que esta comiendo o bebiendo); "buena pro hagan las zapatas" (Refran:) "Buena pro hagan los zapatos, y la barba puta" (Correas, 90).

Proaza **** Alonso de Proaza: Catedratico de Retorica en la Universidad de Valencia y 'corrector' de la impresion de Toledo, 1500.

probatica piscina **** piscina al lado del templo de Salomon en Jerusalen. Vease San Juan 5, 2.

proceda, procedas, procede **** proceder: originarse; continuar; procedimiento

processiones **** procesiones

processo **** proceso: transcurso de tiempo; procedimiento

procreen **** procrear: engendrar, dar origen a, dar vida

procurador **** el que ante los tribunales representa una de las partes en un juicio

procurar **** hacer esfuerzos para conseguir algo; "quien menos procura, alcanza mas bien" (Refran:) "Quien menos la procura, a veces ha mas ventura" (Correas, 423).

prolixidad **** prolijidad

prolixo, prolixa, prolixos, prolixas **** prolijo: pesado, molesto

promessa, promessas **** promesa, promesas

prometimiento, prometimientos **** promesa, promesas

promouera **** promover: estimular

prompta **** pronta

pronosticaste **** pronosticar: predecir

propheta **** profeta

propio, propia **** conveniente, oportuno; natural; mismo

proporna **** propondra

proposito **** animo, intencion; objeto

propriedad, propriedades **** propiedad: atributo esencial

_proprio **** propio

prorogarle **** prorrogar: prolongar

prouar **** probar

proueamos **** proveamos

prouecho **** provecho

prouechoso, prouechosa **** provechoso, provechosa

proueer **** proveer: prevenir, preparar

proueo **** proveo

prouerbio **** proverbio

prouey **** provei: proveer: poner a disposicion de uno lo que necesita; preparar

proueydas **** proveida: preparada, dispuesta

proueyesse **** proveer: proveyese

proueyste **** proveer: proveiste

prouidencia **** providencia: prevencion; disposicion que se toma para el logro de un fin

prouiene, prouienen **** proviene: provenir: proceder, resultar

prouision, prouisiones **** provisiones

prouocara **** provocara

prouocas **** provocas

prouocasme **** me provocas

prouoques **** provocar: provoques

proximos **** projimo: la humanidad

prudencia **** "la prudencia no puede ser sino en los viejos": Cf. "En los ancianos esta la ciencia, y en la larga edad la inteligencia" (Job 12, 12).

prueua, prueuas **** prueba, pruebas

publicas **** mujer publica: ramera, prostituta

publicaua **** publicaba

pudiesse **** pudiese

pudistes **** pudisteis

puerta **** "quando vna puerta se cierra otra suele abrir la fortuna" (Refran: Vease O'Kane 82, 196).

puesto que **** aunque

pugnado **** luchado

pugnes **** pugnar: procurar

Pulicena **** En la leyenda griega, hija de Priamo; despues de la conquista de Troya, el espiritu de Aquiles clama por ella, y es sacrificada. De esto vino la leyenda romantica que cuando estaba vivo, Aquiles estaba muy enamorado de ella.

punadas, punaladas **** golpe dado con el puno

pungido, pungidos **** herido

punicion **** castigo

punir **** castigar

puno **** mano cerrada; picar el pan en el puno (metafora): amansado

puntado **** puntuado

punto **** estado; materia; puntada de costura; de punto: cosiendo; en vn punto: en un instante; en mal punto: en mala hora

punturas **** puntura: herida hecha con instrumento punzante

purgando **** purgar: padecer en el Purgatorio

purgara **** purgar: desvanecer las sospechas que hay contra una persona

purgo **** purgar: borrar su culpa con un sacrificio

pus **** pues

pusiesse **** pusiese

pusilanimo **** pusilanime: cobarde

puteria **** putaismo: prostitucion

putillo **** puto: calificacion denigratoria

qual, quales **** cual: como; cuales

qualidad, qualidades **** calidad, cualidad

qualquier, qualquiera **** cualquier, cualquiera

quan **** cuan

quando **** cuando; "quando dios queria" (Refran): "'Cuando Dios queria, allende la barba escupia; ahora que no puedo, escupome aqui luego.' Cuando Dios queria se dice acordandose y haciendo mencion de mejor tiempo y fortuna." (Correas, 133).

quantias **** cantidades

quantidad **** cantidad

quanto, quantos, quantas **** cuanto, cuantos, cuantas; "quanto mayor es la fortuna, tanto es menos segura" (Refran) (Correas, 142).

quarenta **** cuarenta

quarta **** la quarta: la cuarta vez

quarto **** cuarto: moneda de cobre

quasi **** casi

quatorzeno **** catorceno: decimocuarto

quatro **** cuatro; una cantidad indefinida y pequena

que a mi? **** que me importa?

quebrantados **** quebrantar: causar lastima

quebrantamiento **** efecto de quebrantar; grande perdida; afliccion

quebrantar **** debilitar

quebranto **** mal camino; quebrantar: violar; "a cada cabo ay tres leguas de mal quebranto" (Refran): (Correas, 7).

quebrasses **** quebrases

quebre **** "si me quebre el pie: fue por bien". Cf. El refran: "Si cai y me quebre el pie, mejor me fue": (Correas, 450).

quebreys **** quebreis

quebrose **** quebrar: flaquear, ceder

quedada **** accion de quedarse

quedarte has **** te quedaras

quedasse **** quedase

quedaua, quedauan **** quedaba, quedaban

quedauanle **** le quedaban

quedito, quedas, quedo, quedos **** muy quieto

quehazer **** quehacer: negocio

quel **** que el

quemaua **** quemaba

querays **** querais

querella **** discordia

querellas, querellan **** quejas, quejan

querer **** amor; deseo; voluntad

quereys **** quereis

ques **** que es

quesido **** querido

quesiste **** quisiste

questiones, questioncillas **** cuestion: rina

quexa, quexas, quexan **** queja, quejas, quejan

quexar **** quejar

quexaran **** quejaran

quexarme **** quejarme

quexase **** quejase

quexasseme **** se me queja

quexaua **** quejaba

quexo **** quejo

quexome **** me quejo

quexoso, quexosos, quexosa **** quejoso, quejosos, quejosa

quien quier **** quienquiera

quiereslo **** lo quieres

quilates **** quilate: unidad de peso para las perlas y piedras preciosas

quinze **** quince

quisierdes **** quisiereis

quisiesse **** quisiese

quisiessen, quisiesses **** quisiesen, quisieses

quitarleslas **** quitarselas

quitarse ha **** se quitara

quitasse **** quitase

quixadas **** quijada: mandibula

rabiosa, rabiosos **** enojada, enojados

racionero **** prebendado

raciones **** racion: porcion de alimento

raleza **** la raleza: lo raro; "la raleza de las cosas es madre de la admiracion: la admiracion concebida en los ojos deciende al animo por ellos": "Admirationis mater est raritas. Admiratio in animum descendit per oculos" (Petrarca, De Rebus memorandis. IV. vi. I B; I ii. 18 in fin., citado en Deyermond, 40).

ramo **** sena

rapina **** robo con violencia

raposa **** "si sabe mucho la raposa: mas el que la toma": "(la zorra): Refr. que amonesta, que ninguno, por mui advertido que sea, debe confiarse de su sagacidad; pues puede haber otro mas astuto, que lo engane" (Aut. III, Tomo sexto, 570)

rascacauallos **** rascacaballos

rascunes **** rasgunes: rasgunar: rascar con las unas

rascuno **** rasguno: aranazo

rasgados **** ojos rasgados: "Los ojos que siendo grandes, se descubren mucho, por la amplitud de los parpados" (Aut. III, Tomo quinto, 492)

rastro **** senal, huella; le cae en el rastro: "se da cuenta" (R-P, 246)

rasuras **** raedura: accion de raspar

rato **** desde vn rato aca: desde hace un rato; por rato: por confirmado

ratonado, ratonada **** mordido por ratones

rauio, rauia **** rabiar: encolerizarse, irritarse

raya **** "hazer una raya en el agua" (Refran): "Maravillarse de que uno hizo lo que no solia" (Correas, 591, 231).

rayauan **** rayaban

raydo **** raido: gastado

rayo, rayos **** relampago; linea de luz

rayz, rayzes **** raiz, raices

razon **** argumento; palabras; rectitud; juicio; es razon: es justo, razonable

razonable **** mediano

razonamiento **** accion de discurrir, hablar

razonando **** hablando

razones **** palabras, argumentos; razonar: hablar

rebentar, rebentarias **** reventar: estallar, morir

rebentasse **** reventase

rebolcado **** revolcar: derribar y maltratar a uno

reboluedores **** revolvedor: agitador

reboluer **** revolver: causar disturbios

rebozado, rebozados **** rebozar: cubrir el rostro con la capa

rebuelto **** revuelto: revolver: reflexionar

rebueluo, rebueluas **** revuelvo, revuelvas: revolver: enredar; discurrir, imaginar

rebuznando **** rebuznar: dar rebuznos: voz del asno

recabdado, recaudado **** obtenido

recabdar **** recaudar: conseguir; "no hiziste sino llegar e recabdar" (Refran): "No hay mas de llegar y recadar" (Correas, 351).

recabde **** recaude: recaudar: conseguir; "Tarde fuy; pero temprano recabde" (Refran): Cf. "Tarde madrugue, mas bien recaude" (Correas, 473)

recabdo **** logro; recaudar: conseguir, alcanzar

recaudo **** cuidado; a buen recaudo: con seguridad

recebi **** recibi

recebia **** recibia

recebid **** recibid

recebido, recebidas **** recibido, recibidas

recebimiento **** recibimiento: recepcion

recebir **** recibir

recebiran **** recibiran

recelaua **** recelaba: recelar: temer

recelo, recela **** recelar: temer

rechazaua **** rechazaba

recibes **** aceptas

recibiente **** recipiente: que recibe

recibiesse **** recibiese

recordasedes **** recordar: despertar: despertaseis

recuerda **** despierta

recreacion **** diversion para alivio del trabajo

recuenta **** recontar: volver a contar

recursos **** vueltas

redomilla, redomillas **** redoma: "Vasija de vidrio ancha en su fondo que va estrechandose hacia la boca" (DETEMA II, 1348); "metelo en vna redoma e dexalo posar fata que sea bien claro" (Tesoro de los remedios [s. XV]; DETEMA II, 1348).

redondeza **** redondez

reduxiste **** reducir: volver

reduze **** reduce: reducir

reduzido **** reducido

refran, refranes **** proverbio

refrigerio **** beneficio, alivio

regalaua **** regalaba

regalos **** regalo: placer

regare **** regar: esparcir agua por el suelo

regia, regisvos **** regir: gobernar

registrar **** poner de manifiesto bienes

registro **** libro para escribir noticias o datos

rehinchays **** relinchar: voz del caballo

rehusaua **** rehusaba: rehusar: rechazar

rehuyr, rehuyre, rehuyria **** rehuir, rehuire, rehuiria

reintegracion **** restauracion; "que las yras de los amigos siempre suelen ser reintegracion del amor": "Amantium irae amoris integratio est" (Petrarca, De Rebus familiaribus, 75 B, citado en Deyermond, 143).

reja **** meter aguja y sacar reja (Refran): "Cuando se da poco para sacar mucho" (Correas, 310).

relacion **** narracion

releerlo **** releer: leer de nuevo

relieua, relieuan **** relevar: dar alivio; exonerar

reliquias **** objetos santos, vestigios; residuos

relox **** reloj

relumbrays **** relumbrais: relumbrar: brillar

reluze **** reluce: relucir: brillar; "No ha de ser oro quanto reluze" (Refran); "ni es todo oro: quanto amarillo reluze" (Refran)

remediarlos **** remedarlos: remedar: seguir el ejemplo

remedasses **** remedases; remedar: imitar

remediar **** reparar un dano

remediaua **** remediaba

remetieron **** remitieron

remira **** esmerar: cuidar; volver a mirar

remirando **** volver a mirar

remiro **** esmerar: cuidar

remojo **** "echar nuestras baruas en remojo" (Refran:) "Quando vieres la barba de tu vezino pelar, echa la tuya en remojo": "si vemos seguirse algun dano a los que son de nuestra condicion y trato, devemos temer que otro dia avra de acontecer por nosotros, y prevenirnos para que el golpe no sea tan recio" (Covarrubias, 193).

remontado **** remontar: alzar

remudar **** mudarse de ropa

renegar, reniego **** blasfemar; negar mucho una cosa; renunciar

renouado **** renovado

renouar **** renovar

renouaras **** renovaras

renta **** ganancia

renteros **** rentero: que paga renta

renzilla, renzillas **** rencilla: disputa de que queda algun rencor; "vale mas vna migaja de pan con paz: que toda la casa llena de viandas con renzilla" Cf. ""Mas vale pan solo con paz que pollos con agraz" (Correas, 301).

reparo **** remedio

repartio **** repartir: separar; distribuir

repiquete **** repique vivo; repicar: sonar

repisar **** volver a pisar

reportorio **** repertorio: catalogo

reposado **** tranquilo

reposar **** descansar, dormir

reposo **** calma, sosiego

reprehender **** reprender

reprehensiones **** reprensiones

representa **** hacer presente en la imaginacion; declarar, recitar *representada* **** hacer presente en la imaginacion

representas **** hacer presente en la imaginacion

reprobas **** reprobar: desaprobar

reprueua **** reprueba

reputaron **** reputar: estimar, considerar

requerida **** solicitada

requerimiento, requerimientos **** accion de requerir

requerir, requiere, requieren, requiero **** examinar; persuadir; solicitar; ordenar

resabio **** vicio

rescebir **** recibir

rescebiste, rescebido **** recibiste, recibido

rescibe, resciben **** recibe, reciben

rescibo, resciba **** recibo, reciba

resfriado **** resfriar: refrescar, templar el fervor

resollos **** respiracion, aliento

respeto **** respecto, cualidad

resplandescen **** resplandecer: brillar

resplandesciente, resplandescientes **** resplandecientes: que despiden rayos de luz

responso **** responsorio que se dice por los difuntos

respuesta **** refutacion

resurrecion **** resurreccion

retorciendo **** retorcer: torcer mucho

retozar, retozala **** juguetear; "Travesear con desenvoltura personas de distinto sexo" (Diccionario Manual de la Real Acad.)

retrae **** se retira

retraete **** retirate, escondete

retraimiento **** habitacion retirada

retrayas **** retraigas; retraer: refugiarse, retirarse

retraydo **** retraido: retirado

retraymiento **** retraimiento: aislamiento

reuana **** rebanar: cortar

reuerberar **** reverberar: reflejarse

reuerencia **** reverencia

reuerenda **** reverenda

reues **** reves: golpe de espada de izquierda a derecha, diagonalmente

reuesar, reuessar **** revesar: vomitar

reuista **** revista: revisada

reuistas **** examenes

reuisto **** revisto: rever: examinar

reuolucion **** revolucion: movimiento circular

reyno, reyna, reynas **** reino, reina, reinas

reyr, reys, reya **** reir, reis, reia

reyrme **** reirme

rezado **** rezar el oficio divino o las horas canonicas

rezando **** rezar: grunir, refunfunar

reze **** rece

rezio, rezios, rezia **** recio, recios, recia; "tener rezio:" "resistir, aguantar con fuerza" (R-P, 156)

rezongadores **** rezongar: grunir

ribera **** orilla del rio

rico **** "Aquel es rico que esta bien con dios" (O'Kane, 204: Seniloquium, 55)

rienda, riendas **** las cintas con que se gobierna la caballeria; a rienda suelta: sin sujecion *rieste* **** te ries

rigera **** rigiera; regir: dirigir, guiar

rigor **** dureza, aspereza

rigorosamente **** rigurosamente

riguroso **** aspero

rimero **** monton de cosas

rixoso **** rijoso: dispuesto para renir; furioso

riza **** destrozo, dano, estrago

rocadero **** capirote conico de papel

Rocho **** ave fabulosa a la cual se atribuia desmesurado tamano

rociarias **** rociar: "esparcir en menudas gotas" (Acad. Real)

rodara **** rodar: andar vagando

rodeando **** rodear: decir las cosas indirectamente

rodear **** usar de circunloquios en lo que se dice; volverse; ir por el camino mas largo; abrazar; merodear; girar

rodeos **** pretextos; "ruedos como franjas" (Cejador I, 139)

roer **** comer

rogadores **** personas que ruegan; "termino juridico; se refiere a la persona que, condenado el reo, presenta razones de su parte al juez para justificar una pena reducida" (Russell, 300); "nunca faltan rogadores para mitigar las penas" (Refran): "Nunca faltan rogadores, para eso y cosas peores" (Correas, 366).

rogauan **** rogaban

romadizo **** catarro

romero **** planta de la familia de las labiadas; arbusto de hojas aromaticas; "En Botanica oculta...se la emplea profusamente en las ceremonias nigromanticas" (Laza Palacios, 172); "si muger rescibiere safumerio de romero o de mjrra la madre cerrada abre (El libro de recetas de Gilberto [s. XV]; DETEMA II, 1393); "si todas no se podieren hauer fagase el perfum con romero enebro sauina e acoro" (Tratado de la epidemia e de la pestilencia [1475]; DETEMA II, 1393).

rompen **** prorrumpir, brotar

rompenecios **** "persona que se aprovecha egoista y desagradecidamente de los demas" (Real Acad.)

rompimiento **** destruccion

Romulo **** Legendario fundador y primer rey de Roma. El y su hermano Remo eran hijos del dios Marte. Fueron criados primero por una loba, y luego por un pastor del rey Faustulus. Finalmente reconocidos y ya maduros, debian fundar un pueblo en el rio Tiber, pero hubo una disputa, y Romulo mato a su hermano.

ronca **** la voz o sonido aspero; roncar: hacer ruido bronco cuando se duerme

ronces **** ronce: halago interesado

rondemos **** rondar: "Pasear los mozos las calles donde viven las mozas a quienes galantean" (Real Acad.)

rota, roto **** rotos los vestidos

roy **** roer: roi

royendo **** roer: comer; molestar con frecuencia; royendo las haldas: "Roer los zancajos. Phrase que vale murmurar, u decir mal de alguno, censurando sus mas leves y pequenas faltas, en ausencia suya" (Aut. III, Tomo quinto, 632).

rubicundos **** rojos

rubricas **** rubrica: rotulo: inscripcion en que se da a conocer el contenido

ruda **** planta rutacea; "Bebida…provoca el menstruo y mata la criatura en el vientre" (Dioscorides); "Decimos comunmente que (algo) es tan conocida como la ruda; porque no hay ciego que a lo menos por su olor no (la) conozca" (Laguna, citado por Laza Palacios, 173); "fojas de ruda porques manjar e medicina singular" (Tratado util [1481]; DETEMA II, 1399).

rueca **** instrumento que sirve para hilar

rufian **** traficante de mujeres publicas

ruuia, ruuios **** rubia, rubios

ruydo hechizo **** ruido hechizo: (Refran): "El fingido para algun engano" (Correas, 439)

ruydo, ruydos **** ruido, ruidos; pendencia, alboroto

ruyn, ruynes **** ruin: persona baja y despreciable; "ruyn sea quien por ruyn se tiene" (Refran): (Correas, 439).

ruyndad ruyndades **** ruindad: accion ruin

ruynmente **** ruinmente: ruin: bajo, vil

ruysenores **** ruisenores

sabedme **** advertidme

sabella **** saberla

saber **** tener habilidad

saberlo has **** lo sabras

sabes **** sabes, sabeis

sabido **** que sabe mucho

sabor **** impresion en el animo; a sabor de paladar: segun el gusto de uno; al mejor sabor: en el momento del mejor sabor; "querrias mas estar al sabor que al olor" (Refran:) (O'Kane, 207-208)

sabuesos **** perro sabueso: variedad de perro podenco

sacar **** aprender, averiguar, descubrir; sacar verdadero: "probar…que es…cierto lo que otro habia dicho de el" (Real Acad.); sacarte han: te sacaran; sacarle he: le sacare

sacasse, sacasses **** sacase, sacases

sacaua **** sacaba

saco **** "no caben en vn saco" (Refran:) "Honra y provecho no caben en un saco, techo y en un cesto" (Correas, 247); "pues entrambos no caben en vn saco acoge la ganancia": "variante del refran, 'Honra y provecho no caben en un saco (Correas, p. 247)" (Russell, 377).

saetas **** arma que se dispara con arco; flechilla

sagaz **** prudente

Salomon **** (960?-922? a. JC.) Hijo de David, y el tercer rey de Israel; amo a muchas mujeres (Reyes I, 11.1-3)

salario **** remuneracion

saliesse, saliessen **** saliese, saliesen

salirse **** librarse de algo molesto

salitre **** sal de nitro; "mandal entrar en el vanno cada dia que laue la cabeza con agua salada con salitre" (Tratado de patologia general [s. XV]; DETEMA II, [1421).

saltaparedes **** persona joven, traviesa

salteada **** saltear: " sorprender el animo con una impresion fuerte y viva" (Real Acad.)

salteadores **** salteador: bandido; "como caminante pobre: que sin temor de los crueles salteadores va cantando en alta boz." Cf. "Quien canta / todos sus males espanta" (O'Kane, 73, citado en R-P, 300)

salto **** de salto: de repente, de improviso

saluados **** "cascaras de grano desmenuzadas por la molienda" (Real Acad.)

saluar **** salvar

salud **** bienestar; remedio

saludable **** provechoso para bien del alma

salue **** salve; dios os salue: cicatriz, "cuchillada en la cara" (Real Acad.); "Dicen: Le dio una punalada que no le dejo decir ni 'Dios te salve!' Esto es, que el que se la dio no tuvo tiempo de decirselo, tan repentina y brutalmente se la dio. 'Dios os salve' era el saludo comun" (Correas, citado en Cejador I, 171).

saluo **** salvo, excepto; salvado de un peligro; "a salvo esta el que repica" (Refran): se nota la facilidad del que reprende a otro en las acciones peligrosas cuando aquel esta sin peligro;

a su saluo: sin peligro; en saluo: fuera de peligro

sanas **** sana: furor, enojo ciego

sanaua **** sanaba

sancta, sancto **** santa, santo; "seria quitar a vn sancto por poner en otro" (Refran): "Quitar de un santo para darlo a otro santo" (Correas, 431): "Modo de hablar con que se reprehende a los que por motivo particular aplican a un sugeto determinado lo que a otro le tocaba, o pertenecia, aun quando los dos son iguales en merito y prendas. Algunos dicen, Descomponer un Santo por componer otro" (Aut. III, Tomo sexto, 44).

sanctas, sanctos **** santas, santos

sanguijuela **** anelido acuatico que se utilizaba en medicina para las sangrias; "quarto pongan sobre el apostema sanguisuelas viuas" (Tratado de la epidemia e de la pestilencia [1475]; DETEMA II, [1432]).

sangustiado **** angustiado (Vease Corominas, I, 214: "angosto").

sanidad **** sin dano o corrupcion; libre de error o vicio; con buena salud

sano, sana **** sin dano, saludable; serle ha sano: le sera sano: le vendra bien; "aquel va mas sano: que anda por llano" (Refran:) (O'Kane 146); "dize el sano al doliente: dios te de salud" (Refran): "Dice al doliente el sano: Dios te de salud, hermano" (Correas, 155); ""Bien dise el sano al enfermo: Dios te de salud" (O'Kane, 209).

Sanson **** En la Biblia, un israelita distinguido por su extraordinaria fuerza; Dalila, su amante, lo traiciono y lo llevo a la muerte al descubrir el secreto de su poder. (Jueces 16: 4-21)

sant **** san

Sant Juan **** San Juan; "question de sant Juan. e assi paz para todo el ano" (Refran:) "Las rinas de por San Juan son paz para todo el ano… Quiere decir que al principio de los conciertos se averigue todo bien, y entonces se rina y porfie lo que ha de ser, y resultara paz para todo el ano" (Correas, 264)).

Sant Martin **** "San Martin de la Vega (Madrid)" (R-P, 213)

Sant Miguel **** San Miguel

santidades **** calidad de santo

santiguada **** para mi santiguada: por mi fe

santiguarme **** santiguarse: persignarse, hacerse cruces

Sapho **** Poetisa de Grecia, vivio en la isla de Lesbos (600? a. JC.). Conocida por sus poemas de amor. Segun un cuento, estaba enamorado de un joven, Faon, y cuando este la rechazo, brinco al mar y se suicido.

sardina **** "echar otra sardina" (Refran): "Echa otra sardina, que otro ruin viene" (Correas, 171); "Phrase familiar, con que se significa, que alguno entra de fuera, especialmente en ocasion, que con alguna incomodidad se ha de admitir." (Aut. III, Tomo sexto, 48).

sarmientos **** sarmiento: rama de la vid (vina); tenia usos medicinales en las tradiciones populares; "Toma ceniza de sarmientos blancos e con agua de pluuia o de balsa haras lexia" (Compendio de la humana salud [1494]; DETEMA II, [1437]).

sarten **** vasija de hierro

satisfaze **** satisface

satisfazer **** satisfacer

sauanas **** sabanas

sauco **** arbusto de la familia de las caprifoliaceas; las flores "siempre gozaron de gran prestigio terapeutico" (Laza Palacios, 133); "pongale los pies en agua caliente en que sea cocha manzanjlla e eneldo e sauco e abrotano" (Tratado de las fiebres [s. XV]; DETEMA II, [1439]).

saya **** falda, tunica

sayo **** cualquier vestido

sazon **** ocasion

sciencia **** ciencia; saber

sciente **** sabio; "no sabes que el primer escalon de locura es creerse ser sciente?": "Sapientem se credere primus ad stulticiam gradus est: proximus profiteri" (Petrarca, De Remediis Utriusquc Fortunac, i. 12 A, citado en Deyermond, 144); "e como sea cierto que toda palabra del hombre sciente este prenada": "Doctorum hominum verba praegnantia sunt" (Petrarca, De Remediis Utriusque Fortunae, ii. 114 O, citado en Deyermond, 146).

screuir **** escribir

scriptores **** escritores

seays **** ser: seais

seco **** en seco: fuera del agua

secreta **** oculta

secretarios, secretaria **** persona a quien se comunica algun secreto para que lo calle

secreto **** reserva; oculto

sectas **** secta: doctrina religiosa

segadas **** siegas, cosechas

segadores **** los que cortan el trigo, etc.

seguille **** seguirle

segund **** segun; "que dize cada vno de la feria segund le va en ella" (Refran): (Correas, 100).

segurar **** asegurar: afirmar la certeza de algo

seguridad **** certeza; firmeza

seguro, segura **** constante; libre de peligro; seguridad

semejable **** parecido

semejante **** projimo

semeja, semejar **** parecerse

semejassen **** semejasen

Semiramis **** Figura legendaria, algunas veces identificada con Sammuramat, reina de Asiria (ca. 800 a. JC), su madre era una diosa. Despues de casarse con un oficial de Asiria, cautivo al Rey Ninus por su belleza y su valor, y se caso con el. Al morir Ninus, ella reino durante muchos anos. Durante aquel tiempo. edifico Babilonia y conquisto varias tierras lejanas. Tampoco es una figura historica su hijo Ninias. Algunas tradiciones indican que Semiramis lo concibio ilegitimamente, o que lo abandono en su infancia, le quito el trono, mato a su padre y a sus hermanos, tuvo relaciones incestuosas con el, o trato de asesinarlo.

Sempronio **** "nombre de dos familias ilustres de la antigua Roma, a una de las cuales pertenecian los Gracos" (Larousse). Graco: Tiberio Sempronio Graco (reformador social y tribuno en 133 a. JC.); Cayo Sempronio Graco (hermano menor de Tiberio y tribuno en 123 a. JC)

senaleja **** senal

sendos, sendas **** uno para cada cual

Seneca **** Escritor y filosofo hispanolatino (4 a. JC. - 65); nacio en Cordoba.

senetud **** edad senil; vejez; comunmente la vida despues de sesenta anos

senorio **** dignidad de senor; autoridad

sentencia, sentencias **** decision; dicho que encierra moralidad

sentenciar **** juzgar, condenar

sentible, sentibles **** sensible, sensibles

sentido, sentidos **** entendimiento, razon, inteligencia

sentir **** percibir, juzgar, oir, comprender

sentiriades **** sentiriais

senuelo **** objeto para atraer las aves

senzilla **** sencilla

ser **** modo de existir; ha de ser: sera

serena **** sirena: ninfa marina

serenissima **** serenisimo: "Aplicabase en Espana como tratamiento a los principes hijos de reyes"; "sin turbacion fisica o moral" (Real Acad.)

sereys **** sereis (seras)

seriades **** seriais

serlo ha, serle ha, serte ha **** lo sera, le sera, te sera

serpentino **** azeyte serpentino: antiguo medicamento para uso exterior (Laza Palacios, 102-103); "el azeyte de trigo azeyte de los hueuos azeyte de culebras azeyte de enebro" (Tratado de cirugia [s. XV]; DETEMA I, 19).

serui **** servi

seruia **** servia

seruias **** servias

seruicio **** servicio; estado de criado, sirvientes

seruicios **** servicios

seruido, seruida **** servido, servida

seruidor **** servidor

seruidora, seruidores **** servidora, servidores

seruientes **** sirvientes

seruir **** servir

seruiremos **** serviremos

seruis **** servis

sesito **** seso

seso, sesos **** cerebro; prudencia; sentidos

setimo **** septimo

seueridad **** severidad

sey **** se (ser)

seydo **** sido

seyle **** sele (ser)

seyme **** seme (ser)

seys **** seis

siento **** sentir: experimentar sensaciones; lamentar; opinar

sieruo, sierua, sieruas **** siervo: esclavo, servidor

sietecientas **** setecientas

sigas **** seguir: perseguir

siglo **** "buen siglo aya": "que todo lo pase bien en el otro mundo" (Russell, 285)

signo **** sino, hado

siguia **** seguia

siluo **** silbo

simple **** bobo

simplezico **** simplccico

simulado **** simular: fingir lo que no es

sindicado **** junta de sindicos, de abogados: justicia, juez

sino **** menos, solamente

sintieron **** sentir: percibir; experimentar sensaciones

sintiesse **** sintiese

sintiessedes **** sintieseis

sintiessen, sintiesses **** sintiesen, sintieses

siquiera **** por lo menos

siruamos, siruan, siruas **** sirvamos, sirvan, sirvas

sirue, siruen **** sirve, sirven; "quien a otro sirue no es libre": "Refr. que ensena la precision, con que el criado debe estar a la voluntad de su amo, aun quando se atraviessa la propria." (Aut. III, Tomo sexto, 102).

siruiendo **** sirviendo

siruienta **** sirvienta: criada

siruiente, siruientes **** sirviente: servidor, criado

so **** soy; debajo de

sobaco **** cavidad debajo del hombro

soberuezcas **** ensoberbecer: ser arrogante

soberuio, soberuia **** soberbio, soberbia; "O tia y que duro nombre: e que graue e soberuio es senora contino en la boca": "Dominus durum superbumque et grave nomen est" (Petrarca, De Remediis Utriusque Fortunae, i. 85 C, citado en Deyermond, 146)

sobido **** subir: subido

sobir, sobi, sobire **** subir, subi, subire

sobra **** exceso

sobrado, sobrada, sobrados **** demasiado; audaz, licencioso; abundante de bienes; el desvan; "nunca tu haras casa con sobrado" (Refran): "No haras casa con sobrados, con dos ni tres altos" (Correas, 349).

sobraria **** exceder

sobraran **** exceder; quedar

sobraua **** sobraba

sobre **** encima; despues de

sobrecargar **** cargar con exceso

sobrenombre **** apodo

sobrepuja **** sobrepujar: superar

sobresalto **** temor repentino

sobreuiene, sobreuino **** sobrevenir: venir improvisamente

socios **** socio: persona asociada con otras

Socrates **** Filosofo y maestro ateniense (470 - 399 a. de JC.). "Lo referente a (su muerte anunciada) en Petrarca" (R-P, 178, que se refiere a Deyermond, 1961:78-79, 143): Socrates dum carcere clauderetur tertia se luce moriendum praevidit. (Index) . . . et nomine appelantem . . . (De Rebus memorandis, IV. iii. 30) "Socrates, prisionero en la carcel, previo que iba a morir al tercer dia… y llamando(lo) por nombre…"

Sodoma **** En la Biblia, un pueblo que Dios destruyo con fuego, junto con otro pueblo, Gomorra, por los pecados de su gente. Entre sus pecados, los hombres querian 'conocer' (sexualmente) a dos angeles alojados en la casa de Lot. (Gen:18-19, y especialmente 19:5).

soffrir **** sufrir: contenerse

sofisticos, sofistica **** aparente, fingido con sutileza

sofrido **** sufrido

sofrillas **** sufrirlas

sofrimiento **** sufrimiento: paciencia, tolerancia

sofrir **** sufrir: tolerar, aguantar, permitir

sofrire **** sufrire

sofrirle **** aguantarle

sofrirse **** sufrir: reprimirse

sofrite **** te soporte

soga **** cuerda; "yran alla la soga y el calderon": se perdera lo accesorio, perdido lo principal; "soga de ahorcado": "las hechizeras dizen que para la bienquerencia se aprovechan de estas sogas" (Covarrubias, 942); "no quiebre la soga por lo mas delgado" (Refran:) (O'Kane 99), "Phrase que aconseja que el pobre y humilde no contienda con el rico y poderoso, porque siempre llevara lo peor" (Aut. II, Tomo tercero, 59).

sojuzgada, sojuzgadas **** sojuzgar: sujetar, dominar

sojuzgaste **** sojuzgar: sujetar

solana **** pieza en la casa para tomar el sol

solaz, solazes **** diversion

soldada **** sueldo

soldar, soldara, soldaremos **** enmendar

soldase **** enmendase

soleys **** soler: soleis

solicita, solicitos **** atenta, diligente, cuidadosa

solicitar **** urgir (Real Acad.)

solicitud **** solitud?: soledad

soliman **** sublimado corrosivo; hoy dia, como en el pasado, tiene sus usos medicinales; "Toma vna onza de argen solimado que es soliman e vna ochaua de argen biuo" (Recetas [s. XV]; DETEMA II, [1490]).

someter **** humillar

son **** sonido; sin son: sin razon, "sin habla" (R-P, 226)

sonaua, sonauas **** sonaba, sonabas

soruos **** sorbos

sosegadilla **** sosegada: quieta

Sosia **** "En la (comedia 'Eunuco') y en la 'Andria' interviene Sosia, todavia mas conocido por la parte chistosisima que desempena en el

'Anfitrion' de Plauto." (Menendez y Pelayo, Origenes de la novela, III, xlvii). Es posible que Rojas tambien pudiera haber leido el "De Euobus Amantibus" de Eneas Silvio (despues Pio II), publicado en 1444. Aqui tenemos un criado llamado Sosias, pero este es viejo, su papel con los enamorados es de poca importancia, y no tiene nada en comun con el Sosia de Fernando de Rojas. "Sosia, sogsein, servare, a bello servatus" (Aribau, xiv).

sospecha **** desconfianza, miedo, temor

sospeche **** sospechar: recelar: temer

sospira **** suspira

sospirando **** suspirando

sospirar **** suspirar

sospiros **** suspiros

sossegada, sossegadas **** sosegada: tranquila

sossiego **** sosiego; "vn freno de sosiego": (asi en 1499, 1500 and 1501 eds.; "vn freno de silencio" en 1514 ed.)

sostuuo **** sostuvo: sostener

sotil **** sutil; "el sotil ladron siempre rodea las ricas moradas" (Refran:) "Sotil (El) ladron busca el rico meson" (Correas, 466).

soys **** sois

spantalobos **** espantalobos: arbusto

species **** especie: clase

speranza **** esperanza

spiritu **** espiritu

Stigie **** Estigia: rio de los infiernos

suaue, suaues **** suave, suaves

suauidad **** suavidad: dulzura

suauissimo **** suavisimo

subir **** levantar

subito **** improvisto, repentino, precipitado

subjecion **** sujecion: servidumbre

subjecto, subjeto, subjetos **** persona; sujcto: sujctar: someter al dominio

sublimado, sublimada **** sublimar: elevar hasta lo sublime

subliman **** exaltan

succedieron **** sucedieron

sucessor **** sucesor

suelo **** tierra; fondo: indole

suena **** "mas mal ay que suena" (Refran): "En el aldehuela mas mal ay que suena" (O'Kane 47: Santillana, Refranes, 265)

sueno **** al le sueno: otra cosa imagino

sueno y soltura **** decir "el sueno e la soltura": decirlo todo sin reserva

suffrir **** sufrir, tolerar

sufras **** aguantes

sufrela **** aguantala

sujecion **** servidumbre

sulfureos **** relativo al azufre

suma **** lo mas importante de una cosa

sumarios **** sumario: resumen

supiesse, supiessen, supiesses **** supiese, supiesen, supieses

supito, supitos **** subito: repentino, de pronto

suplan, suplia **** suplir: proveer

supplico **** suplico

sus **** voz que se usa para excitar

suso **** de suso: de arriba

susurrays **** susurrar: susurrais

suzia, suzias **** sucia, sucias

suziedad, suziedades **** suciedad

suziuelo **** sucio

tabladillo **** conjunto de tablas sobre una armazon

tablado **** el juego del tablado: "Tablado era un castillejo de tablas sobre un madero alto, al cual los caballeros tiraban bohordos para derribar las tablas, y era preciado el brazo que derribaba alguna"; "Espessos, como piedras a tablado" (Refran): "es aqui a proposito de los grandes aparatos, y de muchos dias, para un rato de fiesta" (Correas, 469).

tablas **** tabla: madera plana

tablero, tableros **** casa de juego, mesa para juegos; poner al tablero: aventurar

tablilla de meson **** letrero a la puerta del meson; "hecho tablillo de meson": se queda solo y afuera; (Refran): "Tablilla de meson, que a los otros aloja y ella se queda al sereno sola"; "Tablilla de meson, que a todos alberga, y ella se queda fuera" (Correas, 469).

tacha, tachas **** defecto

tahur **** jugador, uno que frecuenta las casas de juego

taja **** tarja: vara que se usa para apuntar lo que se vende fiado

tajada **** porcion cortada

tajo **** corte; "Esgr. Corte que se da con la espada u otra arma blanca, llevando el brazo de derecha a izquierda" (Real Acad.)

tal **** "que tal ay, que tal quiere" (Refran): (Correas, 470).

talega **** bolsa

tanbien **** tambien

tane, tanen, taner **** taner: tocar un instrumento musico; "la que las sabe las tane": "Phrase familiar, con que se advierte al que quiere obrar, o decir en lo que no sabe, o no es de su profession: pues el acierto en qualquiera cosa, es proprio de el que es en ella practico y sabio" (Aut. III, Tomo sexto, 3)

tanga **** tangir: taner

tania **** taner

taniendo **** taner

tanto **** dos tanto: doble; que tanto: cuanto

taraguntia **** taragontia: planta, dragontea; "Segun Laguna, el jugo de su raiz tiene 'admirable virtud…en desecar las malignas llagas del cuero' y, aunque el no lo dice, siempre gozo de mucha estimacion como contraveneno" (Laza Palacios, 181); "si la muger oliere a las narizes flores o rayzes de draguntea o beujere treynta gramos de la simjente parira luego sin dolor" (El libro de recetas de Gilberto [s. XV]; DETEMA I, 562).

tardasse **** tardase

Tarpeya **** "Capitolino (Monte) o Roca Tarpeya, una de las siete colinas comprendidas en el recinto de la antigua Roma" (Larousse)

tassa **** tasa: medida, regla, norma; "quando seays aparte, no quiero poner tassa, pues que el rey no la pone" (Proverbio) : (Correas, 358), "equivalente a 'una vez a solas, todo esta permitido'" (R-P, 210)

tauerna **** taberna

tela de cauallo **** "Repuso reyendo la mi companera: / Nin causan amores, nin guardan su tregua / Las telas del fijo que pare la yegua" (Mena: Laberinto); y comenta El Brocense: "Quando nace el potro dizen que saca en la frente una carnecilla como higo, y esta quitan las hechiceras para conciliar amor" (Citado en Laza Palacios, 183).

temerosos, temerosa **** timidos, cobardes; que causa temor

temperancia **** templanza, moderacion

tempestad **** "ninguna tempestad mucho dura": "Tempestas nulla durat" (Petrarca, De Remediis Utriusque Fortunae, ii. 90 I, citado en Deyermond, 145).

templadico **** templado: moderado

templara **** templar: moderar, poner en armonia

temple **** humor; "de otro temple esta esta gayta" ("Frase proverbial todavia en uso" R-P, 115)

temporal **** perteneciente al tiempo; "dizen que fiar en lo temporal, e buscar materia de tristeza, que es ygual genero de locura": "Nam et incassum niti et tristiciae materiam aucupari: par dementia est" (Petrarca, De Remediis Utriusque Fortunae, ii. 24 B 10, citado en Deyermond, 61).

tenazicas **** pinzas

tenazuelas **** tenacillas para arrancarse el pelo

tener **** poseer; detener, parar; juzgar; considerar; he de tener: tendre

tener en mucho, tener en algo **** estimar, apreciar mucho

tener en poco; tener en nada **** estimar poco; no estimar nada

tenerias **** curtiduria: sitio donde trabajan las pieles

teneys, tenes **** tener: teneis

tengotelo **** te lo tengo

teniades **** teniais

tenidas **** juzgadas, reputadas

tenien **** tenian

tercia **** que sigue al segundo

terenciana **** Obras de Publius Terentius Afer, escritor romano de comedias (190?-159? a. JC.). "Jamas yo no vi terenciana"; en Toledo (1500) dice: "Jamas no vi sino terenciana"

ternasme **** me tendras

terne, ternas, terna, ternan **** tendre, tendras, tendra, tendran

ternemos **** tendremos

ternia, ternias **** tendria, tendrias

terrenales **** terrenal: perteneciente a la Tierra

terron, terrones **** masa

Tesifone **** Tisifone: una de las furias

testigo **** la persona que presencia una cosa; la persona que da testimonio de una cosa; la prueba

testimoniar **** "su testimoniar: 'su falso testimoniar' (cfr. Covarrubias, p. 960, 'levantar testimonio, es dezir causa falsa contra alguno')" (Russell, 226).

teta, tetas **** seno, pezon

texedores **** tejedor: persona cuyo oficio es tejer

texido **** tejido. "de mis brazos fueras fecho e texido" (el cordon)

texo, texon **** tejon: mamifero carnicero; entre los usos medicinales, "sus testiculos cozidos en miel encienden mucho la Venus" (Huerta, citado en Laza Palacios, 184); "todos los meollos e todas las grosuras e de las mas aprouechables es la grosura del oso leon taxo lobo e gulpeja" (Cirujia [1440-1460]; DETEMA II, 1531).

tez **** piel

tha **** ta: voz para significar los golpes en la puerta

Thamar **** En la Biblia, hermana de Absalon. Fue violada por su medio-hermano, Amnon. (Samuel II, 13.1-19)

thesoro **** tesoro; "quanto thesoro ay en Uenecia" (Refran): "Tesoro de Venecia. Por grande" (Correas, 649).

tibar **** de oro puro; "Un oro mui acendrado, que se coge en un rio llamado assi" (Aut. III, Tomo quinto, 59).

tiemplate **** template

tiempo **** a su tiempo (a sus tiempos): en el momento oportuno;
a tiempo: en oportunidad;
con tiempo (con el tiempo): con desahogo;
en tiempo: en ocasion oportuna;
sin tiempo: en ocasion inoportuna, fuera de tiempo;
en vn tiempo: en un tiempo: simultaneamente;
dejar al tiempo (una cosa): "levantar mano de un negocio, a ver si el tiempo lo resuelve" (Dicc. Acad.);
por tiempo: por algun tiempo;
"quien tiempo tiene: e mejor le espera: tiempo viene que se arrepiente" (O'Kane, 219, cita varios refranes semejantes.)

tiende **** tender: extender

tienente **** te tienen: ya te cogieron

tientan **** tentar: probar, tocar

tiento **** consideracion prudente; a tiento: dudosamente; sin tiento: sin cordura; no le tomo tiento: tomar el tiento: examinar: "Aqui seria 'no me importa'" (R-P, 201)

tinagica **** tinaja; vasija grande de barro para liquidos

tinosa **** que padece tina; miserable, mezquina

tirauan **** tiraban

tiro, tiros **** dano grave; disparo de un arma

Tisbe **** (Vease 'Piramo')

titulo **** demostracion autentica, testimonio; motivo

toca, tocas **** prenda o adorno para la cabeza; sombrero

tocalla **** tocarla

tocasse **** tocase

tocaua **** tocaba

todas vnas **** ser todo uno: venir a ser varias cosas una misma

tollerar **** tolerar

Tolomeo **** "sano a su criado Tolomeo del bocado de la biuora": Petrarca: (Deyermond, 1961: 143) "Quod Alexandro per visum draco radicem in ore gerens apparuit: quia inventa et Ptolemaeum familiarem suum venenata aspide percussum et alios multos de eadem peste liberavit" (De Rebus memorandis. IV. iii. 22 B): Un dragon [o culebra] le aparecio a Alejandro en una vision, con una raiz en la boca: por eso, cuando encontraron esto, liberto tanto a su criado Tolomeo que habia sido derrotado por la vibora venenosa como a otros muchos que sufrieron la misma afliccion. (Vease tambien Plutarco, 'Vida de Alejandro'.)

Tolomeo ****"(mato) a su padre e madre e hermanos e muger: por gozar de vna manceba": Tolomeo IV, Filopator, Rey de Egipto (221- 205 a. JC). Al principio de su reino mato a su hermano, a su madre y a su tio; luego se dio a una vida de lujuria

tomado **** tomar: ocupar un sitio para cerrar el paso

tomalla **** tomarla

tomare la boz **** tomar la voz: llamar

tomaua, tomauas **** tomaba, tomabas

tomays **** tomar: tomais

topado **** encontrado

topar **** encontrar

topasses **** encontrases

topauamos **** topabamos

topome **** topar: chocar, tropezar, encontrar

toque **** ensayo de un objeto de oro o plata

toquillas **** panuelos

Torcato **** T. Manlio Imperiosus(?) Torquato. Fue consul romano en 347, 344, y 340 (a. JC.). Cuando su hijo, Tito Manlio, desobedecio su mandamiento y mato a otro caballero del real enemigo, el padre lo mando a asesinar.

torce **** collar, cadena

tordo **** pajaro de lomo gris

tormentos **** tortura

torna, tornan **** tornar: volver; torna en ti: volver en si, recobrar el conocimiento uno

tornada **** accion de regresar

tornado, tornados **** vuelto

tornallo, tornalle **** tornarlo, tornarle

tornare **** volviera

tornarme he **** me tornare: volvere

tornasse **** tornase

tornaua **** tornaba

tornays **** tornais

tornemos **** tornar: regresar

torno **** contorno

Toro **** "Zamora" (R-P, 213); "Ciudad muy noble y abundante de todos frutos, especialmente de vino" (Covarrubias, 968).

torpe **** carece de habilidad, lascivo, infame; "quien torpemente sube a lo alto: mas ayna cae que subio" (Refran): (O'Kane, 215).

torrezno **** tocino frito

tortarosa **** (palabra desconocida); "planta y flor utilizada para perfumar el bano" (R-P, 316)

tortolas **** aves parecidas a las palomas

toruellinos **** torbellino: remolino de viento

tostada **** rebana de pan tostada

tostadas **** "unas tostadas" = "uvas tostadas"? (En Burgos (1499) y en Toledo (1500) se lee ""vnas", pero en Valencia (1514) el texto dice "vuas"); "contra la fistola toma sal tostada tartax agaritun e fecho este poluo muy sotil conficionalo con mjel" (Cirujia [1440-1460]; DETEMA II, 1572).

toue, touiste, touo, touieron **** tuve, tuviste, tuvo, tuvieron

touiera, touieras **** tuviera, tuvieras

touieremos **** tener: tuvieremos

touiesse, touiesses, touiessen **** tuviese, tuvieses, tuviesen

touistes **** tuvisteis

trabajauas **** trabajabas

trabajes **** molestes

trabajo **** esfuerzo; dificultad, suceso infeliz, molestia; "Todo aquello alegra que con poco trabajo se gana" (Refran): "Alegra lo que sin trabajo se gana, y sin trabajo se aumenta" (Correas, 28).

tractaua **** trataba

traer **** trasladar una cosa; entregar con traicion; atraer; obligar, persuadir

traergela he **** traersela he: se la traere

traes **** traeis

trafagos **** ocupaciones, faenas

tragada **** tragar: estar persuadido de que ha de suceder algo desagradable

trama **** hilos que forman una tela

tramas **** artificios para perjudicar a uno

trance, trances **** momento critico

Traso **** Nombre terenciano: "Traso es el soldado fanfarron rival del joven Fedria en el Eunuco" (Menendez y Pelayo, Origenes de la novela, III, xlvii). "Hay un maton nombrado Traso, de la voz Thrase, atrevido, audaz" (Aribau, xiv).

traspassa, traspasse **** traspasar: atravesar; "Mucha fuerza tiene el amor. no solo la tierra: mas avn las mares traspassa, segun su poder. Ygual mando tiene en todo genero de hombres. todas las dificultades quiebra. Ansiosa cosa es: temerosa: e solicita. todas las cosas mira en derredor.": "Amoris mira et magna potentia... Quod par imperium habet in omne hominum genus... Amor omnes difficultates frangit... Volucer est amor: non terras: sed coelum transit et maria... Amor anxia res est: credula: timida: sollicita: omnia circumspiciens: et vana etiam ac secura formidans" (Petrarca, De Rebus familiaribus, 37 A, 47 B, 54 B, 89 V, 96 A, citado en Deyermond, 39).

traspasso, traspassaron **** traspasar: quebrantar un precepto

trasponer, trasponen, trasponga **** transponer: poner en lugar diferente, trasplantar, ocultarse a la vista detras de algo

traspuesta **** trasplantada

trastrocame **** trastrocar: trastocar: invertir

tratables **** que se tratan facilmente

tratar **** manejar, usar

trataua **** trataba

tratays **** tratar: tratais

trato **** negocio

trato doble **** fraude

trauan **** trabar: prender, asir

trauiessa **** atraviesa

__trauiesos_ **** traviesos

traxe, traxo, traxeron **** traer: traje, trajo, trajeron

traxeran **** trajeran

traya, trayas, trayan **** traia, traias, traian

trayale **** le traia

traycion, trayciones **** traicion, traiciones

traydo, traydos **** traido, traidos

traydor, traydora, traydores **** traidor, traidora, traidores

traygo, traygas, traygan, traygays **** traigo, traigas, traigan, traigais

trebol **** planta herbacea; sus "sumidades floridas...se usan...como bequicas y para combatir las inflamaciones de las mucosas y para preparar el emplasto de Melitoto" (Laza Palacios, 184).

tregua **** suspension, cesacion de hostilidades

tremen, tremo **** tremer: temblar

trementina **** substancia pegajosa que fluye de los pinos y otros arboles; se usaba como depilatorio

tresquilanme **** trasquilar

tresquilen **** que me tresquilen a mi a cruzes: trasquilar a cruces: cortar el pelo groseramente: "Esta fue una pena impuesta antiguamente por el derecho canonico, a los casados dos vezes" (Covarrubias, p. 977); "se hacia con los blasfemos y judios" (Fuero Juzgo, citado en Cejador, II, 161)

tresquillar **** trasquilar: cortar el pelo o la lana; menoscabar la reputacion; "cata que del buen pastor es propio tresquillar sus ouejas e ganado: pero no destruyrlo y estragarlo": "Pastoris boni est tondere pecus non deglutire" (Petrarca, De Rebus memorandis. IV. vii. 2 in fin., citado en Deyermond, 44).

treynta **** treinta

treze **** trece; estar en sus trece: persistir

triaca **** remedio

tribunicia **** relativo al tribuno romano

Tristan **** En la leyenda medieval del ciclo breton, Tristan es un caballero mandado a Irlandia por el Rey de Cornualles para acompanar a la princesa Isolda, la cual sera la esposa del rey. Isolda y Tristan inconscientemente beben una pocion magica, se enamoran, y al final se mueren juntos.

troba, trobara **** trobar: trovar: hacer versos

trobador **** trovador: poeta

trobando **** trovar: hacer versos; mal trobando: cantando mal o cantando cosas tristes

trocarlas **** cambiarlas

trocasse **** trocase: trocar: cambiar

tropece **** tropezar: deslizarse en un error

tropezado **** "nunca he tropezado como otras vezes": "El tropezar era mal aguero, y al reves, hasta entre los romanos" (Cejador I, 157).

tropezasse **** tropezase

trotaconuentos **** alcahueta

Troya **** ciudad del Asia Menor; vn solo hombre gano a Troya: "se refiere a Sinon, que preparo la trampa del caballo de madera" (Severin, 251; Cf. Cejador, I, 221). (Virgilio, Eneida, I.2)

troyana **** Segun la leyenda griega, sitio de los griegos contra Troya que duro diez anos.

truchas **** trucha: pez de agua dulce; "que no se toman truchas &c." (Refran): "No se toman truchas a bragas enjutas" (Correas, 362).

trueco **** cambio

trufas **** "hablilla, chanza" (Corominas IV, 616); "patranas, cuentos" (R-P, 316)

truxiste **** traer: trajiste

tuerto **** que no ve con un ojo; a tuerto: injustamente; "A tuerto o a derecho, nuestra casa hasta el techo": "Refr. con que se reprehende a los que por qualesquiera medios, o justos, o injustos solicitan, y procuran las proprias conveniencias" (Aut. III, Tomo sexto, 373).

tuetano **** medula; "alfenique e simiente de maluas ana [vna?] onza .j. tutano de cieruo e de ternera sin sal" (Lilio de medicina [1495]; DETEMA I, 1595).

tumbando **** tumbar: caer; rodar por tierra

turbacion **** confusion, desorden

turbar **** conmover, confundir, desordenar

turbasse **** turbase

turbaua **** turbaba

turbia, turbias, turuias **** confusa, revuelta, obscura

turbose **** turbar: alterar el estado de

turuada **** turbada

turuino **** raiz del turbit (planta cuyas raices se han empleado en medicina); "recepta de poluo laxatiuo fojas de sen y turbite y ruybaruo de cada vno quarta de onza" (Sevillana Medicina [1545]; DETEMA II, 1597).

tusca **** lengua italiana

Tusca Adeleta **** "Adelecta ex nobili tuscorum sanguine foemina: tam astrorum studio quam magicis artibus venturi praescia: tam viro quam natis diem mortis tribus versiculis praenunciavit" (Adeleta, mujer de noble sangre tuscana que conocia el futuro por medio de la astrologia y los artes magicos, predico el dia de la muerte de su esposo y de sus ninos.) (Petrarca, Index y De Rebus Memorandis IV, iv. 9 A, citado en Deyermond, 39-40).

tutor, tutores **** protector, protectores

tutriz **** tutora

tuue, tuuo, tuuiese, tuuiera **** tuve, tuvo, tuviese, tuviera

tuuiesse **** tuviese

uale **** vale: "Voz latina usada alguna vez en espanol para despedirse en estilo cortesano y familiar" (Real. Acad.)

uer **** ver: examinar

uerme **** verme

uerse **** verse

Ulixes **** Petrarca: "Ulyxes ut militiam subterfugeret et regnaret amentiam simulavit." (Ulises fingio locura para evitar el servicio militar y para ser rey) (Index). "Ulyxes vero ut militiam subterfugeret et regnaret: atque Itachae viveret ociose cum parentibus cum uxore cum filio simulavit amentiam" (En efecto, Ulises, para evitar el servicio militar, y para ser rey y vivir tranquilamente en Itaca con sus padres, su esposa y su hijo, fingio locura) (De Rebus memorandis, III. i. 22) (Citado en Deyermond, 1961:44-45).

uos **** vos

uosotros **** vosotros

va **** nos va: nos conviene

vaca **** "Si se mezcla medula de ternero con aceite de rosas y lo lleva puesto una mujer, suaviza los tumores y la sequedad de la matriz... La articulacion del pie de toro ...se cuece en agua,...se pulveriza...se unta con ello la cara, se deja media hora, se lava con agua fria, se absorbe con un pedazo de gasa y se frota con ella hasta que no quede huella de la contraccion de la piel, purifica el rostro, quita la debilidad de la vista y mejora el color", etc. (Utilidades 10- 11); "toma los figos blancos pasados e majalos con la manteca de las vacas e ponlas encima de las escrofulas e sanarlas a." (Suma de la flor de cirugia [s. XV]; DETEMA II, 1615).

vado **** punto de un rio donde uno puede atravesar a pie

vagado **** vagar: andar ocioso

vagos **** vago: que anda de un lugar a otro sin detenerse en ningun lugar; vacio

valala; valasme, valame **** valgala; valgame

vale, valen **** "mas vale ser buena amiga: que mala casada" (Refran): "Mas vale ser buena enamorada que mala casada" (Correas, 303). "tanto valen quanto cuestan. nunca mucho costo poco" (Refran): "Lo que vale mucho no ha de costar poco" (O'Kane, 165); "Nunca mucho costo poco" (Correas, 367).

valer **** amparar, proteger; tener poder

valiera **** "valiera mas solo que mal acompanado" (Refran) (Correas, 303) *vallena* **** ballena; "uallena es callente y humida y engendra sangre gruessa y viscosa y empalaga el estomago" (Sevillana Medicina [1545]; DETEMA I, 194).

vana **** cabeza vana: cabeza debil

vanas **** frivolas, tontas; sin efecto

vandera **** banda: lista; lado

vardara **** bardara: bardar

varde **** bardar sus paredes: cubrirlas de paja, tierra, etc

variable **** inconstante

varian, variando **** variar: cambiar

varonil **** esforzado, valeroso

vase **** se va

vasqueaua **** basqueaba: basquear: tener furia

vayo **** bayo: de color blanco amarillento: un caballo bayo; "vno piensa el vayo: e otro el que lo ensilla" (Refran): (O'Kane 60, cita varios refranes semejantes.)

vazio **** vacio

vazios, vaziado, vazian **** vacios, vaciado, vacian

veays **** veais

veces **** en veces: a veces

vedado **** sitio cerrado por ley; prohibido

veed **** ver: ved

veedor **** inspector, director

veela **** mirala

veer, vees, vee, veen, veed **** ver, ves, ve, ven, ved

vegetatiuo **** vegetativo

vegez **** vejez

velan, velando, velas **** velar: vigilar, no dormir

vela; velas **** cilindro de cera para alumbrar; lienzo que se ata a los mastiles de un barco para recibir el viento

vella, vello **** verla, verlo

vellaco, vellacos, vellaca, vellaquillo **** bellaco: picaro, malo, ruin

velo **** tela que cubre u oculta una cosa

vencido **** "Pues sabe que no es vencido sino el que se cree serlo": "Victus non est nisi qui se victum credit" (Petrarca, De Remediis Utriusque Fortunae, ii. 73 B, citado en Deyermond, 145).

vendible **** que se puede vender

vengada **** vengar: tomar satisfaccion de un agravio

veniades **** veniais

venida **** llegada

venimos **** venimos, vinimos

venir **** llegar; proceder

ventaja **** dar ventaja: "quedarse atras" (Cejador II, 9)

ventores **** ventero: el animal que olfatea la caza

Venus **** En la mitologia romana, anciana diosa de la primavera y la belleza; identificada con Afrodita, diosa griega del amor. Afrodita estaba casada con Hefestos (Vulcano), pero le fue infiel y se hizo amante de Ares (Marte), el dios de la guerra. Tambien amo a los dioses Dionisio (Baco), Hermes (Mercurio) y Poseidon (Neptuno), y a los hombres Anquises y Adonis. Madre de Eros (Cupido) y Eneas.

veo **** "yo te veo e no lo creo": "frase proverbial aun en uso" (R-P, 178)

ver **** ser testigo; no poder ver a uno: aborrecerle

verduricas **** verdura: hortalizas, especialmente lo verde

vereys **** vereis

vergel **** huerto, jardin

Vergilio, Virgilio **** Poeta romano (70-19 a. JC.). Autor de Las Bucolicas, Las Georgicas, y La Eneida. "Sobre las aventuras amorosas de

Virgilio…(esta leyenda del cesto) aparece en 'El libro de buen amor' de Juan Ruiz…y en el 'Corbacho' de Talavera" (R-P, 118 y 187)

verle has **** le veras

verlo has **** lo veras

vermejas **** bermejo

verne, vernas, verna, vernan **** vendre, vendras, vendra, vendran; "do vino el asno verna el albarda" (O'Kane, 46-47)

vernemos **** vendremos

vernia **** vendria

vernos hemos **** nos veremos

vesle, veslo, vesla **** lo ves, la ves; mirale

veslos **** los ves

veya **** veia

veynte **** veinte

veynteno **** veinteno, vigesimo

veys **** veis

vezes **** veces

vezina, vezinas, vezinos **** vecina, vecinas, vecinos

vezindad **** vecindad

vfano, vfana **** ufano, ufana: presuntuoso; contento

via **** veia

vianda, viandas **** cualquier comida que se sirve a la mesa

vicio, vicios **** mala calidad; gusto especial; "vn solo maestro de vicios: dizen que basta para corromper vn gran pueblo": "Voluptatis magister unus in magno populo satis est" (Petrarca, De Rebus familiaribus 65 B, citado en Deyermond, 147)

viciosa, viciosas **** vigorosa; entregada al vicio; deleitosas

victo **** dia e victo: dia y vito: sustento diario; "Sinifica passar los dias con el sustento parco y moderado" (Covarrubias, 467) *vide, vido* **** vi, vio; "Ay, quien me vido e quien me vee agora" (Refran:) "Quien te vido y te ve agora, cual es el corazon que no llora?" (Correas, 427).

vienesme **** me vienes

viento **** vanidad, jactancia; seruir de viento: "'ser de viento', 'vacio', 'inutil',...'fingido'" (R-P, 265)

vies **** veias

viessen, viesses **** viesen, vieses

vihuela **** guitarra

vil **** despreciable, indigno; "quando el vil esta rico / ni tiene pariente / ni amigo" (Refran) (Correas,135).

vina **** terreno plantado de vides

viniesse, viniessen **** viniese, viniesen

viniessedes **** vinieseis

viniesses **** vinieses

violetas **** Tenian usos medicinales en las tradiciones populares (Dioscorides, citado en Laza Palacios, 189); "aromaticos cordiales frios son estos uioletas nenufar rosas todos sandalos azafran camphora vinagre agraz" (Lilio de medicina [1495]; DETEMA II, 1665).

virgines **** virgenes

virgo, virgos **** virgen; fazer virgos: poner virgos: coser los desechos

virtud **** fuerza, accion virtuosa

virtut **** virtud; "ninguna virtut ay tan perfecta que no tenga vituperadores e maldizientes": "Nulla virtus tam laudata est quin vituperatores inveniat" (Petrarca, De Remediis Utriusque Fortunae, ii. 28 B, citado en Deyermond, 147)

visitacion, visitaciones **** visita, visitas

visitalla **** visitarla

visitasse **** visitase

visitaua **** visitaba

viso **** vista (ver)

vispera **** antecedente, causa

vistes **** visteis

vistelos **** los viste

vitoria **** victoria

vituperadores **** ofendedores, ofensores

vituperio **** reprobacion

viua **** viva

viue **** "viue comigo e busca quien te mantenga (o nombrate mio)" (Refran:) (Correas, 509).

viuen **** viven

viues **** vives

viuia **** vivia

viuido **** vivido

viuiendo **** viviendo

viuiere **** viviere

viuificacion **** vivificacion

viuificar **** vivificar: dar vida a, confortar

viuimos **** vivir: estar

viuir **** vivir; experimentar; "ninguno es tan viejo que no pueda viuir vn ano: ni tan mozo que oy no pudiesse morir": Cf. "No hay ninguno tan viejo que no piense vivir un ano" (Correas, 352); "Nemo tam iuvenis qui non possit hodie mori" (Petrarca, De Remediis Utriusque Fortunae, i. 110 A, citado en Deyermond, 43).

viuiras **** viviras; "nunca alegre viuiras si por voluntad de muchos te riges": "Nunquam laetus eris si vulgo te regendum tradideris" (Petrarca, De Rebus familiaribus 15 E, citado en Deyermond, 145).

viuiremos **** viviremos

viuiria **** viviria

viuo **** vivo

viuos, viuas **** vivos, vivas

vltima, vltimas **** ultima, ultimas

vn, vna, vnos, vnas **** un, una, unos, unas

vna **** parte cornea y dura que cubre la extremidad de los dedos; "vna e carne": "Haber estrecha amistad entre (dos o mas personas)" (Real Acad.).

vnguentos **** unguentos

vnica, vnico **** unica, unico

vnicornio **** unicornio

vno **** uno; den vno: uno del otro

vntasnos, vnto **** untar: nos untas, unto; "Quiebrasnos el ojo: e vntasnos con consuelos el caxco" (Refran): "Covarrubias ('untar') escribe comentando una variante": "Quebrar la cabeza y despues untar el casco, dizese de los que aviendo hecho algun dano, acuden despues a quererlo remediar floxa y tibiamente" (R-P, 301; Covarrubias, 986).

vntos, vnturas, vnturillas **** untos, untura: unguento

vo **** voy

voluntad **** carino; deseo de hacer algo, intencion; libre albedrio

voto **** promesa

vozes **** voces

vrdio **** urdio: urdir: tejer

vsado **** usado

vsar, vsan **** usar, usan

vsaron **** usaron

vsaste **** usaste

vse **** use

vso **** uso: practica general

vtilidad **** utilidad; provecho

vulgo **** personas que conocen solamente lo superficial

vulto **** rostro, cara

xaques **** jaque, del ajedrez; aviso

xarcias **** aparejos y cuerdas de un buque

xarope **** jarope: jarabe: bebida amarga; "Desque sea acauado el xarope de beuer tome cada dia por esa mesma manera vn pedazo deste letuario" (Menor dano de medicina [s. XV]; DETEMA II, 894)

Xenofon **** Jenofonte. General e historiador griego (431-355? a. JC.). Sus obras mas importantes son el 'Anabasis', 'La ciropedia', y la 'Memorabilia' (una memoria y defensa de su maestro, Socrates). Su hijo, Gryllus, fue asesinado en la batalla de Mantinea, en 362 a. C. Para la anecdota de la reaccion de Xenofon al oir las noticias de la muerte de su hijo, vease Diogenes Laercio, "Vidas de los esclarecidos filosofos...": "Se ha dicho que en esta ocasion Xenofon ofrecia un sacrificio, con una corona en la cabeza, la cual quito al oir de la muerte de su hijo. Pero despues, al saber que su hijo se habia muerto valientemente, puso la corona en la cabeza de nuevo. Algunos dicen que ni lloro, sino que exclamo: 'Sabia que mi hijo era mortal.'"

xerga, xergas **** jerga: tela gruesa

ximio **** jimio: mono

xo **** Xo (So): voz para detener las caballerias

y **** alli

yazeys **** yaceis

yd **** id

yda **** ida

ydo **** ido

ydolo **** idolo

ydos, ydas **** idos, idas

ydras **** hidra: serpiente acuatica, venenosa

yedra **** hiedra; hoy tiene "significaciones magicas" (Laza Palacios, 189); ha tenido usos medicinales en las tradiciones populares; "el zumo de la yedra mezclado con hazeyte e puesto en el oido tibio tira el dolor" (Suma de la flor de cirujia [s. XV]; DETEMA I, 823)

yermos **** desiertos

yerra, yerran, yerre **** errar; "quien yerra e se emienda &c.": (Refran) "Quien yerra y se emienda, a Dios se acomienda." (O'Kane, 109: Seniloquium 374).

yerro, yerros **** error; "nunca yerro vino desacompanado" (Refran): "Un yerro no se hace solo; o no viene solo" (Correas, 497); "el perdon sobraria donde el yerro falta" (Refran): (Correas, 390).

yerua pasce **** come hierba = un asno; "yerua pasce quien lo cumple": (Refran:) "Hierba pace quien lo ha da pagar; y era un ansar" (Correas, 239).

yerua paxarera **** cariofileo, a (Bot. cariofilaceo); "En Medicina popular es usada como vulneraria, resolutiva y astringente" (Laza Palacios, 165).

yeruas **** yerbas, hierbas; veneno hecho con hierbas venenosas

yglesia, yglesias **** iglesia, iglesias

ygual, yguales, ygualar **** igual, iguales, igualar

ygualada, ygualado **** igualar: juzgar igual

ygualara **** igualara

ygualdad **** igualdad

yguale **** iguale

ygualmente **** igualmente

yjares **** ijar: ijada

ylicito **** ilicito

ylustrantes **** ilustrantes: que iluminan

ymagen **** imagen

ymagina **** imagina

ymaginacion **** imaginacion

ymaginamientos **** pensamientos

ymitauas **** imitabas

ynocente **** inocente

Ypermestra **** En la mitologia griega, hija de Danao, y mujer de Linceo. Segun la leyenda, las 50 hijas de Danao, contra la voluntad de el, se casaron con los 50 hijos de Egipto; Danao ordeno a sus hijas matar a sus esposos durante su noche de bodas. Ypermestra fue la unica que no obedecio, y por eso fue encarcelada. Pero algunos lectores creen que en 'La Celestina' el nombre 'Ypermestra' es un error, y que debe leer 'Clitemnestra': "Rojas tiene a la vista o el texto italiano de la 'Fiameta' de Bocacio, o la traduccion castellana, salida ya en enero de 1497. En ambas esta claramente Clite(n)nestra." (Marciales II, 267). Y Marciales cita La "Fiameta': "Che fece Paris per costui, che Elena, che Clitennestra, e che Egisto? Tutto il mondo il conosce" y luego la traduccion castellana de 1497: ""Que hizo Paris por este, que Elena, que Clitenestra, que Egisto? Todo el mundo lo conoce." (Marciales I, 337)

ypocrita **** hipocrita

yr, yrse **** ir, irse; he de yr : ire

yra, yras **** ira, enojo

yrada **** airada

yre, yras, yra, yran **** ire, iras, ira, iran

yremos **** iremos

yrian **** irian

yrle **** irle

yrme **** irme

yrnos hemos **** nos iremos

yrritados **** irritados: irritar: invalidar, incapacitar

ysquierda, ysquierdo **** izquierda, izquierdo

ystoriales **** historial: "Persona que escribia historia" (Real Acad.)

ystorias **** historias: cuentos

yua, yuas, yuamos, yuan **** iba, ibas, ibamos, iban; en que me yua la vida (en que harto me yua): que me importaba

yzquierdo **** izquierdo

zaharenas **** zahareno: desdenoso, esquivo

Zamora **** Ciudad de Espana; "en vna hora no se gano Zamora" (Refran:) "No se gano Zamora en una hora, ni Sevilla en un dia" (Correas, 360).

zapatas **** calzado que llega a media pierna

zarazas **** zaraza: masa de vidrio molido, veneno, etc.

zeloso **** celoso

zofrir **** sofrir: sufrir

zofrirte **** sufrirte

zozobras, zozobra **** inquietudes; "nunca venir plazer sin contraria zozobra" (Refran): "El plazer vispera es del pesar" (O'Kane, 192: Seniloquium 135).

zufre **** sufre

zufro **** sufro

zumos **** zumo: jugo; zumos de limones: "El zumo de limon quita los barros, y cualesquiera manchas del rostro" (Laguna, citado por Laza Palacios, 153); "el limonciello fregado en las manos e odorado e comjdo es maraujllosa cosa" (El libro de recetas de Gilberto [s. XV]; DETEMA II, 942).

zurrio **** su rio? (Cejador II, 180); susurro? (R-P, 286); zurrido?; "y ruzio" (en algunas ediciones)

zurujano, zurujanos **** cirujano, cirujanos

OBRAS CITADAS

Aribau **** D. Buenaventura Carlos Aribau. Biblioteca de autores espanoles. Tomo III. (Madrid: Rivadeneyra, 1846.

Aut. **** Diccionario de autoridades (Edicion facsimil) (Madrid: Gredos, 1963).

Castro **** F. Castro Guisasola. Observaciones sobre las fuentes literarias de 'La Celestina'. (Madrid: Consejo Superior de Investigaciones Cientificas, 1973).

Cejador **** Julio Cejador y Frauca, ed. Fernando de Rojas: La Celestina (Madrid: Espasa-Calpe, 1968)

Corominas **** J. Corominas. Diccionario critico etimologico de la lengua castellana. (Madrid: Gredos,1954).

Correas **** Gonzalo Correas: "Vocabulario de refranes y frases proverbiales" (Madrid: 1924); segunda edicion.

Covarrubias **** Sebastian de Covarrubias: "Tesoro de la Lengua Castellana o Espanola." Ed. Martin de Riquer. (Barcelona: S. A. Horta, I. E., 1943)

DETEMA **** Maria Teresa Herrera, ed. Diccionario espanol de textos medicos antiguos. (Madrid: Arco Libros, 1996.

Deyermond **** Deyermond, Alan: "The Petrarchan Sources of 'La Celestina'". (Univ. of Oxford, 1961.)

Index **** Indice a la 'sententiae' y 'exempla' en Petrarch, F. 'Opera' (Basileae, 1496) citado en Deyermond.

Laza Palacios **** Modesto Laza Palacios: El laboratorio de Celestina. (Malaga, 1958)

Marciales **** La Celestina. ed. Miguel Marciales. (2 vols.) (Urbana-Chicago: Univ. of Illinois, 1985)

Menendez y Pelayo **** Menendez y Pelayo. Origenes de la novela. (Tomo III) (Madrid: Bailly/Bailliere, 1910).

O'Kane **** Eleanor S. O'Kane: Refranes y frases proverbiales espanolas de la Edad Media (Madrid: RAE,1959).

R-P **** Julio Rodriguez Puertolas, ed. Fernando de Rojas: La Celestina (Madrid: AKAL, 1996).

Real. Acad. **** Real Academia Espanola. Diccionario de la lengua espanola (Madrid: 1984).

Russell **** Peter E. Russell, ed. Rojas, Fernando de. Comedia o tragicomedia de Calisto y Melibea (Madrid: Clasicos Castalia, 1991).

Santillana: Refranes **** Santillana: 'Refranes que dicen las viejas tras el huego', Sevilla, 1508; reeditado en Revue Hispanique XXV (1911); citado en O'Kane.

Seniloquium **** Seniloquium: (Bibl. Nac., ms. 19.343, publicado por FNS, Revista de Archivos, Bibliotecas y Museos, X [1904]), citado en O'Kane.

Severin ***** Dorothy S. Severin, ed. Fernando De Rojas: La Celestina (Madrid: Alianza, 1976)

Singleton ***** Mack Hendricks Singleton, ed. Fernando de Rojas: Celestina (Madison: Univ. of Wisconsin Pr., 1968)

Sune Benages **** Sune Benages, J.: Refranero clasico (Barcelona: J.Gil,1930)

Utilidades **** Libro de las utilidades de los animales, ed. Carmen Ruiz Bravo-Villasante (Madrid: Fundacion Universitaria Espanola, 1980). (Traduccion del texto arabe.)

9 789361 904158

Printed at Repro India Ltd.